应用文写作基础

（修订版）

主　编　先国武

副主编　李　萍
　　　　徐德全

四川大学出版社

2003年·成都

责任编辑:辛　旭
责任校对:佟瑞雪
封面设计:何东琳设计工作室
责任印制:王　炜

图书在版编目(CIP)数据

应用文写作基础/先国武主编.—2版(修订本).
成都:四川大学出版社,2003.9(2007.2重印)
ISBN 978-7-5614-1911-3

Ⅰ.应…　Ⅱ.先…　Ⅲ.汉语-应用文-写作
Ⅳ.H152.3

中国版本图书馆 CIP 数据核字(2003)第 079986 号

书　名	应用文写作基础(修订本)
主　编	先国武
出　版	四川大学出版社
地　址	成都市一环路南一段24号(610065)
发　行	四川大学出版社
书　号	ISBN 978-7-5614-1911-3
印　刷	郫县犀浦印刷厂
成品尺寸	140 mm×202 mm
印　张	11
字　数	272千字
版　次	2003年9月第2版
印　次	2016年7月第21次印刷
印　数	83 011~86 010册
定　价	15.00元

◆读者邮购本书,请与本社发行科联系。
电话:(028)85408408/(028)85401670/
(028)85408023　邮政编码:610065
◆本社图书如有印装质量问题,请
寄回出版社调换。
◆网址:http://www.scupress.net

版权所有◆侵权必究

前 言

随着时代的进步、社会主义事业的发展，应用文的运用日益广泛，特别是基础性、常识性的应用文知识运用频率更高。本书就是为了适应时代发展和教育的实际需要而编写的，用于传授有关应用文的基础知识和训练应用文写作的基本技能。

本书着眼于打好基础，注重实用，例文多，练习多，给读者留有选择处理的余地。本书主要作为中等职业技术学校应用文写作的公共课教材，同时也可作为大专院校及各类培训班开设相关课程的教材。本书不但适用于文理各科专业教学，还适用于干部、职工和其他具备初中以上文化程度的读者自学。

本书在编写过程中，参考了多种教材和多部著作，引用了其中某些观点和实例，在此对有关编者和作者表示深深的感谢！

由于编者水平有限，时间仓促，错误缺点在所难免，敬请同仁和读者指正。

编者
2000 年 5 月

修订再版说明

本书自 2000 年出版以来，承蒙同仁及读者厚爱，多次印刷，已被各类高等学校、中等职业学校各类培训班以及一些自学者所采用。

这次修改删去了"电报"和"读书笔记"两部分内容，新增加了"述职报告"、"可行性论证报告"、"经济预测报告""查账报告"、"审计报告"五部分内容，改写了"公文"部分的内容，目的是尽量跟上时代，并方便各方面使用。

本书出版以来，编者注意收集多方意见，如"有的例文老化"，"相近文种没有做比较"，有的还要求编写单元练习等等，这次因诸种原因，难酬其愿，下次修改一定尽可能满足其要求。

这次修改中，参阅了同类著作，采用了其中一些长处，在此郑重鸣谢！敬请同仁及读者多提意见，以求下次能改出一本读者使用起来更顺手的书。

编者
2003 年 5 月 1 日

目 录

第一章 概述 …………………………（1）
  第一节 应用写作的涵义、特点和作用 ……
  ………………………………………（1）
  第二节 应用写作的分类 ………………（3）
  第三节 应用写作的要求 ………………（5）

第二章 日常应用文 …………………（10）
  第一节 概述 ……………………………（10）
  第二节 书信 ……………………………（12）
  第三节 条据 ……………………………（34）
  第四节 公启类应用写作 ………………（39）
  第五节 演讲稿 …………………………（48）

第三章 公文 …………………………（58）
  第一节 公文概述 ………………………（58）
  第二节 行政公文的写作 ………………（80）
    附录1 …………………………………（123）
  第三节 公文的校对 ……………………（132）
    附录2 …………………………………（134）
    附录3 …………………………………（136）

第四章　机关事务文书 (140)
  第一节　新闻 (140)
  第二节　简报 (156)
  第三节　计划 (162)
  第四节　总结 (174)
  第五节　调查报告 (187)
  第六节　会议纪录 (199)
  第七节　规章制度 (203)
  第八节　述职报告 (219)

第五章　财经类应用写作 (226)
  第一节　经济活动分析报告 (226)
  第二节　市场调查报告 (235)
  第三节　经济预测报告 (239)
  第四节　可行性论证报告 (247)
  第五节　查账报告与审计报告 (255)
  第六节　广告文 (268)
  第七节　合同 (278)
  第八节　催款书 (295)
  第九节　产品使用说明书 (297)

第六章　法律类应用文 (304)
  第一节　诉讼类应用文 (304)
  第二节　公证书 (327)
  第三节　经济合同仲裁法律文书 (334)

第一章 概 述

第一节 应用写作的涵义、特点和作用

一、应用写作的涵义

应用写作是指应用文体的写作,应用文包含在应用文体中。本书侧重于应用文的写作实践。

应用文是国家机关、企事业单位、社会团体以及人民群众,在日常工作、生产、学习和生活中,办理公务以及个人事务而使用的,用来解决实际问题,具有特定惯用格式的一种交际工具。它是国家、社会团体进行经营管理,个人从事社会活动不可缺少的一种书面语言形式。

应用写作即应用文体的写作。"它是运用文字工具掌握和吸收信息、处理和加工信息、存储和应用信息、交换和创造信息,从而解决各种实际问题的行为过程;其精神产品——各类应用文体表述的内容(包括文字、图、表、数字、符号等),是信息积累的主要手段和传播的载体,是科学技术转化

为社会生产力的桥梁和工具,是人类社会的'黏合剂'。"(杨柏《应用写作教程》)从这个层面来诠释"应用写作"是恰当的。

应用文是直接作用于社会生活的。它的写作具备四个基本要素:写作主体,即作者;写作客体,即所反映的客观事物(包括精神客体);写作本体(或称载体),即形成的文体;写作受体,即接受和作用对象。这四者构成一个完整的、有机的系统,从而实现写作的目的与价值。

二、应用写作的特点

应用写作除具有一般写作活动的基本特点(目的性、综合性、实践性、创造性)外,它还有其自身的特点:

(一)实用性

实用,是应用写作最重要最根本性的特点,也是应用文的本质属性。因为应用写作直接服务于社会生活,要向社会的方方面面传递信息,所以必须注重真实性,否则不仅丧失实用价值,还会给社会造成损害。

(二)工具性

应用文是人们办理公务或私事,从事社会活动时用以传递信息、解决问题的工具,因此应用写作带有明显的工具性。应用写作的针对性很强,它带有明确的功利目的,明确的受文对象,因而文种的选择、格式的安排、语言的运用,都由此决定。

(三)时效性

首先,应用写作要紧密结合现实,紧跟时代,适应时代的变化与需求。其次,写作要及时,否则就难以发挥作用,甚至误事。此外,任何应用文都只在一定时期内产生直接效用,写作目的实现了,其直接效用就随之消失。

(四)程式性

各类应用文一般都有惯用的格式,有的是约定俗成的,即人们在长期的实际使用中逐渐形成的,如信封信瓤等;有的则是由权威部门为了实际需要而统一规定的,如公文的格式等。总之,惯用的格式,规范化的个性用语,都是应用写作中应特别注意的。

三、应用写作的作用

应用写作的作用与应用文的功用具有一致性。从总体上来讲,它是组织社会生活、调节社会关系、保障社会有序运转、促进物质文明建设与精神文明建设的重要工具和手段。具体而言,主要表现在以下几方面:

一是宣传贯彻党和国家的路线、方针、政策及法规、规章,统一认识,协调行动,确保各项事业的健康发展;

二是交流社会信息,总结实践经验,传播科技文化知识,指导工作与生产;

三是加强思想交流,明辨是非正误,沟通人际关系,营造和谐有序的工作、生产、学习和生活环境;

四是促进学习,锻炼思维,提高智能水准和实际工作能力,从而更好地为经济建设与社会发展服务;

五是贮存科技文化知识,积累历史资料,为未来的各项事业提供可资借鉴的信息。

应用写作是人类社会交际的一种工具,所以历来人们都十分重视它。当前,国内外不少专家学者把阅读和写作能力称为"第一文化",把掌握电脑语言称为"第二文化",并强调第一文化是第二文化的基础,由此可见,学好应用写作对于现代人来说是十分重要的。

第二节 应用写作分类

应用写作的分类实质上就是应用文体的分类。应用文体种类繁多，使用面广，目前尚无公认的统一分类标准。本书从实用出发，根据应用文的性质、特点、使用范围和格式，将其划分为五大类：

一、日常应用文写作

书信、条据、启事、告白、海报、祝词、贺词、演讲稿等在日常生活中，使用范围最广，使用频率最高。这类应用文虽也有惯用格式，但相对说来，写作上较宽松，自由发挥的空间较大。

二、公文写作

1996年5月3日中共中央办公厅印发的《中国共产党机关公文处理条例》（以下简称《条例》）规定党的公文共14种，2000年8月24日，国务院发布的《国家行政机关公文处理办法》（以下简称《办法》）规定国家行政机关的公文共有13种。公文的权威性规定了公文的写作格式，并且它的结构、用语也都规定得十分严格。

三、通用事务文书写作

这类文书主要用以处理内部事务，如计划、总结、简报、调查报告、会议记录、规章制度等，是党政机关、企事业单位、人民团体和个人，普遍使用的。其写作虽要遵循惯用的格式（或约定俗成，或由权威部门规定），但比公文的写作灵活。

四、财经类文书写作

财经文书是财经实践活动中专用的文书，是财经工作中互通信息、加强管理、提高效率的工具。如为了做出正确的决策，就需要及时掌握市场信息，有目的地对市场做调查；为了共求发展，就需要加强协作，签订合同等。财经文书有惯用的格式，还有较强的专业性，写作者要特别注意提高专业素养。

五、司法类文书的写作

司法机关为处理诉讼案件和诉讼当事人为保护自身合法权益

参与诉讼时,依照法律规定诉讼程序所制作的,有法律效力和法律意义的文书,如诉状类文书、仲裁类文书等。这类文书专业性强,写作者必须懂法律,方能写出"以事实为依据,以法律为准绳"的司法文书。我国正在逐步完善法制,十届人大强调依法治国,依法行政。我们应努力学法、用法,并掌握一般司法文书的写作。

除上述外,应用文的种类还很多,为适应更高层次的需要,尚需进一步深入学习。

第三节　应用写作的要求

一、观点正确、鲜明

应用文必须观点正确,必须以党和国家的方针政策为依据,在表达意图与要求、反映情况和问题、总结经验或教训时,既能揭示事物的客观规律,又符合有关方针政策的基本精神。应用文的观点鲜明,就是是非分明,态度鲜明,对问题不含糊、不推诿;概念明确,表述清楚,是一说一,是二说二;提出的措施、办法要切实可行。

二、材料准确、无误

应用文是要解决实际问题的,因此必须准确反映客观实际。这就要求使用的材料,包括引用的事例、数据、文字、群众意见等,都真实可靠、准确无误,不夸大,不缩小,即使细节也不允许虚构,更不能搞"合理想像"、"移花接木"。平常要注意调查和收集材料,对重要的材料,还必须反复查证核实。

三、文风朴素、平实

应用文在于应用,讲究实效,因此文风应朴素、平实。这就要有诚实的写作态度,做到"文质相称,语无旁溢"。要杜绝溢美不实之词,反对套话、大话、假话、空话;不用文学创作中的艺术表现手法,如气氛烘托、细节渲染、铺陈繁饰、形象刻画等。修辞中的夸张、比拟、双关等一般不宜采用。叶圣陶说:"它不一定要好文章,但必须写得一清二楚,十分明确。句稳词妥,通体通顺,让人家不折不扣地了解你谈的是什么。"(《公文写得含糊草率的现象应当改变》)这话是很对的。

四、运用事务语体

(一) 以书面语体为主

应用文种类繁多,内容广泛,在具体写作中,并不一概排斥通俗的口头语言和富有美感的文学语言,但从总体而言,十分强调书面语的应用。某些文种,如:公告、公报、命令、决议等,特别讲究语言的庄重与典雅,就只能采用书面语体。

(二) 运用惯用语和缩略语

1. 惯用语

惯用语是语言中短小定型的习惯用语。常用的有:

(1) 开端用语:根据、据查、据此、据反映、遵照、按照、因、兹将、为、为了、关于、由于、奉、近来等。

(2) 称谓用语:我(校)、我(部)、你(局)、你(系)、贵(市)、贵(厂)、该(院)、该(同志)、某(主任)等。

(3) 引叙用语:顷接、顷奉、前接、现接、现经、收悉、电悉、敬悉、得悉、详悉、谨悉、阅悉、奉悉等。

(4) 经办用语:经、业经、现将、责成、径送、照查等。

(5) 询问用语:当否、妥否、可否、是否可行、是否妥当、意见如何等。

(6) 期请与期复用语:希、望、期、盼、请、恳请、提请、请批示、请指示、请核准、请审批、请答复等。

(7) 拟答与表态用语:同意、基本同意、不同意、准予备案、迅速办理、参照执行、速参照执行、酌情执行、贯彻执行、照此执行、遵照办理、可行、不可、不得、应、原则同意等。

(8) 综述用语：总之、总据、总而言之、综上所述、综上情节、依据上述等。

(9) 呈递用语：呈上、转呈、奉上、送上、递交等。

(10) 结尾用语：此布、切切此布、现予通告、特此通告。

2. 专门化术语

应用文中的专用文书常常使用专门化术语，如经济术语、科技术语、司法术语、军事术语、外交术语等。

3. 缩略语

缩略语是指一种高度紧缩和简略的句式，它是在原来句式基础上的重新概括和组合。

公文中常见的缩略语的构成形式一般有简称和数词缩略语。

(1) 取每一个词语的前一个语素。如：

中国共产党→中共、公共关系→公关、科学技术→科技、计划委员会→计委、家用电器→家电、中国共产党第十六次代表大会→中共十六大。

(2) 取前一个词的前一个语素和后一个词的后一个语素。如：

军人家属→军属、整顿作风→整风、保证价值→保值、扫除文盲→扫盲、外交部长→外长。

(3) 省略两个词中一个相同的语素。如：

工业农业→工农业、中学小学→中小学、进口出口→进出口、中医西医→中西医、病害虫害→病虫害、理科工科→理工科。

(4) 选取名称中有代表性的语素或词。如：

中国人民政治协商会议→政协、奥林匹克运动会→奥运会、安全理事会→安理会。

(5) 数词缩略语，就是用数词概括几种具有共同性质的事物或行为。如：秋收、秋耕、秋播→三秋；

工业现代化、农业现代化、国防现代化、科学技术现代化→四化；

物质文明、精神文明→两个文明；

身体好、学习好、工作好→三好；

爱祖国、爱人民、爱劳动、爱科学、爱社会主义→五爱。

（三）语言明确、简约、得体

应用文一般用书面语体中的事务语体。它的应用的特点，要求语言必须明确、简约、得体。明确，就是表达明白清楚，文字准确贴切，做到不产生歧义，不引起误解，能够使人看了就明白，并可以付诸实践。为了做到明确，对于与内容有关的时间、地点、范围、程度、条件、主次等，必须表述周密。简约，就是"简而得要"，即叙述简明完备，虽简略但内容上又不遗不缺；说理精辟透彻，简而不失一词；既不冗长累赘，又要言能及义。因此，要根据实际需要，说最必要的话，做到四个不写：与基本观点没有直接关系的不写，众所周知的大道理不写，对方已了解或不需要了解的不写，对方已没有异议的不写。得体，就是语言要能体现作者处理事务的立场和态度，要能为特定的需要服务。写什么，不写什么，怎样措词，用什么语气，都要与特定的目的、特定的对象和谐一致，使阅文者获得应有的印象，从而收到发文的预期效果。比如，内容是报喜祝捷的，要热烈欢快；颁布政令的，要庄重严肃；商洽问题的，要以诚相待；申请要求的，要恳切委婉等等。此外，由于应用文是处理事务的凭据，所以，对书写的要求十分严格，即必须字迹清楚端正，不写错别字，不错用标点符号。

【思考和练习】

一、名词解释

应用文　应用写作　工具性　事务语体

二、改错

1. 该厂本季度超额完成生产指标，上缴利润近五万多元，是空前少有的。

2. 对少数人在改革中抵制怠工、失职渎职、乘机制造思想混乱、拉帮结派错误行为，要加强监督检查，一经发现，就要严肃处理。

3. 市区养狗，影响环境卫生，且已多次发生疯狗咬人的事件。现有养狗者必须于本月15日前将所养之狗自行处理，违反此规定者，由公安局派人捕杀，并罚款50元。

4. 该车是轻工业部确认的地方名牌产品，A级产品。按照上海"凤凰牌"65型自行车吸取了同类产品的优点，"飞花"工艺讲究，色泽鲜艳，骑行舒适，坚固耐用，车架选用19锰合金钢管制造。

5. 家住城市的遗属，生活困难补助标准，一般的每人每月120元。最高不超过130元。超过三口人以上的，超过人口应根据实际情况适当降低补助标准。孤独一人的每月140元，最高不超过150元。家居农村，为城市户口的遗属，应略低于上述标准。

第二章　日常应用文

第一节　概　述

日常应用文是人们处理日常生活、工作和其他事务中使用的应用文。它具有四个特点。

一、应用面广

这类应用文不受职业的限制，几乎各行各业的人们都要用到它们。有些文体，如日记、笔记等，差不多天天都要用到。

二、个性特点鲜明

除了少量文体，如电报、条据等，绝大多数的文体富有鲜明的个性色彩，较少受应用文一般格式的束缚，写作手法和表达形式可以灵活多样，百花齐放。像书信、日记等，既可以叙事明理，又可以言情述志。不论是叙别后相思、追昔日盛会、述知音之感、记相慕之忱、忆共事之乐、叹离合之苦，还是描写游览名山胜景、观赏夕阳晚照、记叙小园风光、追忆少年乐事，都可以根据自己当时的处境、心情任意抒写，直抒胸臆、夹叙夹议、长篇大论、三言两语，均无不可。自古以来，这类应用文中有许多已成为脍炙人口的不朽之作。司马迁的《报任安书》、曹丕的《与吴质书》、李密的《陈情表》、韩愈的《祭十二郎文》、苏轼的《潮州韩文公庙碑》、徐霞客的游记日记等，它们既是应用文的范例，也是优秀的散文。

尽管如此，日记、书信等应用文与文艺作品还是有所不同。在表达方式上，它不要求一定要具有文艺作品那种综合性、典型性，也没有中间环节。如小说、叙事诗的抒情方式是：作者→人物→读者，人物是中间媒介。只有这三方面在某一点上有同感，才会发生共鸣。戏剧、电影的抒情方式是：作者→人物、演职员→读者，中间媒介不仅有人物，还有演员、职员，他们之间的共鸣关系就更复杂一些。而书信、日记、悼词之类的应用文，其抒情方式则比较简单。如日记是：作者→作者；书信是：作者（发信人）→读者（收信人）；悼词是：作者→听众，它们之间都没有中间媒介。

三、讲究文明礼貌

日常应用文大多数是用于人们日常间的交往。因此，除了实质性的内容以外，在开头、结尾、称谓以至行文中，都要十分注意文明礼貌，注意说话用词的分量，力求符合当事人的身份。书信，婚丧用的贺词、悼词等，特别要注意区别不同对象而选用恰当的词语和称谓，要符合已形成的一整套合乎礼貌的格式和专用语。没有这些合乎礼貌的语言或者乱用这类语言，都可能导致错误或闹笑话。如悼念一般的亲友，就不能滥用"伟大的"、"杰出的"、"永垂不朽"之类的修饰语；写信给长辈不能直呼其名；恭贺喜庆节日的书信和祝词不宜出现灰暗悲哀的词语，反之，悼词之类的文稿中也不宜用热烈欢快的调子。因此，要写好这类应用文，除了学习一般写作方法之外，还要学习一些人情交往的基本常识。

四、语言通俗明白

日常应用文除了日记,大都具有普遍性,即使用和接受对象中常有文化水平不高的人。因此,写作这类文章时,要注意通俗易懂、口语化,避免使用生僻的词语典故,不用半文半白或欧化的句子,叙事要简明扼要,标点符号要正确,字迹要端正,以利于对方接受并正确理解,不致因误解而贻误工作或耽误要事。

第二节 书 信

一、书信的性质和特点

书信是日常普遍使用的应用文。用于向同志或亲友问候、互通情况、联系事情、讨论问题的称为一般书信;用于单位与单位之间、单位与个人之间工作上的联系、业务上的接洽或其他特定内容的称为专用书信。

同一般文章相比,书信具有以下特点:
(1) 有一定的格式;
(2) 读者(收信人)一般只有一人或少数人;
(3) 作者与读者有特定的联系;
(4) 为了达到一定的交往目的;
(5) 内容丰富、多样,形式自由(特别是一般书信)。

二、书信的一般格式和写作

书信一般分信封和信瓤两大部分。

(一)信封

信封主要有三个部分,加上贴邮票处共由四个部分组成。

(1) 左上方写收信人的邮政编码和地址,地址一定要写详细，一行写不完可写两行、三行，但不要把词语分开写。

（2）在信封中间写收信人姓名，字体要稍大些，姓往左高出地址，以示尊敬；姓名后写"同志"、"同学"、"先生"、"女士"等，也有写职务称呼的。信封是写给邮递员的，要从邮递员的角度来称呼收信人，而不能依发信人的称呼来写。称呼与"收"字都不加括号，但字体要比姓名小些。

（3）在右下边写发信人的地址（有的还要写上姓名）和邮政编码，字体和收信人地址的字体一样大小。

（4）贴上邮票。

信封的字迹一定要清楚，以方便投递。

（二）信瓤

一般书信的信瓤由四个部分构成，多数专用书信还要加标题。

1. 称呼

称呼写在首行顶格，表示礼貌。称呼后加冒号，表示有话要说。怎样称呼，由写信人和收信人之间的关系而定。有时为表示郑重和尊重，可用其职位来称呼。首行，除称呼外，不得写其他的任何内容。

2. 主体

主体从第二行第三格写起。正文写发信人与收信人之间谈的话、说的事。一般书信的内容涉及面较广，谈家庭事务、思想感情，论工作情况、业务问题，也谈社会现象、国家大事等等。内容多的可以分段来写。正文是书信的主要内容，一般包括问候语、缘起语、主体文和结束语等内容。写作时要掌握分寸，切己体人。

3. 祝颂语

写祝颂语是为了表示礼貌。写什么内容，由发信人与收信人的关系来定。对长辈常用"敬祝 健康"、"敬祝 福安"等，写给晚辈的信常用"祝你 进步"等,同志之间多用"此致 敬礼"等。"祝"、"祝你"、"此致"等一般在结束语后另起一行空两格写,也可以接正文写;"敬礼"、"福安"、"进步"等内容须在下一行顶格写。祝颂语要配搭贴切,成对使用,不可只用前一半缺了后一半的具体内容。祝颂语一般都不用任何标点符号。

4. 具名和日期

祝颂语下另起一行,靠右写发信人姓名和写信日期。有的在姓名前边左上方写上"儿"、"学生"、"姐"、"弟"等,字体比姓名小些。日期写在具名下边一行,一般要将年月日写全,"日"字要落到最后一格。

若信写完后,临时想起来还有话要讲或代别人捎话,可在日期下一行写"附言",即先写"附"(或"另"、"还有"),加冒号,内容可接着写,也可以另起一行空两格写。内容写完后,不再具名和写日期,而写上"另及"或"又及"就行了。

专用书信的基本格式也和一般书信一样,只是内容上比较单一、概括;落款处要盖上公章;其用语,也要体现各种专用书信的特点。

三、一般书信

【例文一】

陶行知给母亲的信
(一九二七年一月二十日)

母亲:

家中以前寄来的信,如今都收到了,并未遗失,只是来得迟。

儿从母亲寿辰立志,决定要在这一年当中,于中国教育上做一件不可磨灭的事业,为吾母庆祝并慰父在天之灵。儿起初只想创办一个乡村幼稚园,现在越想越多,把中国全国乡村教育运动一齐都立它一个基础。儿现在全副的心力都用在乡村教育上,要叫祖宗及母亲传给儿的精神在这件事上放出伟大的光来。儿自立此志以后,一年之中力求不虚度一日;一日之中务求不虚度一时;要叫这一年的生活,完全的献给国家,作为父母送给国家的寿面,使国家与我父母都是一样的长生不老。

试验乡村师范开办费要一万五千元,经常费要一万二千元,朋友们都已答应捐助,只要捐款项领到,就可开办。阴历原想回家过年,无奈一切筹备事宜必须儿亲自支配,不能抽身。倘使款项早日领到,或可来京两星期。如果到了腊月廿七还没有领得完全,那年内就不能来了。好在家中大小平安,儿亦平安健康,彼此都可放心。

昨日会见冬弟,知道金弟在西安尚好,可以告慰。冬弟亦较前强壮。

桃红小桃三桃蜜桃给我的拜年片子都是很有意思很有价值的,儿已经好好的保存了。

敬祝
康乐

行知
一月二十日

(引自《行知书信集》)

四、专用书信

专用书信指专门用于某种事务联系的信件。行文有特定要求和格式。因此,写作时要根据不同的内容与要求来写。写这一类书信要特别注意事理、地址、期限、需求、联系方式等方面的特殊要求,语言要简洁、明确、通俗、清晰。

（一）证明信与介绍信

证明信用于个人或单位为某些个人或集体证明身份、经历、学历、突发事件的真实情况等。它强调证据确凿，言必有据，要求严肃认真，不能马虎随便，更不能弄虚作假。这类信件写好后，都要签名盖章，以示负责。

【例文二】

证明信

工商银行××市分行住房改革小组领导：

你行职工徐×的爱人刘××系我厂生产科职员。刘××在本厂无住房，并且也没有参加本厂近期的集资建房和购买住房。特此证明。

××市化肥厂（公章）
19××年×月××日

介绍信要注意写明被介绍人的姓名、政治身份和职务、接洽事项和要求、接洽单位名称等。现在大多数单位都有预先印好的空白介绍信，用时按格填写，写上有效期限，留好存根，盖上骑缝章，就生效了。

【例文三】

××市轻工业局介绍信

负责同志：

兹介绍　　　　等　　　位同志前往你处

敬请接洽。

此致

敬礼

　　　　　　　　　　　　　19××年×月××日
　　　　　　　　　　　　　　　　（公章）

有效期从19××年×月×日起
到19××年×月×日止。

【例文四】

介绍信

×××：
　兹介绍我校×××等三位同志前来你处联系有关安排学生教学实习事宜，请接洽为荷。
　此致
敬礼

　　　　　　　　　　　　××商贸学校（公章）
　　　　　　　　　　　　　19××年×月××日

（二）感谢信与表扬信

感谢信是对别人给予的关心、支持、帮助等表示感谢的信件，它只要求写明白何事向何人（或单位）表示何种谢意，概括出被感谢者的先进思想和模范言行，有时还需写上如何用实际行动来报答对方。

【例文五】

感谢信

××××厂领导、职工同志们：
　我们这次在你厂毕业实习期间，得到了你们多方面的关怀和照顾。领导同志专门来看望了我们，了解我们有什么需要解决的问题；指导实习的师傅对我们极为细致、耐心；星期天，阅览室专门为我们开放；厂工会专门为我们举办文娱晚会；食堂的同志们为了使我们吃饱吃好，经常向我们征求意见……

由于你们的热情关怀和照顾，我们在短短一个半月的实习中，心情愉快，精力集中，很好地完成了实习任务。我们特向你们表示衷心的感谢！

此致

敬礼

××学校实习队
19××年×月××日

表扬信是一种表扬个人或集体先进事迹、先进思想的信件。其格式与感谢信相同。须注意的是：对被表扬的人和事的叙述一定要准确无误，评价要实事求是，恰如其分。

【例文六】

我穿上了合身的衬衫

编辑同志：

我的身高过高，在市场上买不到合适的短袖衬衫，常常为此苦恼。

不久前，我看到报上刊登了一则上海市衬衫五厂生产别具一格的"海狮牌"长尖领衬衫的报道，冒昧地给该厂写了封信，要求他们按我的尺寸加工一件短袖衬衫。信虽发出，但我总觉得有些冒失，人家怎能为我费这个事呢？出乎意料，没几天我便收到了该厂技监组热情洋溢的来信，表示愿意满足我的要求，并随信寄来五块涤棉布样，让我选择用料。我当即回信告知。没多久，我收到他们特意为我加工的短袖衬衫,使我多年来第一次高兴地穿上了合身的衬衫。

上海市衬衫五厂的实际行动使我高兴地看到:社会主义的经营作风正在广泛地恢复起来!

××市×××厂
×××
19××年×月××日

(三)贺信与慰问信

贺信是用于向对方表示祝贺、赞颂的一种书信。写贺信要交代清楚发贺信的原因,要实事求是地肯定对方的成绩;感情要充沛、真挚、自然,给人以鼓舞和力量。

慰问信是对他人表示慰藉、问候、关切的书信,其内容要根据事件和对象的不同而有所区别。慰问信的语言要亲切、热烈,富有感情色彩。贺信和慰问信的结构基本相似。

【例文七】

祝贺信

在××联合公司开业之际,谨代表我公司全体职工,向你们致以热烈的祝贺,祝你们业务发展,生意兴隆,在发展横向经济联合中做出贡献。

××××公司
19××年×月××日

【例文八】

慰问信

张××同志：

您7月3日发来的加急电报收到了。惊悉您的家乡突然受洪水灾害，人民的生命财产受到很大损失。我们车间的全体同志对您全家及您家乡的人民所受的灾害表示深切的同情。为此我们特向您表示亲切的慰问！

当前，我厂职工同全国、全省人民一样，正在坚定不移地贯彻执行党的十四大以来的路线、方针、政策，形势很好，最近我们正在省、市人民政府的正确领导下，以实际行动支援灾区人民。我们坚信，在党和政府的正确领导下，在全省人民的积极支援下，您一定能同灾区人民团结一致，艰苦奋斗，克服困难，恢复生产，重建家园，迅速地战胜洪水带来的自然灾害。

我们车间的全体同志商定，一定要以增加生产的实际行动支援灾区人民。因而，请您不必担心车间里的事情，妥当安排受灾后的家中事情。等您家中一切收拾停当、安排就绪后再回厂工作。

现随信寄去车间的同志为您家捐赠的衣物20件、人民币1 200元。这是我们的一点心意，请务必收下。收到后请回信一封，以免挂念。

代我们再次向您全家和乡亲们表示亲切慰问！

××厂×车间全体同志
19××年×月×日

(四) 报捷书与喜报

报捷书和喜报是性质基本相同的专用书信。它们都具有表扬先进，激励和鼓舞群众的作用。它们的区别在于喜报是上级机关向获得奖励的有功人员报喜用的；而报捷书则是下级取得新成就，或完成了重大任务，有了某项发明创造向上级报喜用的，又称捷报。

【例文九】

喜　报

××同学，三年来努力提高思想觉悟，刻苦学习各门科学知识，在毕业总结评比中被评为"模范共青团员"、"三好学生"。

××大学团委会、学生会
19××年×月×日

（五）申请书

申请书是单位或个人因某种需要，向有关部门、组织、社会团体提出书面请求的专用书信，一般有表格和书信两种形式；要求写清申请解决的问题及具体要求，申请的理由及动机，申请者的态度等。有些申请书要经过有关部门的批准同意，才能有效。

【例文十】

开业申请书

××区工商局：

我于19××年高中毕业后，一直在家待业。为了不在家中吃闲饭，给父母减轻经济负担，为国家和社会做出贡献，起到青年在"四化"建设中应起的作用，我申请在××市中同公园附近开办个体摄影快速冲洗部，为广大游人服务。

我很喜欢摄影。毕业后自学了大专物理、化学等课程。去年又在市摄影学习班进修了3个月,较为熟练地掌握了摄影、冲洗等多项专门技术。平时为亲友拍的照片受到一致好评,为同学拍摄的两张生活照,曾参加××区文化馆举办的群众业余摄影展。在《××晚报》也发表过几幅工厂现场照片。

通过一个时期的筹备工作,摄影门市部已选定,所需资金已筹齐,摄影机和冲洗、印制等设备都已俱全。恳请考核我的技术,审查开业条件,批准我的请求,并发给营业执照。

开业后,我保证遵守国家一切政策、法令,维护市场秩序;按章准时交纳税金,如实反映服务情况;做到热情为顾客服务,美化人们的生活;价格公平、合理,不高于国有企业单位价格。

此致

敬礼

申请人:王×虎
××××年×月××日

【例文十一】

申请书

刘经理:

自改革开放以来,国家在发展,社会在进步。近年来,我国的科学技术也在迅速地发展。我在工作中深感自己掌握的知识陈旧了,越来越跟不上时代的需求。为了提高自己的理论水平与业务能力,我要求到××××进修学习。请领导审核批准。

此致

敬礼

××公司技术科×××
××××年×月××日

(六) 推荐信 (求职信) 与聘请书

1. 推荐信的概念

推荐信一般用于向对方举荐人才,使对方能够采纳。推荐信可由个人写给个人,个人写给单位或单位写给单位;一般是由第三者写给对方,也有向某单位、某部门自荐的。在人才"推向市场"的今天,面对人才市场的激烈竞争,充分发挥推荐信和求职信的作用,将有助于推销自己,在择业中取得成功。

2. 推荐信的写法和注意事项

推荐信的格式与专用书信相同。推荐信和自荐信(即求职信)内容上基本一致。若以个人名义写推荐信,则要在信中简介自己的身份及与被推荐人的关系。如是单位推荐,则应加盖公章。

自荐信一般要写缘起、理由、希望这三点内容。缘起,表明为什么要到该单位求职,以及谋求哪样职位。理由,即谋求那个职位的条件:包括学历、专业、兴趣爱好、特长、已获得的成果和奖励等等。要尽量了解对方,针对性要强,扬长避短,着力突出自己的"闪光点",让对方充分了解自己,并感兴趣。希望,即希望对方能真实地了解自己,录用自己,给自己施展才干的机会。态度要不卑不亢。

求职信要写得对路,首先要认真收集各种招聘信息,对照自己的情况,决定是否参与竞争。其次,针对招聘要求,将自己情况巧妙构思,写得符合对方"胃口"。注意既要扬长避短,突出自己的"闪光点",不可谦卑,又要用语得体,实实在在,避免自吹自擂。

【例文十二】

推荐信

×××先生：

　　×××同志1981年毕业于复旦大学中文系文学专业。在校学习期间各科成绩优良，曾先后发表了小说《×××》、剧本《×××》等十多部作品，还翻译过外国电影文学剧本《×××》。

　　×××同志有较强的研究能力，社会知识比较丰富，富有钻研精神。近闻贵厂想请他参加系列片的编写工作，我深信他是可以胜任的。

　　顺颂

近安

×××大学中文系教授

×××

××××年×月×日

【例文十三】

求职书

康达饲料公司人事部主任：

　　来信打扰，很抱歉。我希望在贵公司谋求一职，做一名技术工人。

　　我是本市粮食技校即将毕业的学生，张文生，现年20岁，共产党员，校学生会主席。

　　我所学的专业是"饲料加工"。经过两年在校学习，已圆满完成全部学业，其中专业课尤为突出，经市职业技能鉴定所考核，获得了国家饲料加工专业中级技术等级证书。

我在校期间,作为学生会主席,较好地完成了各项工作任务,增长了才干,锻炼了自己的组织领导能力;曾被评为省、市、校的优秀学生干部和三好学生,多次受到表彰;在专业技能上,曾参加全省技校学生"饲料加工"专业技术竞赛,获得二等奖。本人自信所学专业知识和操作技能适合贵公司的需要。

我身高 1.75 米,身体健康,是校篮球队的主力队员之一。我还参加过学校美术书法训练班的学习,常为学校专栏画刊头和插图,书法方面曾获市青年书法竞赛二等奖。我相信,到贵公司后,这些特长一定会为企业的精神文明建设发挥作用。

贵公司非常重视工人思想业务素质的提高,公司领导富有改革、开拓、创新精神,知人善任,管理先进,企业富有凝聚力。去年,我曾在贵公司实习半年,耳闻目睹一些人和事,深感这里是我理想的求职之地。

附寄有关证书和证件的复印件,请审阅。

祝

公司发达,事业大成

××市粮食技工学校毕业生
张文生
××××年×月×日

附:一、……
　　二、……
　　三、……

【例文十四】

自荐书

李先生:

今天从《重庆日报》上看到重庆奥克国际房地产发展有限公

司招聘广告，我很希望担任英文秘书的工作。

1988年我毕业于广州外国语学院涉外秘书系，一直研读英语。我非常希望能去贵公司工作，把自己所学的知识运用到实际工作中去。

如果贵公司给我面谈的机会，我将非常乐意遵守贵公司约定的面试日期。

此致

敬礼

王小娜
1994年2月18日

附：

自我简介

1. 自我简介的性质和作用

自我简介就是个人小传。它是供招聘者了解和考核应聘者的一种资料，也是领导者了解下属的窗口之一。

2. 自我简介的内容和写法

自我简介主要是按时间顺序写，一般要写以下三点内容。

①基本情况。这部分内容包括姓名、性别、出生年月、民族、籍贯、文化程度、所学专业、工作部门及职务、职称、家庭住址等。有的还要简介家庭情况。

②经历。依次为小学、中学、大学、工作等，以及每个阶段担任过哪些干部职务，参加过哪些组织并参与过哪些重大活动，是否被评选为先进，得过什么奖。要仔细寻找自己身上的"闪光点"，体现自己成长与奋斗的轨迹。

③爱好与特长。这里指的是可供招聘者和领导参考的爱好与特长，不可泛泛而谈，针对性要强。

【例文十五】

自我简介

我叫朱彬，男，1981年3月23日出生，共青团员，汉族，祖籍四川乐山，高中文化，现住乐山市中区苏稽镇，全家三口人：父亲、母亲和我。

1987年9月我入苏稽镇严龙小学读书，至1993年小学毕业，升入严龙初中。

初中三年中，我担任过课代表、班长等职务，并光荣地加入了共青团。我养成了认真学习、认真做事的习惯，建立起广泛的兴趣，培养起了乐于为集体、为他人办事的品格。

1996年我初中毕业后，做了就读乐山市第一职业中专学校电子专业的选择。一进职业中专我就担任班长，直至毕业；其间我还被选入学生会担任了一年的体育部长。我参加了市直属机关和学校组织的业余党校培训班学习，并以优异成绩结业。高中的环境远比初中复杂，致使我在担任班长的过程中更懂得了宽容，以礼待人，团结同学，养成更认真地为大家办事的习惯。

我热爱电子专业，课堂学得认真，平常也喜欢阅读《电子报》、《无线电》、《家用电器与维修》等报刊，我还经常购买一些专业书；平常我爱搞点小制作，一有维修的机会我就不放过。我对开设的所有学科的学习都认真，发展较全面。因此，我每学期都获得奖学金，不是甲等就是乙等，并先后被评为校级"三好学生"和"优秀学生干部"。

通过高中阶段的学习，我不仅见识更丰富了，文化水平更高了，组织能力和办事能力更强了，而且提高了我与人共事和合作的素养，增强了我的自信心与进取精神。

3. 聘请书

聘请书，简称聘书，多数在聘请某些有专业特长的人完成某些任务或任某种职务时使用。聘请书只要写明何单位请何人做何事（或任何职）、为期多久以及条件如何就可以了。现在一般都有印好的现成表格，只要填上有关项目并盖上公章即可。

【例文十六】

聘　书

刘国富同志：

　　我厂为中小企业，技术力量薄弱，产品陈旧老化。您是我市著名的设计师。为尽快增加花色品种，提高设计质量，特聘请您为我厂总设计师，聘期暂定3年，月薪为××××元。

　　此致

敬礼

丹东市××印染厂（公章）
19××年×月×日

（七）倡议书和建议书

倡议书是首先公开提出某种建议，希望别人能够响应，以共同完成某项任务或开展某种公益活动的专用书信。倡议书有个人发起与集体发起两种。要合乎身份地写明在什么情况下，为了什么目的，发出什么倡议，希望别人怎样做，自己打算怎样做等等。倡议的内容应是于国于民有利而又可以做到的好事，因此，所提条件应当具有先进性和可行性。虽然很好但一时做不到的，就不要提出来，以免成为一纸空文。

【例文十七】

倡议书

亲爱的同学们：

正当春回大地、万物复苏的时节，我们受全国5 800万大、中学生的委托，从祖国的四面八方来到首都北京，参加全国三好学生、优秀学生干部和先进集体代表会议。党和国家的领导同志亲切地会见了我们，使我们亲身感受到党和人民要我们青年学生争当社会主义精神文明建设先锋的愿望。我们与会代表，决心以实际行动，响应党中央的号召，和广大同学一道，更加广泛深入地开展创三好活动，在建设社会主义精神文明中打先锋、当模范。在此，谨向同学们发出如下倡议：

一、争当建设社会主义精神文明的先锋，必须坚持四项基本原则。要从学史入手，认真读一点中国近代史和现代史，并努力学习马列主义和毛泽东思想的基本理论，学会运用辩证唯物主义、历史唯物主义的基本观点来认识中国革命的艰苦历程和胜利前进的方向，坚定热爱党、热爱祖国、热爱社会主义的信念，立志成为一个献身四化、振兴中华的有为青年。

二、争当建设社会主义精神文明的先锋，就要集中精力，刻苦攻读，出色地完成党和人民交给我们的学习任务。我们今天的学习，既是为建设社会主义物质文明做准备，又是为建设社会主义精神文明做贡献。我们90年代的青少年，风华正茂，一定要十分珍惜宝贵的学习机会，力争多学一些知识和本领，莫让青春年华付东流。

三、争当建设社会主义精神文明的先锋，就要努力提高自己的共产主义道德水平。要做到全心全意为人民服务，关心集体、团结同学、热爱劳动、勤俭节约、爱护公物、遵纪守法，自觉抵制和克服各种剥削阶级思想的侵蚀和影响，勇于同各种违法乱纪行为和不正之风做斗争。

四、争当建设社会主义精神文明的先锋，就要更加积极地投入到"五讲四美"活动中去，首先要把我们的学校变成文明的场所，使校园处处充满文明之风。还要植树造林，栽花种草，美化环境，把我们的学校装点得像花园一样。在即将开始的"文明礼貌月"活动中，我们要大张旗鼓地学雷锋、做好事，以实际行动为社会风气的决定性好转做出贡献。

同学们：瞻望前程，任重道远。祖国现代化的宏伟目标要靠我们的辛勤劳动去实现。让我们发扬中国青年的光荣革命传统，从我做起，在党的领导下，振奋精神，团结一致，为建设现代化的高度民主和高度文明的社会主义强国而奋斗！

全国三好学生、优秀学生干部
和先进集体代表会议全体代表
19××年×月×日

建议书是个人、单位和有关方面，为了开展工作，完成任务，进行某种活动而提出意见和建议所使用的专用文书。倾听各种意见和建议，集思广益，密切联系群众，这是我们的革命传统；关心国家和集体，积极提出意见和建议，也是源于我们每个公民的主人公责任感。提意见和建议要从实际出发，切实可行；用语要讲究分寸，要心平气和，这样才能让对方接受。

【例文十八】

建议书（摘录）

编辑部：

　　青海教师进修学院院长傅青元就当前中小学学生学习负担普

遍过重的问题,向记者谈了他的一些看法。他说,产生学生学习负担过重有以下几个原因

一、教材多……

二、学制短……

三、片面追求升学率

四、教学不得法……

关于这一问题的解决办法,他提出了以下几点意见:

一、首先是教育行政领导干部应认真学习党的教育方针和政策,正确执行党的教育方针、政策,研究教育规律,坚决制止和纠正片面追求升学率的错误做法……

二、加速中等教育结构的改革,多办些职业中学

三、下大功夫培训师资,提高师资水平……

四、加强教育科学研究……

李蔚

××××年×月×日

(八) 邀请书和请柬

【例文十九】

邀请书

×××同志:

为纪念×××诞生100周年,我会定于19××年×月×日至×日,在××××举行×××学术研究讨论会。您对×××素有研究,我们希望您能莅临指导。如蒙应允,请在×月×日准时前来参加为盼。报到地点:××路××号

附:讨论会发言稿10份。

×××学术研究讨论会

筹备组（公章）

19××年×月×日

【例文二十】

请 柬

××老师：

定于12月31日下午3时，在三（一）班教室举行"庆祝元旦"联欢会。敬请光临。

此致

敬礼

高三（一）班班委会

19××年×月×日

（注：请柬又称"请帖"。现在一般都买印好的"请柬"，按要求填写好就行了。）

【思考与练习】

一、试从格式、内容、表达方式等方面，比较一般书信与专用书信的区别；试从写作目的、作用、内容等方面，比较各种专用书信的特点。

二、写作练习

1. 给你的亲友写封信（包括信封）谈谈你的近况。注意切己体人。

2. 杨瑜英收到在新疆43876部队第七分队服兵役的哥哥杨桦柳的来信，信中询问了近两年来家乡在城市建设和市容变化以及农村的变化等情况，并托她购买几本汽车驾驶与维修方面的书。请你根据上述内容代杨瑜英拟写一封回信。

3. 根据下面提供的材料拟写介绍信和证明信。

(1) 现有六名中英文打字专业的毕业生需要到××市计算中心和××市法院实习，请仿照介绍信的例文为他们拟写两封介绍信。

(2) 你的初中同学杜晓红考入省重点高中后，德、智、体诸方面表现较好，共青团组织正考虑吸收她入团。请你以初中同班同学的身份，给她现任班主任写一封证明她在初中表现的证明信。信的末尾需由原初中学校签署意见。

4. 某校高三·四班团支部的团员学生自入校以来，一直照顾五保户张玉芬大娘，他们组织本班团员轮流为张大娘买米、买煤、洗衣、料理家务，在老人生病之际更是关心备至，使老人有了幸福的晚年。请代张大娘写封感谢信给某校团委，代张大娘的邻居写封表扬信给某校领导。

5. 某校为了深入进行教学改革，筹备召开学生代表大会。请你以该校学生的身份为这次代表大会的召开写封贺信。

附录：常用祝颂语表

对象	祝颂语
对长辈	敬祝 安好；敬祝 健康；敬祝 全家平安；敬请 金安；敬颂 福安；恭请 近安；谨颂 海安；敬祝 教祺；敬祝 春禧（春节）；敬祝 新禧（元旦）；敬祝 痊安（病愈后）……
对同志或平辈	此致 敬礼；祝你 进步；祝你 安好；祝你 健康；祝你 成功；祝你 愉快；祝你 工作顺利；即颂 时祉（旧）；并颂 时绥（旧）；此颂 近祺；即颂 著安（搞写作的）；即颂 教祺（对教师）；顺颂 近佳；顺祝 俪安（夫妇二人）；此问 学安；此致 近好；敬侯 编安（编辑）；谨致 旅安；并颂 春禧（春节）；即颂 暑安（秋安、冬安）；祝痊安（早日康复）（对病中人）；祝 节日愉快……
对组织或领导	妥否 请批复；并请 函复；请 批示；请 指示；请 指教；请 指正；请 教正；此致 敬礼……
对晚辈	祝你 健康（愉快、快乐、胜利、幸福）；祝 进步；望努力学习；祝 工作好；望 向上（努力、平安、保重身体）；即问 近好……

6. 今年,学校计划纪念"一二·九"举行大型歌咏比赛。你们全班同学都希望自己班能争取到主持这次全校性活动的任务。现在请你代班委会和团支部拟写一份交给学校行政部门的申请书(其正文必须具备申请事项、申请的理由和条件、申请的希望与态度三个部分)。比赛要聘请10名裁判员,请你代学校拟写聘请书。

7. 有一位老华侨为了让自己的孙子接受祖国的文化教育,培养其民族意识,加深其对故土的感情,欲把孙子送回祖国上小学和中学。请你代他写封信向北京市公安局咨询有关规定及手续。

8. 请你从社会上招聘的各种信息中,结合自身实际,有针对性地写份自荐书,并请一位德高望重的人(最好是本校领导或老师)为你写份推荐书。

第三节 条 据

条据,是指便条和凭证两种应用文体。便条,是最简便的书信,如假条、留言条、托人办事条、意见条等。凭证,是由契约简化而来的,常因经济往来,而做日后查证用。

写作和使用注意项:

便条,格式同一般书信,但内容单一,用语特别简洁,且不一定写祝颂语。

凭证,特别要注意防人添改。格式必须严整:标题、正文、落款。正文中的钱和物的数字必须大写,且前面不能留空格,写完后要加上"整"字和句号,接着写"此据",并加句号。如后面无空格,可提行空两格写"此据",不加句号。正文和落款之间不能空行,防人添写。当还清钱物后,借条和欠条必须收回作废。收条和领条是写给对方的,不收回。

附:大写数字:零、壹、贰、叁、肆、伍、陆、柒、捌、玖、拾、佰、仟、万、亿等。

【例文一】

假　条

我因畏寒发热,经医生诊断患急性支气管炎,不能前来上课,特请病假三天,望李老师批准。

附:医院诊断证明一张

学生　×××
19××年×月×日

【例文二】

请假条

我家原本居住的房屋比较小,曾向××房管所申请调配。现接该所调房通知,于×月×日前迁入××新村。因此,我定于明日搬家。特此请假一天,请予批准。

此致
×经理

×××
19××年×月×日

【例文三】

留言条

×××同志:

今晚我来你家,有要事相商,恰巧你不在。明天上午九时我再来,请在家等我。

×××
×日晚上×时

【例文四】

托人办事条

×××同志:

  带来人民币×××元,请你代我买张×日去广州的机票。专此拜托!

×××
×月×日

  注:留言条与托人办事条,一般都不写标题。有的留言条在落款处加上"留条"、"托(或拜托)等"。

【例文五】

借 条

  今借到财务科差旅费人民币叁仟壹佰伍拾元整。此据。

借款人:×××
19××年×月×日

【例文六】

收 条

  今收到××厂送来第四季度会计报表贰份。此据。

××公司财务科(公章)
19××年×月×日

【例文七】

领 条

兹领到××局组织部发给的《关于党内生活的若干准则》肆佰柒拾捌本整。此据。

××公司组织科
经手人：×××
19××年×月×日

【例文八】

欠 条

暂欠学校总务处学杂费叁佰伍拾元整。计划12月份前缴清。此据。

学生：×××
19××年×月×日

【思考与练习】

一、比较凭证和便条的作用和写法。
二、指出下面凭证和便条的错误，并予以修改。

今 欠

××市食品加工厂人民币235元整。

××食品商店
经手人：肖兰（签章）
19××年×月×日

今借到

财务科差旅费（去大连市）一千元，此据。

业务科 李 婉
19××年×月××日

王华林同学：

　　今天来找我，正好你不在，拟以后再来，请你务必在家等候。

　　致

大安

张志宏　留条
即日

三、下面这张"请假条"错在哪里？请一一指出，并且改写。

陈老师：

　　我惭愧地提起笔，给您写信。

　　昨天，当我放学回家的时候，本来烈日当空，不料走到中途，突然下了一场大雨，我不能及时躲避，给雨水淋得浑身湿透。回家以后，我觉得有点儿冷，妈说我着了凉。吃过晚饭，我开始咳嗽了，医生说我患了流行性感冒，要好好地休息。

　　我知道这一次的病是由于抵抗力太弱引起的，我后悔平时没有听您的教导，好好锻炼身体。今天，我不能到校来上课了。希望过两天以后，我能够痊愈，就回校补课。而且，今后我要认真地做早操了。

　　现在，妈妈叫我向学校请假两天，希望你能够批准。

学生：张　明　10月15日

第四节　公启类应用写作

启事、告白、海报等都属于公启一类文书。它们常常在个人或团体有事要提请公众注意，或者有什么要求需要公众协助时使用。启事常登在报刊上，也有和告白、海报一样张贴于市场的。

一、启事

根据所要启告于人的事项的不同，可分为遗失启事、招领启事、搬迁启事、寻人启事、更名启事、开业启事、停业启事、创刊启事、征文启事、招生启事、招聘启事、招标启事、征婚启事、鸣谢启事等等。启事具有通知的作用、请求的作用和招揽的作用。

启事的写法：启事的基本格式相同，一般都由标题、正文、落款（署名和时间）三部分构成。各种启事都要把启告于人的目的、原因写清楚，有关联系部分写具体。因为启告人的目的不同，因此，各种启事的写法也有区别。下面从结构的三个部分来叙述。

（一）标题

标题要醒目。通用标题要能反映启事主要内容和性质，如"启事"（只有文体名称）、"招聘启事"（内容＋文体名称）、"经济日报征订启事"（物名＋内容＋文体名称）、"北京外文书店邮购启事"（单位名称＋内容＋文体名称）、"中国电影出版社1990年征订期刊启事"（单位名称＋内容＋文体名称）。还有标明紧要程度的标题，如"紧急启事"；具体标出内容的，如"招聘信息业务员启事"。

（二）正文

针对启告不同的目的，内容的重点和写法也不相同。如：

寻人启事。要写姓名、性别、年龄、长相、口音、衣饰等，最好附上其近期照片；写明出走的原因、时间、地点、可能行至的范围；还特别要写清寻找者的姓名、单位、详细地址及如何酬谢等。

招领启事。只写明拾得何种东西，请失主到何处去认领。不能写出特征、数量，以防冒领。

寻物启事。要写明何时、何地、丢失何物，该物的形状、质地、特征及如何具体感谢等问题。

征文启事。着重写明征文的目的、内容、体裁、注意事项及征文评奖办法等。

征订启事。着重写明报刊名称、性质、任务及价格与征订办法。

招聘启事。要写明招聘目的、对象、优惠条件、办理方法等。

搬迁启事。写明搬迁原因、日期、迁至何处、电话号码、电报挂号及相关事宜。

单位成立启事。写明成立的依据、目的，成立的时间、单位的名称、开展何种业务及对有关单位和个人的希望。

招标启事。主要写明如下几点：①什么样的单位要搞什么工程建设或做什么大宗生意，标准和条件是什么；②欢迎投标人做些什么；③具体投标办法，截止日期；④开标时间和奖励办法；⑤招标单位的详细地址、电话号码、具体联系人等。

(三) 落款

落款处在正文右下方，主要是署名和日期。其他内容写与不写，视需要而定。

【例文一】

招领启事

本店 24 日在柜台处拾到皮夹一个,内有人民币和内部饭票若干,望失主前来认领。

望月村百货商店
19××年5月25日

【例文二】

寻物启事

本人不慎于 1 月 25 日乘 7 路公共汽车时,将部队复员证、驾驶证、复员介绍信、粮食关系遗失。有拾到者请与××厂机修车间×××联系,必有重谢。电话:×××××××

启事人:×××
19××年1月30日

【例文三】

××厂聘请常年律师顾问启事

本厂因业务需要,已聘请××市第一法律顾问处律师××、×××为常年律师顾问,依法维护本厂的合法权益。今后本厂有关律师事务,委托律师顾问办理。特此启事。

律师顾问办公地址:××市××××路××号

【例文四】

招标启事

××省××县文化局拟制定县图书馆建筑标准设计,热诚欢迎建筑界朋友为建设有特色的图书馆,独运匠心,提供标新立异的建筑方案。有关事项如下:

投标:无论设计单位、大专院校或个人均可参加投标。我局备有招标文件附有建筑要求,凡欲投标者可向我局函索,免费提供,发完为止。投标截止期为19××年×月×日。

开标:19××年×月×日开标,凡中标者每套设计方案付酬金1 800元～2 000元。

通讯地址:××省××县文化局
电话:222170 222158

【例文五】

更名启事

经上级批准,将"南部区菜园汽车修理厂"、"南部区菜园汽车配件厂"、"南部区菜园纸张塑料加工厂"三个单位合并,并改名为"×××市新华汽车配件厂",隶属××市南部区工业局领导。从1992年2月20日起,起用××市新华汽车配件厂行政、财务、业务三枚新公章,开户银行为大盘办事处,账号:8047137。

××市新华汽车配件厂
1992年2月19日

【例文六】

赴俄罗斯俄语培训班招生

为了培养能熟练运用俄语，独立从事对独联体国家承包工程及经济贸易的专业人员和俄语翻译，经省府批准，我校在哈巴罗夫斯克举办俄语培训班，全部为外教任课。结业时由俄方高校颁发培训证书。

一、学习内容：基础俄语、建筑及经贸俄语。

二、学习时间：1992年9月1日-1993年7月31日。

三、招生名额：20名。

四、报名时间：1992年5月20日开始，额满为止。

五、报名手续：本市人员持单位介绍信到学校报名，外地人员可电话、信函报名。

六、报名地点：××省建设职工大学。

地址：××市动力区前进街

邮政编码：123456

联系人：陈×× 　电话：6673782

七、欲报名者，详情请到学校索取招生简章。

××省建设职工大学

二、告白

多用于警示大家注意或共同遵守的事，如提醒人们注意危险房屋、危险地区、危险桥梁，不要擅自通过或接近。写告白要突出事由及其紧迫性，并提出具体要求。人们常用白纸将它抄出贴在适当的地方。

【例文七】

告 白

此处系危险房屋,即将拆除。从即日起至拆除前禁止闲人进出,请行人绕道行走。

此白

王家宅生产组 启
19××年×月×日

三、海报

海报是启事的一种特殊形式。大多用于发布与群众生活密切相关的消息,如球讯、电影、文娱晚会等。其标题大多只写"海报"或"好消息"之类,不标具体内容,以吸引人们对其内容发生兴趣。海报的内容要求写得明白具体,如影戏海报,要把放什么电影,演什么戏,影剧的作者、导演、主要演员是谁,以及演出时间、地点、售票办法等——写明。

【例文八】

海 报

×月×日下午×时×分,我校女子篮球队同××师范学校女子篮球队在我校球场举行友谊比赛。欢迎广大师生员工到时前去观看、指导、助兴。

××学校体育教研室
19××年×月×日

【例文九】

好消息

××市杂技团出国演出后,经过我市作短暂停留,应广大观众的请求,特在我剧场演出三场,欢迎广大观众前来观看。杂技团将演出精彩杂技、大型魔术,技巧新颖、滑稽幽默、变幻莫测。

演出时间:×月×日~×月×日共三天,每晚7时30分开演。

演出地点:××市青少年官。

售票地址:××市青少年官售票大厅。

售票时间:即日起每日8点~18点,中午不休息。

售票办法:售集体票、零售票。

票价:甲等××元、乙等××元、丙等××元。

电话:×××××××

××市青少年官
19××年×月×日

四、告××

"告××"形式的应用文体在群众中早有运用。随着改革开放的深入,这种文体形式已被报刊、商店、酒楼、粮店等广泛采用。它有直陈其事、文字简明、平易亲切、使用灵活、适应范围广等特点。现在滥用应用文体的现象比比皆是,如"货讯公告"、"新进商品布告"、"购货安民告示"、"施工公告"、"本店通告"等等,其实用"告××"文体形式代替就行了。

【例文十】

告顾客

我店即日起新增热炒快餐，随到随吃。名厨掌勺，口味鲜美；品种多样，任君挑选；饭后付费，省时方便。热情为您服务，欢迎光临。

××酒楼
19××年×月×日

【例文十一】

告用户

我部由××科技协会机械工程学会与××电器厂联合组成，经××市人民政府批准备案，是一个面向社会，以提供技术服务为主的专业经营机构。我部技术力量较强，科技信息灵通，认真负责，恪守信用，愿为工矿企业，农、林、牧、副业，城乡个体专业户等单位或个人竭诚服务。

业务内容和服务项目：

1. 各种机械设备及电子仪器设计、研制及方案论证。
2. 各种机床修理、调试，各种大型零件、异型构件的加工，各种机夹具、专用工具的设计制造。
3. 废水、废气、废液的处理和分离，过滤机械设备的设计和改装，压力容器、锅炉、空调、冷冻设备的设计和改装，电镀、铝氧化染色工艺、金属热处理、焊接等技术咨询。
4. 计算机软件的开发应用，各类微、特电机的设计之研制。
5. 企业的技术经济评价和可行性分析，科技情报咨询。
6. 英、法、日、德、俄等外文文种科技情报资料的翻译。

7. 培训机械、电机等专业一般技术人员。

欢迎来函来人洽谈业务。

地址：××市××路×号。

电话：××××××××

××电器厂

联合技术报务部

××机械工程学会

19××年×月×日

【思考与练习】

一、领会公启类应用文的性质、作用，掌握启事的基本格式。

二、从报上选两则启事，分析其格式与内容，再自拟内容仿写两则启事。

三、随时留心街上张贴栏中的各种启事，仔细阅读分析，辨别正误，并将错误的改写正确。

四、注意掌握你校的招生动向，代学校拟写一份"招生启事"。

五、××市工商银行××储蓄所，因旧城改造，将迁至××街××号继续营业。请代该所拟写两份启事，一份是贴在原所在地的，另一份是贴在新地址处的。

六、请你在校园中寻找素材，拟写一份海报或好消息。

七、学校伙食团因换了新的承包人，所以原来的饭菜票不能再用，须用新的；旧票在一周内到总务处会计科退换。新承包人还希望广大师生员工常给伙食团提意见，并表明可以包席、定菜等。请你替新承包人拟写一份《告搭伙者》。

第五节　演讲稿

一、演讲稿和它的特点

演讲稿是在各种集会上发表的讲话文稿，它包括讲话和演说两类。讲话是在各种场合的发言、致词等。演说，则以讲为主，以演为辅；讲为基础，但它又要借助姿态来加强表达。

演讲可以用来交流思想感情，表达见解主张，也可以用来介绍情况、传播知识，它具有宣传、教育的作用。随着社会的发展，人们的社交活动日益频繁，某些文字表达，要被"说"取代，这对人们听说能力的要求也愈来愈高。因此，懂得演讲稿的写法，提高口头表达能力，具有十分重要的现实意义。

演讲稿的特点是针对性强、口语化、富有鼓动性，能使人兴感动情，接受演讲人的主张。在演讲过程中，演讲者要注意临场性，即当听众对演讲的内容做出某些反应时，演讲者要根据这些反应来调整自己的讲演。

二、演讲稿的一般格式

演讲稿一般分开头、主体、结尾三部分。

开头，也叫开场白，写作时或开门见山，或交代背景，或提示内容，或从生活中的事例和切身体会来入题，或用设问激发听众思考，或引用名言警句来点出讲话内容……无论采用哪种形式，都要从有利于沟通听众的思想感情，吸引听众的注意力入手，使听众能顺利听下去。主体部分要突出重点，反复阐明中心，并注意条理清楚，层次分明，能给听众以明晰的印象。条理的安排，或用并列式，即对演讲中心涉及的几个主要方面分别讲述，从不同角度来阐明中心；或层层递进，逐步深入去阐明中心；或按照事物发展顺序及人们认识过程来引导听众接受自己的观点。当然，也可以兼用上述几种方法来安排。在内容和表达方式上，要做到跌宕变化，有张有弛，有起有伏，这对于唤起听众的兴趣，集中听众的注意力，是非常必要的。

结尾是演讲内容的自然收束，演讲者可对演讲内容做归纳并揭示主旨，以加深听众印象；也可以对演讲主题做发挥和升华，以引起听众思考，给听众以启迪；或对听众寄予希望和祝愿。

三、写演讲稿的基本要求

（一）要了解对象

演讲是面对一定的听众来进行的，因此在写稿时，对听众是些什么人，他们的思想状况、文化程度、年龄、职业、风俗习惯、愿望兴趣，都要有所了解。这样，讲演才能"有的放矢"。听众不同，选择的题目、事例、论述方式和语言也应不同。还要估计当有人持不同意见或提出问题时，应如何临场回答。讲演中，还要注意场合、时间、条件的影响，观察听众的情绪、心理变化，及时调整讲演的内容或论述方式。

（二）要有鲜明的主题

一篇演讲稿，总有一个鲜明的主题。主题鲜明，就是主张什么，反对什么，讲什么道理，传达什么情况或介绍某种知识，这些都要清楚明白，围绕中心来展开。选择主题，要从听众所普遍关心、感兴趣的问题着眼；要能反映新思想、新情况；要有自己的真知灼见。这样，才能吸引听众、给人以新的启迪。

（三）要精选感人的典型事例

演讲，要用感人的事例来阐述中心。这些事例要能为听众接受，并使听众信服，这样才能吸引听众，说服听众，从而使听众接受演讲人的主张。事例，必须是现实生活中涌现的、具有典型意义的人和事。

（四）要用通俗、生动的语言

演讲稿一般采用口头语体。它要求通俗、生动，"上口入耳"，能吸引听众；要求深入浅出，把抽象的道理具体化，把概念的东西形象化，这样听众才易于理解。当然，语言的运用要根据演讲人的身份、演讲的目的、对象、场合来确定。

【例文一】

江泽民总书记在授予
钱学森同志"国家杰出贡献科学家"
荣誉称号仪式上的讲话

（1991年10月16日）

今天，我很高兴参加授予钱学森同志"国家杰出贡献科学家"荣誉称号和一级英雄模范奖章的仪式。我代表党中央、国务院、中央军委，向钱学森同志表示祝贺。并借此机会，向为祖国的社会主义建设做出巨大贡献的广大科技工作者，表示亲切慰问和衷心感谢。

钱学森同志获得"国家杰出贡献科学家"的荣誉称号，是当之无愧的。这不仅是钱学森同志个人的光荣，也是全国科技工作者的光荣。同时，也是我们党、国家和人民对作为第一生产力的科学技术的高度尊重的具体体现。

钱学森同志是我国杰出的科学家，在国内外享有很高的声誉。他在技术科学的许多领域做出了卓越的贡献。特别是在老一辈无产阶级革命家的领导下，钱学森同志以他渊博的知识和对人民事业的热忱，为组织领导新中国火箭、导弹和航天器的发展工作发挥了重要作用。

钱学森同志是一位具有高尚的爱国主义精神，坚定不移地为社会主义事业奋斗的战士。钱学森同志早年在美国学习和工作，成为国际知名学者，拥有优裕的工作和生活条件，但他在新中国成立不久，冲破重重阻力，毅然回国参加建设，表现了崇高的民族气节，表现了对新生的社会主义事业的向往和热爱。他几十年来坚持用马克思主义指导自己的研究工作和社会活动，无论在何种政治风浪下，始终忠于党、忠于人民、忠于祖国的科技事业和社会主义事业。完全可以说，钱学森同志是我国爱国知识分子的典范，他的经历体现了当代知识分子追求进步的正确道路。

在新的历史时期，我国知识分子担负着重要的历史使命。贯彻执行党的"一个中心，两个基本点"的基本路线，不断提高综合国力和改善人民生活，就必须紧紧依靠科技进步来带动和促进我国经济建设的发展。广大科技工作者，在建设有中国特色的社会主义道路上任重而道远。

我们大家都要向钱学森同志学习，学习他严谨的科学精神，学习他崇高的民族气节和优秀品格。希望科技工作者特别是青年科技工作者，自觉地增强民族自尊心和自豪感，坚定社会主义信念，为祖国的社会主义现代化建设贡献全部力量。同时，要像钱学森同志那样，自觉地运用马克思主义的世界观、方法论指导科研工作和其他活动，在科学技术的实践中努力进取，锐意创新，不断有所发现，有所发明。

同志们，在党中央、国务院和中委军委领导下，在伟大的社会主义和爱国主义旗帜下，只要我们继续发扬独立自主、自力更生、艰苦奋斗、无私奉献和大力协同的精神，我国的科学技术和国防科技事业一定会有新的发展和光明的前景。

【例文二】

再朝前走一步

郑　健　张建敏

阅读提示

演讲要善于诱导。演讲者在举例推理中引导听众注意某种现象，思索某个问题，纠正错误的看法，赞成演讲者的主张。本文从具体的小儿学步引申到抽象的奋力拼搏；从张海迪、中国女排的奋斗往事，引申到民族国家的振兴现实。一步步引导听众和演讲者一起思考，得出结论。

演讲要有鼓动性。演讲者要立场坚定，态度鲜明，或褒或贬，或赞或批，泾渭分明，决不含糊。要使"快者抛髯，愤者扼腕，悲者掩泣，羡者色飞"，令听众折服。这种鼓动性一方面可从内容中体现，一方面也可从语句上体现。本文在结尾的前一段运用了三个反问句、一个设问句，最后以一个反问句回答，把听众的感情引向了高潮。

请大家想一下，孩子是怎样学会走路的？我想，每个孩子学走路都要经历这样的过程：做父母的总是有意识让孩子逐步地离开自己远一些，使孩子摇摇摆摆地再朝前走一步，才能扑到爸爸妈妈的怀里。有时候孩子竟连半步也走不过去了，摔倒了，而父母总是把孩子扶起来，鼓励他再朝前走一步。就这样，人们终于学会了走路。

学走路是这样，对人生的思考，对生活的追求，又何尝不是这样呢。我们看到，生活中像这样一步之差的现象比比皆是。有时候，目标就在眼前，而信心却在我们脑海里化为乌有。我有一个邻居，他曾经陷入了罪恶的泥坑，但在党的政策感召下，重新踏上了新岸。可惜的是,他没有能再朝前走一步,而是将自己的灵魂又交给了魔鬼。我多么想向这样的青年大声呼喊:"再朝前走一步嘛,光明就在前头。"但是谈何容易呵!因为,与其说他们不懂得再朝前走一步就是胜利这样一个浅显的道理,还不如说,要为一个正确的人生目的再朝前走一步,是需要多么大的勇气、信心和毅力呵!而能不能做到这一点,正是检验我们是不是强者的重要标志。

现在,大家都说张海迪是生活的强者。是的。可我要说,海迪也曾走过弯路。不是吗?因为那瓶安眠药,她的生活之路差一点就走完了。但是当她后悔,当她呼救,当她认识到一时的脆弱将葬送自己的时候,她是多么想在自己的人生道路上再朝前走一步呵。终于,她凭着百折不回的毅力和崇高的信念,战胜了软弱,一步一步地走过来了。

由此,我还想起了中国女排的姑娘们。在人声鼎沸的东京佐佐木体育馆里,夺魁战关键的第五局已经打到 14∶15 这样的比分,日本队领先。这时,女排姑娘们已经精疲力竭了。陈招娣曾经救起了多少险球,为了祖国的荣誉,咬紧牙关再垫起一个险球;孙晋芳已经传出了多少好球,为了"尝尝世界冠军的滋味",她不顾腰伤,又传出一个好球;郎平,七场比赛中已经抢臂扣杀了几百次,为了"三大球"首次冲向世界,再一记又一记地重扣,终于连夺三分。在雄壮的国歌声中,她们登上了高高的冠军领奖台。

朋友,成功和胜利就是属于这种已经尽了最大努力而再努一把力的人!就是属于这种在人生道路上已经走得很辛苦,很艰难的时候,敢于再朝前走一步的人!对比下,那种只走了几步就以为走得很远,只做了一点有益人民的事就躺在功劳簿上睡大觉的人,又有什么成功和胜利可言呢!不要幻想成功之神会被你微不足道的努力所感动,主动跑过来和你拥抱亲吻;也不要幻想胜利之果会装在盘子里，端到你的餐桌前让你开怀享用。还是站起来，不停留，再朝前走！

只要你再朝前走一步，那么你就不但能领略到成功和胜利的喜悦，而且你还能增添继续朝前走的勇气、信心和毅力。个人是这样，一个民族、一个国家也是这样。大家一定还记得，祖国刚从十年浩劫中摆脱出来，面对濒临崩溃的经济，面对"两个凡是"对人们的思想禁锢，不是有人叹息有人彷徨吗？不是有人说中国的元气很难恢复吗？然而，党中央力挽狂澜，果断地决定，把党的工作重点转移到现代化建设上来，率领全国工人、农民、知识分子迈出了坚实的一步，卓有成效的一步，举世惊叹的一步！从党的十一届三中全会以来，曾几何时，国民经济严重失调的比例不是趋向合理了吗？长期徘徊的农业生产不是走上持续发展的道路了吗？人民的政治生活不是出现了安定团结、心情舒畅、空前活跃的生动局面了吗？现在，我请大家来回答：我们伟大的人民再朝前走一步，那将会怎么样呢？难道不就是国民经济的振兴，伟大祖国的昌盛，中华民族的腾飞吗？

朋友，你已经走了一步吗，那么再朝前走一步；你已经走了十步吗，那么再朝前走一步。踏上新岸的失足青年们，你们已经向昨天告别了吗，那么向着明天，再朝前走一步；人到中年的知识分子，你们感到担子很重、很疲惫吗，那么挺起胸膛，再朝前走一步。至于和我同时代的求知、求实、创新、向上的男女青年们，我们更应该在前人已达到的里程上，再朝前走一步。中国的命运就在我们肩上，让我们肩靠着肩，手挽着手，向着中国的光辉未来，一步一步朝前走吧！

(选自六年制重点中学高中语文《写作》第二册)

【例文三】

1988年元月,三岁半的魏佳骅患了急性粒细胞白血病。为了挽救这个小生命,酒泉钢铁厂计控厂团委组织了一次演讲义演募捐活动。一位抱着孩子的妇女(王娅莉,是酒钢职工大学教师)捐钱后,对着话筒,带着哭腔,做了一次即兴讲演——

各位父老,各位姐妹:

我是一个孩子的妈妈(怀抱着刚满一岁的孩子),我想对在场所有的孩子妈妈讲几句话:

大家都看到了吧,照片上这个孩子长得多么可爱(募捐倡议书上贴着孩子12寸相片),大大的眼睛,圆圆的脸,他正向您微笑,笑得那么甜。可是,有谁会想到:残酷的病魔正在吞噬他的笑容,一年前,孩子不幸患了血癌……为了挽救孩子的小生命,他的父母已经花了4000多元钱,工资收入很低的父母再也无力支付沉重的医药费,不得不把急需治疗的孩子从医院接回家里。

各位母亲,大家想想啊,如果是我们自己的孩子不幸患了这种病,我们能不竭尽全力去抢救孩子的生命吗?!不能啊,为了救活自己的孩子,我们能豁出一切,牺牲一切,就是拿自己的生命去换回孩子的生命,我们也心甘情愿啊,因为我们是母亲!世界上最伟大、最善良的也不如母亲更爱自己的孩子,母爱是世界上最博大、最无私的爱!

这个叫佳骅的小男孩,来到人世间才只有四年,他是多么不想离开自己亲爱的母亲,离开这多姿多彩的世界啊!健康的孩子,在春天里,可以到大自然中无忧无虑地嬉戏,尽情地享受春天的温暖。小佳骅却不能,他只能躺在病床上,用幼小的身体承受着疾病的折磨,多可怜啊!治病需要钱,而且还需要很多很多的钱,但孩子的父母再也无力负担更多的债了,为了孩子的生命,大家行点好,积点德,捐点医药费吧!

各位孩子妈妈,一角两角钱对我们来说算得了什么,能起多大作用?我们少给自己的孩子买块巧克力、一块雪糕,少买一件玩具,把省下来的钱捐给这个可怜的孩子。这一角、两角钱就是孩子的护命符啊!有了它,孩子的命可能就有救了。等将来有一天,孩子的病好了,他会说:谢谢阿姨,谢谢您救了我的命。到那时,我们不又多了一个可爱的孩子吗?

看到可怜的小佳骅,我们哪个做母亲的不在心里为自己的孩子祈祷:千万可别病啊!那么请捐一点钱吧,捐上一分、一角,这就是在为孩子祝福:祝福小佳骅早日恢复健康,祝福自己的孩子永远健康地成长!

捐一点钱吧!母亲们,为了小佳骅,也为我们自己的孩子,请捐一份爱吧!

我给大家鞠躬了!

我的孩子替小佳骅给妈妈们鞠躬了!

【例文四】

某校毕业生座谈会上,主持人临时要求任课教师一一给学生们讲几句临别赠言。×老师想:平平淡淡讲几句,老生常谈,没什么意思;要讲出点什么,一时又不知从何说起,很为难。这时只见闪光灯一亮——拍照——这触发了他的灵感,在简单构思之后,他便这样说:

刚才闪光灯一亮,我看到了一张张熟悉的脸。

我知道你们之中有人喜欢围棋。围棋讲究从全局着眼,从局部入手,不计较一地一子的得失。希望同学们走向社会之后,能既树立远大目标,又钻研具体工作,不被一时的挫折吓倒。

我知道你们之中有人喜欢唱歌。唱歌底气充足才能字正腔圆。希望同学们走向社会以后，要注意修养自己、充实自己、丰富自己，养足精气才能行端坐正，自立于社会。

我知道你们之中有人喜欢跳舞。跳舞要四肢配合，协调动作。希望同学们走向社会之后，能够和周围的同志和谐、默契，跳好生活的霹雳之舞。

我知道你们之中有人喜欢篆刻。篆刻中有一种流派讲究外圆内方。希望同学们走向社会之后，为人处事既不过于死板，又能不失去原则。

我知道你们之中有人喜欢摄影。摄影讲究捕捉有意义的瞬间。希望同学们走向社会之后，不放过任何一个有意义的机会——当然，机会总偏爱那些有充分准备的人。

我知道你们之中还有人喜欢打球，有人喜欢游泳，有人喜欢弹琴，有人喜欢旅游……我觉得爱好就是生活，生活有它的真谛。希望你思考它，发掘它，做生活的有心人，做生活的主人。

【思考与练习】

一、写好演讲稿对临场演讲有什么重要意义？

二、写演讲稿要注意哪些问题？

三、从下面题目中任选一题，写篇演讲稿。

1. 学好普通课与学好专业课的关系。
2. 时代对中等专业技术人才的要求。
3. 文凭、水平和事业。
4. 我为我的选择而自豪。
5. 社会现象纵横谈。
6. 我喜欢的一句格言。

第三章　公文

第一节　公文概述

一、公文的涵义、特点作用

（一）公文的涵义

2000年8月24日国务院发布的《国家行政机关公文处理办法》（以下简称《办法》），第二条规定："行政机关的公文（包括电报，下同），是行政机关在行政管理过程中形成的具有法定效力和规范体式的文书，是依法行政和进行公务活动的重要工具。"这就从性质、作用等方面，全面地、科学地对公文的定义做了明确的界定。"依法行政"，体现了我国加入世贸组织后政府职能的转变。

（二）公文的特点

公文的性质特征，突出表现为它高度的政治性和政策性，以及在许多情况下具有法律效力和行政效力；这主要表现在它特定的、惯用的格式方面。概括地说，公文具有如下三个特点：

1. 由法定的作者撰写和发出

公文有法定的作者，这个作者是指依法成立并能以自己的名义行使权利和承担义务的组织，或担负一定职务的负责人。机关单位都是依据法律和有关法规建立的，是合法存在的；它们的职权和权限均得到法律或法规的认可，并经有关领导机关批准，因而是法定的公文作者。某些行政部门的领导人，作为公文的作者，如国家主席、国务院总理等，他们不是以私人身份行使职权，而是以领导人的身份行使职权，因而，也是公文的法定作者。公文就是由这些法定的作者，根据自己的职能和权限制发的。

2. 有法定的权威和效用

公文作为机关单位的"喉舌"，代表机关单位发言，体现制发机关单位的法定权威和效用。例如，由国家主席发布的颁布法律的命令，有法律权威；由行政机关发布的指示性、规定性公文，有行政指挥和行政领导的权威；其他告知性、请示性公文也具有一定的法定效用，这种效用是公文所特有的，是它不同于其他应用文的重要特点。

公文这种效用即现实执行效用，它有一定的时间性，故又称时效。每件公文的时效不同，在失去时效后，依法具有查考的价值。因此，需要将公文立卷，并转为档案。

3. 有特定的体式和处理程序

公文既然体现制发机关的法定权威，所以，制发公文是一件十分严肃的工作。为了维护公文的严肃性和便于公文处理，国家统一规定了公文的种类和公文的体式，以及公文的处理程序和制度，任何机关单位不得违背统一规定的原则和要求，自搞一套，自行其是。

(三) 公文的作用

1. 指导作用

公文的重要职能是传达方针政策，实施领导和管理，保证决策的施行并取得成效。它通过明法传令，将上级的政治意向，指挥意志和工作、业务上的指导意见明确、具体地传送给有关方面，从而保证各项决策的落实。

2. 处理公务作用

处理公务，包括联系公务和办理公务两个方面。各社会组织之间，需要互通信息、情报，有许多工作和事务需要协调、处理，如上对下有晓谕与安排，下对上有请示与汇报，左右之间有联系交流与请托配合，这些任务往往要靠公文来完成。这正是公文工具性、公务性的具体体现。

3. 规范行为作用

公文通过自身的法定约束力或通过颁发法规、规章，规范公务活动和各种社会组织及个人的言行，告诉大家应该遵循的准则，并对违反者做出处理规定，从而保障各项工作的正常运转，促进社会的健康发展。

4. 宣传教育作用

公文负有传达贯彻方针、政策，阐明工作、活动的意义，表彰先进、批评落后、处理违规的使命。它可以发挥引导舆论、教育群众、统一思想、振奋精神的作用，激励人们为完成共同任务而努力。

5. 凭证依据作用

公文是办理公务的凭证和依据。当其目的实现，现实效用消失以后，它所记录记载的内容仍然具有历史的凭证和依据作用，离开了这一作用，公文的其他作用都无从发挥。因此，人们认为凭证和依据作用是公文最基本的作用。

二、公文的种类

1996年5月3日中共中央办公厅印发的《中国共产党机关公文处理条例》（以下简称《条例》）规定，党的机关公文为14种：决议、决定、指示、意见、通知、通报、公报、报告、请示、批复、条例、规定、函、会议纪要。

2000年8月24日国务院发布的《国家行政机关公文处理办法》规定，国家行政机关公文为13种：命令（令）、决定、公告、通告、通知、通报、议案、报告、请示、批复、意见、函、会议纪要。

党和国家机关的法定公文共同的有9种，不同的有9种，共18种。本书因篇幅所限，只侧重国家行政机关公文写作实践的探讨，因为其"通用性"更强。其中有部分涉及党的机关公文，至于军事、外交等专用公文，本书均不介绍。

根据行文方向，13种公文可分为上行文、平行文、下行文。上行文，是下级机关向上级机关报送的公文，如报告、请示；部分意见也可以上行；平行文，是平级和不相隶属的机关单位传递的公文，如函、议案，部分通知，部分意见与会议纪要；议案从行文性质与程序上看，亦带有平行文特征；下行文，是上级机关单位向下级机关单位传递的公文，如命令、决定、公告、通告、通报、批复、多数通知，多数会议纪要、部分意见与函。

此外，按保密级别可分为：普通件、秘密件、机密件、绝密件，按办理的时限可分为平件、急件、特急件。

一个机关行文时，该选什么文种，是很重要的。选择、决定文种的根据是：发文的内容、目的，发文机关的权限以及发文机关与受文机关之间的关系。公文的运转，遵循着严密的行文关系，沿着一定的行文方向，通过相应的行文方式进行。处理行文关系，有几项原则必须注意：一是根据各自隶属关系行文，一般不得越级行文；二是按照职权范围行文，上级政府的业务主管机关可与下级政府对口业务主管机关互相行文，但无权给下级政府做指示；三是按照党政分工的原则行文，行政机关的公文不能对党组织做指示、交任务，党的领导机关根据工作需要可以向同级或下级政府部门行文。

关于公文的行文规则,《办法》第四章做了系统的阐释,提出了具体的要求,应当深入细致的研读。

三、公文格式

(一)公文格式的涵义和作用

公文格式是公文严肃性和规范化的重要标志,也是其法定权威性的体现。规范化的格式有助于保证公文的完整性、正确性和有效性,提高公文处理效率,并为归档后的管理奠定良好的基础。

(二)公文的用纸格式和印装格式

1. 公文用纸格式

《办法》规定:"公文用纸一般采用国际标准 A4 型(210mm×297mm)","张贴的公文用纸大小,根据实际需要确定。"1999 年 12 月 27 日发布的《国家行政机关公文格式》(以下简称《格式》)规定公文页边与版心尺寸为:

公文用纸天头(上白边)为:37mm±1mm。

公文用纸订口(左白边)为:28mm±1mm。

版心尺寸为 156mm×225mm(不含页码)。

2. 公文印装格式

《格式》规定公文正文用 3 号仿宋体字,一般每面排 22 行,每行排 28 个字;双面印刷。

公文汉字从左至右横写、横排。

少数民族文字按其习惯书写、排版。

在民族自治地方,可并用汉字和通用的少数民族文字。

公文应在左侧装订。

(三)公文的文面格式

依《格式》规定,公文的文面划分为眉首(习称文头)、主体(习称行文或主干)、版记(习称文尾)三个部分。

1. 眉首部分

眉首部分位于公文首页上部红色反线之上。非上报公文约占三分之一的篇幅,并从第一行起安排格式要素(项目)位置;上报公文应留出批示区域,有关格式要素标注位置相应下移(见公文格式式样图3)。各格式要素按排列位置依次分述如下:

(1)公文份数序号。公文份数序号简称份号,它是将同一文稿印制若干份时每份公文的顺序编号。

《办法》规定:绝密、机密级公文还应当标明份数序号。份号标注在版心左上角第1行。依《格式》中"公文首页版式",以七位阿拉伯数码顶格标注,不足七位数时用"0"补齐,如"0000018"。

(2)秘密等级和保密期限。秘密等级简称密级,它分为"绝密"、"机密"、"秘密"三个等级。《办法》规定:"涉及国家秘密的公文应当标明密级和保密期限"。密级顶格标注在版心右上角的第一行,秘密等级和保密期限之间用"★"隔开。保密一年以上的,注明年数;不足一年的,注明月数。如"机密★15年"、"秘密★8个月"。保密期限为长期的,标明"×密★长期";一些特殊事项,如考试试卷,标注为"绝密★启用前"。若公文的保密期限与该密级规定的最长保密期限(绝密30年、机密20年、秘密10年)一致,可不标出保密期限。

(3)紧急程度。凡紧急公文均应标注紧急程度。行政公文的紧急程度分为"特急"、"急件",写作时应将其标注在顶版心右上角秘密等级之下;若未标秘密等级,则标注在第一行。紧急电报则应分别标明"特提"、"特急"、"加急"、"平急"。

(4)发文机关标识。发文机关标识习称公文版头,应用较大的字号套红印在公文首页上端,居中排列。一般由发文机关全称或规范化简称后加"文件"组成,习称"大版头";一些特定公文可只标注发文机关全称或规范化简称,习称"小版头"。联合行文，主办机关应排列在前，"文件"二字置于发文机关名称右侧，上下居中排布；如联合行文机关过多，则必须保证公文首页显示正文。在民族自治地方，发文机关标识可并用自治民族的文字和汉字。

（5）发文字号。发文字号由发文机关代字、年份和序号组成。机关代字系发文机关名称的缩略语，宜简短，第一字一般应能反映机关管辖范围或所在地；年份、序号用阿拉伯数码标注；年份应标全称，用六角括号"〔〕"括入；序号依年度编号，不编虚位（即1编为01），不前置"第"字。下行文常于代字后加"发"字。公文函宜编"函"字系列，即在代字后缀"函"字，其序号单独排列，不与其他公文序号混编。若一个机关形成的公文名称较多时，常将议案、批复及一般通知（如会议通知）编入"函"字系列。联合行文，只标明主办机关发文字号。发文字号一般在发文机关标识下方居中排布。

（6）签发人。签发人是代表机关核准并签发公文的领导人。凡上报的公文都须标注签发人姓名，非上报公文不标注。签发人平列于发文字号右侧。此时发文字号居左，空一个字，写"签发人"三个字，加冒号，再写签发人姓名。若系联合发文有多个签发人时，主办单位签发人姓名置于第1行，其他会签人姓名依次排于其下，但应使最后一个签发人姓名与发文字号同处一行。

上列六要素中，发文机关标识（版头）、发文字号属必备项目，其余为选择项目。

眉首之末，应于发文字号之下设一横隔线（红色反线），党的机关公文在该中央嵌一五角星。

2. 主体部分

（1）公文标题。发文机关名称、事由（也称事项或公文主题）和文种合称公文标题三要素。"事由"系对公文主要内容的概括，应准确简明，通常前面加介词"关于"。标题可一行或多行居中排布，排列时应该注意匀称、对称，分行不破词，"的"字不排行首，间距恰当。标题中除法规，规章名称加书名号外，一般不用标点符号。

"三要素"齐备的称为"完全式"标题。在特殊情况下，可用"省略式"标题。省略的原则是：使用规范版式并且该公文是非重要公文，这时可省略发文机关名称，命令、公告、通告、通知等公布性文种一般可省略事由；内容简短的公告、通告、通知等可根据情况只以文种为题，但应慎用。

标题中的发文机关名称应用全称或规范化简称，联合行文时可酌用人们熟悉的省称，如"计委"，"科委"，但要慎用。

(2) 题注。题注主要用于会议通过或公开发布的公文，是公文生效的标志之一。内容主要是注明公文产生的法定程序和日期，有时还要注明生效日期，加圆括号置于标题下方居中位置。如"2003年3月15日第十届全国人民代表大会第一次会议通过。"使用题注后，不再标注主送机关、发文机关署名和成文日期。

(3) 主送机关。主送机关就是主要受理机关。应当使用全称或规范化简称或同类型机关的通称。主送机关名称标注于正文上方，顶格排印。如主送机关名称过多而使公文首页不能显示正文时，应将主送机关名称移至版记中主题词之下，抄送之上，标注方法同抄送。公布性公文和受文对象难以确指的，可不标注主送机关。

(4) 正文。正文是公文的核心部分，公文内容在此展开，主旨在此体现。正文一般由开头、主体、结尾三部分组成。开头通常自成段落，段末用惯用的过渡语过渡；主体常分条列项，内容简单的可一气贯通；结尾收束全文，多用惯用结尾语，也可无专门结尾。

(5) 附件名称及附件。附件是随该公文（主体）一并发出的其他文件或材料。公文如有附件，应在正文下空一行左空两个字标注"附件:"，然后标出附件名称，名称后不加标点符号；如不止一个附件，应用阿拉伯数码排序。附件与公文正文不能一起装订，应在附件左上角第 1 行顶格标注公文的发文字号并在其后标明附件（或带序号）。

(6) 发文机关署名。发文机关署名连同成文日期俗称"落款"。署名当用全称或规范化简称，它位于正文右下方。《格式》规定："单一机关制发公文在落款处不署发文机关名称，只标识成文时间"，"当联合行文需加盖 3 个以上印章时，为防止出现空白印章，应将各发文机关名称（可用简称）排在发文时间和正文之间。"

(7) 成文时间。成文时间是公文形成与生效的时间标志。《办法》规定："成文日期以负责人签发的日期为准，联合行文以最后签发机关负责人的签发日期为准。电报以发出日期为准。"《办法》第二十五条第九款规定："成文时间用小写汉字标注，年、月、日应标全。"

(8) 印章。印章是公文作者合法性及公文生效的标志。《办法》规定："公文除'会议纪要'和以电报形式发出的以外，应当加盖印章。联合上报的公文，由主办机关加盖印章；联合下发的公文，发文机关都应当加盖印章。"

加盖印章应严肃认真、端正、居中，上不压正文，下骑年盖月。《格式》规定："当印章下弧无文字时，采用下套方式，即仅以下弧压在成文时间上；当印章下弧有文字时，采用中套方式，即印章中心线压在成文时间上。"总之，要尽可能不遮住具体日期。联合行文加盖印章的方式可参照后附"联合行文公文末页版式"。

《格式》还规定："当公文排版后所剩空白处不能容下印章位置时，应采取调整行距、字距的措施加以解决，务使印与正文同处一页，不得采取标识'此页无正文的方法解决'。"

(9) 附注与印发传达范围。《办法》规定："公文如有附注（需要说明的其他事项），应当加括号标注"，即标注于成文日期下一行左方位置。

以上九个要素中，标题，正文，成文日期为必备项目。

3. 版记部分

(1) 主题词。主题词是反映公文主要内容的规范化名词或名词性短语，其作用是便于计算机检索。《办法》规定："公文应当标注主题词。上行文按照上级机关的要求标注主题词。"主题词位于抄送机关上方，先用黑体字顶格标明"主题词"，并加冒号，然后依次排列：类别词（如：教育）、类属词（反映公文内容，如：教师、职称）、文种词（如：通知），词目之间空一个字，不加标点符号。

标注主题词应注意以下几点：

一是主题词表中的类别标题（按：用黑体字标出者，如"**01 综合经济**"）不应做主题词使用；二是一份文件的主题词一般不超过5个词；三是可以根据需要将不同类的主题词进行组配后标引；四是当词表中找不出准确反映文件主题内容的类属词时，可只在类别词中选择适当的词标引；五是非上报公文而词表中又无恰当词语时，可依该公文主要内容自拟类属词（习称"自由词"）。

(2) 抄送。《办法》规定："抄送机关指除主送机关外需要执行或知晓公文的其他机关，应当使用全称或规范化简称、统称。"抄送机关标注于主题词下一行，左空一个字标明"抄送"，后列抄送机关名称，可依上级，平级与不相隶属，下级的次序排列；抄送机关间用顿号隔开，回行时与冒号后的抄送机关对齐，末尾标句号。

(3) 印发机关和印发日期。此要素《条例》中称为"印制版记"。印发机关一般系发文机关的秘书部门，即办公厅（室）或秘书处（科）。印发日期以公文付印日期为准，用阿拉伯数码标注。有抄送机关时，要素标于抄送机关之下；无抄送机关时，则标于主题词之下。其下习惯上还要标注印刷份数。

版记部分的要素除抄送外都应具备。各要素之下均加一条反线。这部分应置于公文的最后一页（封四），并不得拆开；最后一个要素置于最后一行（俗称"沉底"）。

除以上各要素外，还应用阿拉伯数码标明页码，置于版心下边缘的下一行，数码左右各放置一条4号一字线。

4. 公文的特定格式。《格式》在前述公文的"文件格式"之外，还规定了公文的特定格式：信函式格式、命令格式、会议纪要格式。

信函式格式的特点是：距上页边30毫米平列发文机关全称，下设一条武文线（上粗下细）；在距下页边20毫米处设一条文武线（上细下粗）。发文机关名称及双线均套印红色。

命令格式的特点是：命令标识由发文机关名称加"命令"或"令"组成；命令标识上边缘距版心上边沿20毫米；下空两行居中标注令号；令号下空2行标注正文；正文下一行右空四个字标注"令"的签发人职务及签名章或联合发布命令的机关名称（发令机关或签发人职务应用全称）；在签发人签名章下一行右空两个字标注成文日期。命令标识套印红色。

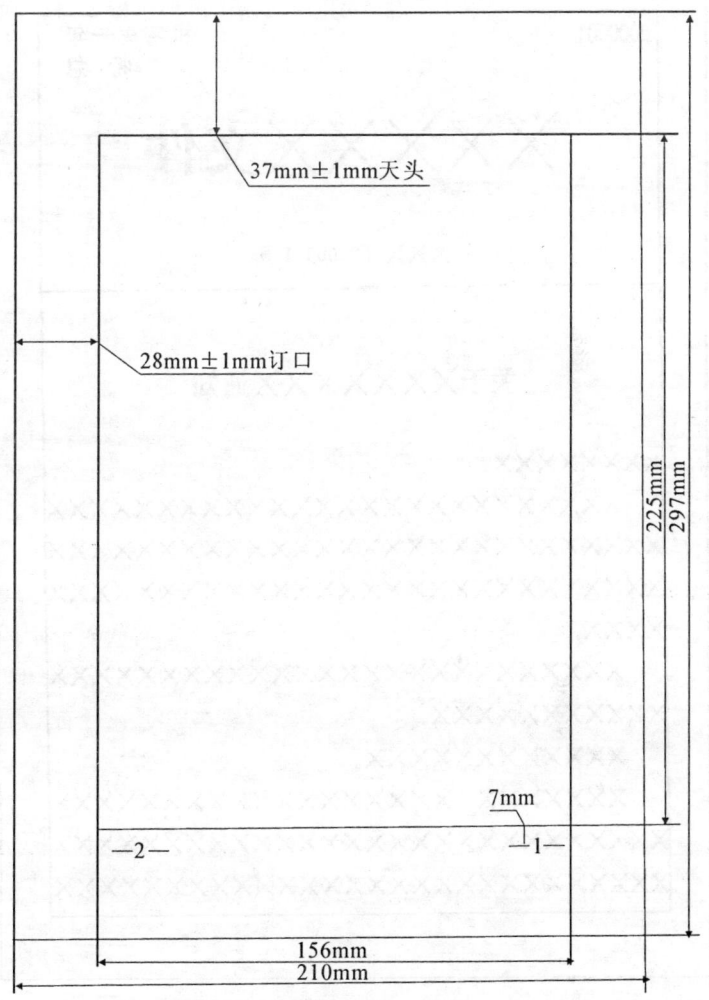

图1　A4型公文用纸页边及版心尺寸

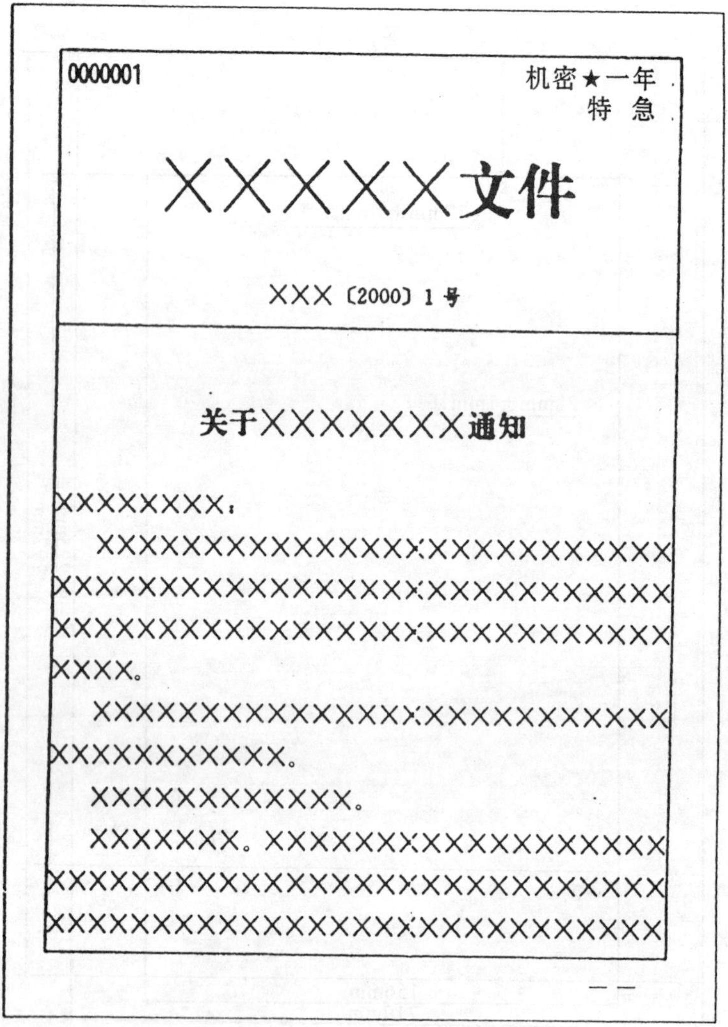

70 应用文写作基础

```
0000001                              机密★一年
                                      特 急

            ××××× 文件

              ×××〔2000〕1 号

          关于××××××× 通知

×××××××：
    ××××××××××××××××××
××××××××××××××××××××××
××××。
    ××××××××××××××××××
×××××××××。
    ×××××××××××。
    ×××××××。××××××××××××
××××××××××××××××××××××
××××××××××××××××××××××

                                          — —
```

图 2 公文首页版式

注：版心实线框仅为示意，在印制公文时并不印出。

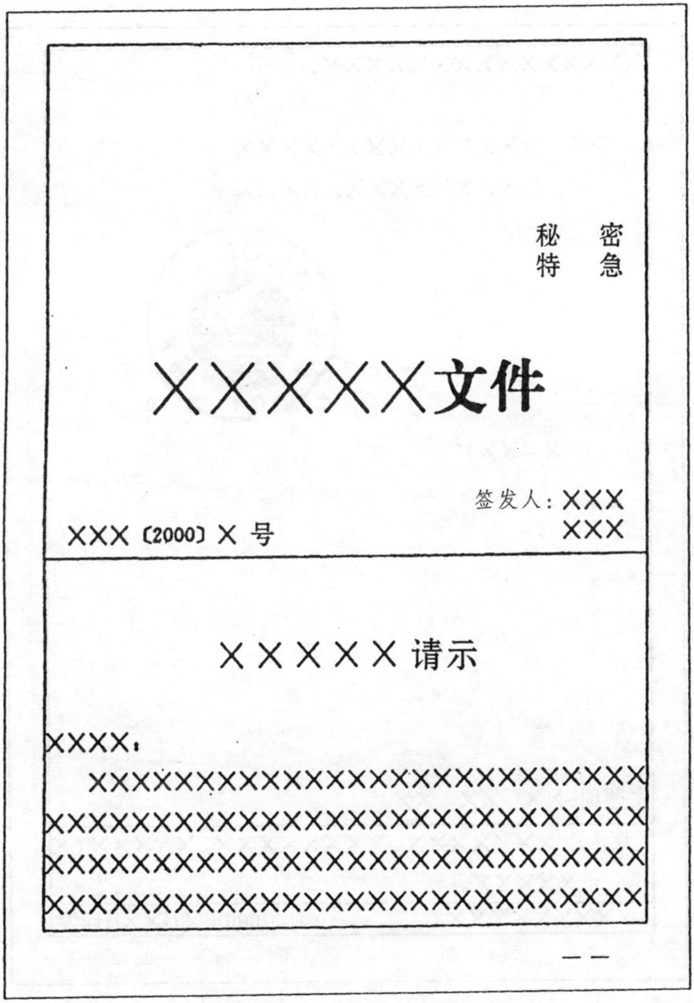

图 3　上报公文首页版式
注：版心实线框仅为示意，在印制公文时并不印出。

```
┌─────────────────────────────────────────┐
│ ×××××××××××××××.                        │
│                                         │
│   附件:1.××××××××××××                   │
│        2.××××××××××××                   │
│                                         │
```

```
│                                         │
│   (×××××)                               │
│                                         │
│                                         │
│                                         │
│                                         │
├─────────────────────────────────────────┤
│ 主题词:××  ××  ××                       │
├─────────────────────────────────────────┤
│ 抄送:××××××××、××××××××、×××××、×       │
│     ×××××。                             │
├─────────────────────────────────────────┤
│ ×××××××××          2000年×月××日印发    │
└─────────────────────────────────────────┘
                                     — —
```

图 4 公文末页版式

注:版心实线框仅为示意,在印制公文时并不印出。

```
×××××××××××××××。
  附件：1.×××××××××××
       2.×××××××××××
```

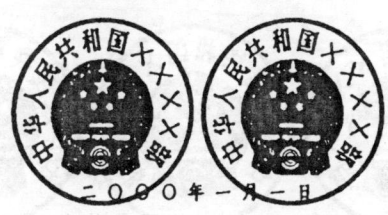

```
主题词：××  ××  ××
抄送：××××××××、××××××××、×××××、×
     ×××××。
××××××××           2000年×月××日印发
```

—— ——

图5 联合行文公文末页版式1

注：版心实线框仅为示意，在印制公文时并不印出。

74 应用文写作基础

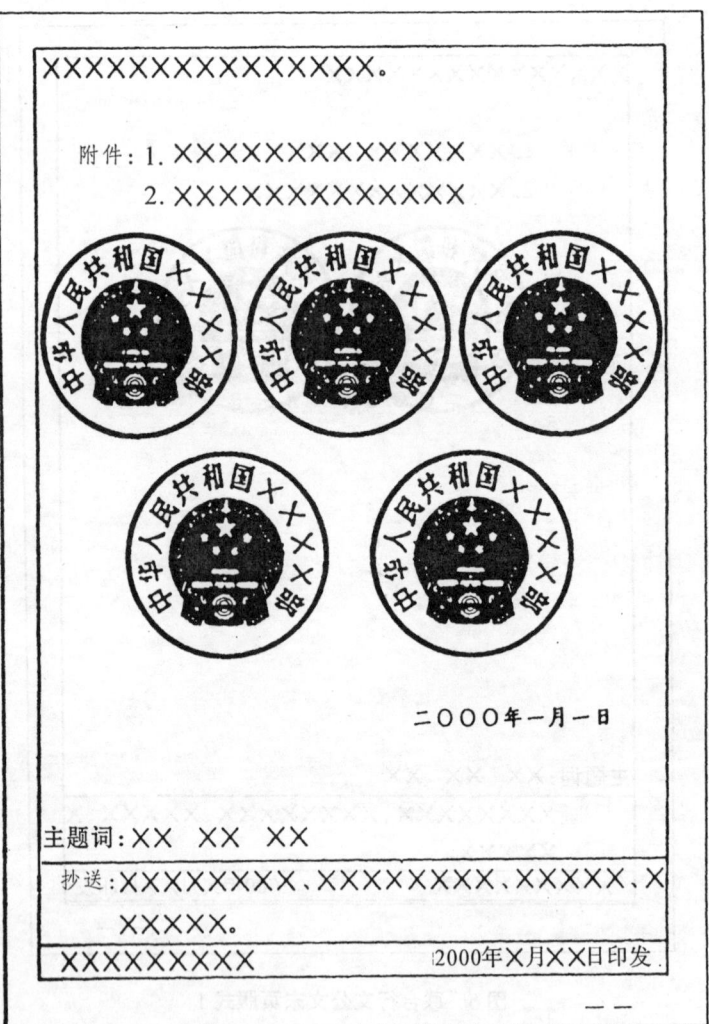

图6 联合行文公文末页版式2
注：版心实线框仅为示意，在印制公文时并不印出。

会议纪要格式的特点是：会议纪要标识由"××××× 会议纪要"组成，用红色。其标注位置同"文件格式"中"发文机关标识"。

以上三种特定格式中发文机关（会议）标识均用小标宋体字，字号由发文机关酌定。信函式格式如编有发文字号，可置于上部武文线下右侧；会议纪要格式则同"文件格式"。

除上述各项要求外，其他要素的标注办法与公文的"文件格式"相同。

四、公文的拟制

公文拟制是公文处理的一个环节，而公文处理则是包括公文拟制、办理、管理、立卷归档在内的一系列衔接有序的工作。公文拟制大体上经历交拟、拟稿（起草）、审（校核）三个阶段。写定初稿送领导审批签发，然后进行印制与发文办理。与公文写作直接相关的，主要是上述三个阶段。

（一）交拟

交拟，指机关或部门领导人交付拟稿任务。撰写者以领导的交待和要求作为撰文的根据。公文都是"奉命"而写的，它表达的是机关的意志，上级或本部门领导的意图，不能掺杂个人的情感，因而只能按交拟的内容来构思成文，这是与其他文体写作明显不同的。正因为如此，在接受写作任务后，往往还要经过"拟议"这一环节。所谓拟议，是指在拟稿之前，有关人员对所要写的文件的基本思想、主要问题等进行讨论，做到心中有数，然后才好下笔。从写作的角度看，交拟和拟议实质上是公文写作的酝酿过程，是不可缺少的准备活动。

（二）拟稿

拟稿即起草公文。对拟稿的总的要求是：观点正确，实事求是，准确简明，体式规范。具体应做到：

第一，内容符合党和国家的路线、方针、政策、法律、法规以及上级机关的指示精神，完整、准确地体现发文机关的意图并同现行的有关公文相衔接。

第二，全面、准确地反映客观实际情况；提出的政策，措施特别是新的政策规定要切实可行，并加以说明。

第三，观点明确，条理清晰，内容充实，结构严谨，表述准确，文字精练，文风端正；论点开门见山，篇幅力求简短。

第四，人名、地名、数字、引文准确。公文中的汉字和标点符号的用法应符合国家发布的标准方案，数字的用法应符合国家主管部门的规定，使用国家法定计量单位。

第五，文种、格式使用正确。引用公文应当先引标题，后引发文字号。文内使用简称，一般应先用全称，并注明简称。使用国际组织外文名称或其缩写形式，应当在第一次出现时注明准确的中文译名。

第六，严格按行文规则和规范格式草拟。

第七，杜绝繁琐和形式主义。

(三) 审核

审核，是写出公文草稿后进行的审校、复查。这主要由秘书部门负责人承担，同时还要送有关业务部门负责人审阅。审核是保证公文质量的重要环节，是协助机关领导人把好公文质量关的重要措施。审核的主要内容是：

第一，是否确须行文，报批程序是否符合规定。

第二，内容是否符合党和国家的路线、方针、政策、法律、法规及有关规定和上级机关指示精神，是否完整准确地体现发文机关的意图，并同现行有关公文相衔接。

第三，涉及有关部门业务的事项是否经过协商并取得一致意见，联合行文是否会签。

第四，所提措施和办法是否切实可行。

第五,文种使用、公文格式、文字表述等是否符合有关规定。

第六,起草要求中的其他有关事项是否做到。

审核中如发现问题,应及时修改。如需做较大修改,应与起草部门协商或请其修改。

已经领导人审核过的文稿,在印发之前还应再校核。经校核如涉及内容的实质性修改,须报原审批领导人复审。

文稿经审核修改以后,即送本机关领导人审批签发。

五、公文的稿本

(一)草稿

草稿指公文正式签发生效之前的未定稿,主要供讨论、修改、征求意见或审核签发用,尚不具备公文法定效力。常见草稿有讨论稿、送审稿、征求意见稿等。法规性文件草稿通常称为"草案"。

(二)定稿

定稿亦称原稿,标准稿。它是指经过审批签发或会议正式讨论通过的最后完成稿,是制作公文正本的依据;已具备公文法定效力。

(三)正本

正本指按定稿制作的发给主送机关的正式文本。

(四)存本

存本指从印制的正本中留取的,须与定稿一起存档的标准样本。

(五)副本

副本一般有以下几种情况:

第一,指与正本同时印制出来的文本,用以发往抄送机关参阅了解,或正本之外另发给主送机关传阅办理的文本。

第二,指经发文机关批准或经过授权翻印复制的文本。

以上两类副本同样具有法定效力。

第三，指为了保护定稿，根据定稿誊抄以供印制之用的文本。

（六）复本

复本即复制本，一般是为了某种需要，由发文机关或收文机关按正本复制而成的。它是否具有法定效力须视具体稿本而定。公文复印件作为正式公文使用时，应当加盖复印机关证明章。

（七）翻本

翻本指未经发文机关同意而自行翻印复制的文本。这种稿本不具法定效力，无凭证依据作用，只供阅读参考。

（八）试行本与暂行本

法规性文书，如条例、规定等，往往有试行本与暂行本。试行本指制发机关认为文件内容尚不够成熟，需要经过一个时期的实践，再正式修订，但为目前实际工作之需而发布试行的文本。暂行本指当前实际工作需要然而未来得及制定详细周密的规定时，所制发在的一段时间内暂时施行的文本。试行本与暂行本都有待于通过一段时期的实践之后再正式修订重新发布，它们具备法律效力，在试行和暂行期间必须遵照执行。这两种稿本均应在标题中、标题后或标题下注明"试行"或"暂行"的字样。

（九）修订本

修订本指对已经发布生效的文件加以修改后再行发布的文本。从修订本发布生效时起，原文本即行失效。

【思考与练习】

一、名词解释

公文格式　公文机关标识　签发人　主题词　交拟

二、问答

1. 党政公文文种相同的有哪些？不同的有哪些？

2. 公文眉首部分有哪些格式项目？简述其制作要求。
3. 标题排列时应注意什么问题？
4. 如何确定公文的成文日期？
5. 公文拟稿应做到哪些方面？
6. 公文审核的主要内容有哪些？

三、改错

下面一份公文在格式和语言上存在很多问题，请一一指出，并予以改正。

红石乡政府公文
金红 [99] 18 号

修建马岭至牛洞公路的报告

马岭、五坪、中峰、牛洞是我乡的贫困村，总人口七千多。制约这四个村脱贫奔小康的主要原因之一是交通闭塞，致使经济文化生活落后，盛产的桐籽、李子、桃子、板栗、梨子及各种竹子和木材不能变成商品。据估算，这几项经济作物若能正常运出销售，即可使四村群众人均收入增加 800~1 000 元。广大群众强烈要求修公路，渴望早日脱贫奔小康，表示愿意有钱出钱，有物出物，有力出力。

经测算，拟修建的马岭至牛洞公路全长 37 公里，共需要经费九十五万元，我乡已集资 25 万元，尚缺 70 万元。恳请县政府体谅我们的困难，拨款解决。此致敬礼！

附件：如文

金阳县红石乡人民政府
1999. 10. 21

第二节 行政公文的写作

《办法》规定行政机关公文为13种。本节着重讲解公文写作要点，前面已讲过的内容不再赘述。所引例文均省去"文头"和"文尾"格式项目；2001年1月1日以后的单一机关制发的行政公文落款处按规定无发文机关署名，此前的则依原文保留署名。

一、命令（令）、议案

（一）命令（令）

1. 命令（令）的适用范围和特点

《办法》规定：命令（令）"适用于依照有关法律公布行政法规和规章；宣布施行重大强制性行政措施；嘉奖有关单位及人员"。其特点是：强制性和权威性。根据《中华人民共和国宪法》和其他有关法规规定，全国人民代表大会常务委员会、委员长、国家主席、国务院、国务院总理、国务院各部委、各部委的部长、主任以及县以上各级地方人民政府可以发布命令，其他任何单位和个人均不得发布命令。一些行业如铁路、港口等作业中所用的"命令"，属行业专用文种或行业术语，非行政公文。

2. 命令的分类

按命令内容的性质，可将命令分为公布令（发布令）、行政令、嘉奖令。公布令适用于国家最高行机关或职能部门依照有关法律的规定公布行政法规和规章。行政命令适用于国家最高行政机关领导人、地方各级人民政府宣布施行重大强制性行政措施。嘉奖令适用于表彰、奖励有重大贡献或突出功绩的集体或个人。

3. 命令的写作

（1）标题。命令的标题有三种写法：一是"三要素"齐全的完全式，如《国务院、中央军委关于授予钱学森同志"国家杰出贡献科学家"荣誉称号的命令》；二是由发文机关或机关领导人职务、文种两部分组成的省略式，如《中华人民共和国主席令》；三是只写文种的省略式。

(2) 令号。令号置于标题下，居正中，加括号，如【例文一】。令号是发令机关或发令人履行职权时开始依次编号，到任职期满为止，下任另行编号。

(3) 正文。正文是命令的主体部分，包括发令缘由和目的、命令事项、执行要求三个层次。公布令的正文多由发布语和被发布的文件构成，即先表明所发布文件的名称，再说明由何会议通过或决定于何时，最后用"现予公布"等类惯用语或该文件施行时间结尾。被公布的文件置于落款后。

(4) 落款。签署发令机关全称，以领导人职务名称发布的，要加上领导人的职务及姓名，并写明发令日期。

【例文一】

中华人民共和国主席令
（第一号）

根据中华人民共和国第十届全国人民代表大会第一次会议的决定，任命温家宝为中华人民共和国国务院总理。
中华人民共和国主席　胡锦涛
二〇〇三年三月十六日

(二) 议案
1. 议案的适用范围和特点
《办法》规定：议案"适用于各级人民政府按照法律程序向同级人民代表大会或人民代表大会常务委员会提请审议事项"。

其特点是：一是制作主体的规定性，即议案的制作主体是各级人民政府；二是制作程序的法定性，即从议案的提出到审议、通过等，每一个环节都须依照法律程序进行；三是内容的特定性，即所提议案的内容必须是属于同级人民代表大会或人民代表大会常务委员会职权范围内的问题，不属此范围的改作建议、批评或意见处理；四是建议的可行性，即所提建议必须言之成理，符合实际，切实可行；五是内容的单一性，即一事一案。

2. 议案的写法

（1）标题。议案的标题主要有两种形式，一种是完全式标题，如《国务院关于提请审议〈中华人民共和国农业基本法（草案）〉的议案》；另一种是由事由和文种构成，如【例文二】。

（2）主送机关。议案的主送机关必须依法写明相应的人民代表大会或其常务委员会名称。

（3）正文。正文分三部分：开头（缘由、依据），主体（具体事项、办法及措施），结束语（如"请审议"、"现提请审议"等）。

（4）落款。落款主要是提出议案的行政机关及其领导人职务、姓名和成文日期。

【例文二】

关于提请审议《××建筑市场管理条例（草案）》的议案

市人民代表大会常务委员会：

为了加强市场管理，维护建筑市场秩序，促进建筑业的健康发展，更好地为国民经济和社会发展服务，根据国家有关法律、法规规定，结合近几年来我市建筑业管理和建筑市场管理工作的实践，在广泛征求各方面意见的基础上，起草了《××市建筑市场管理条例（草案）》。草案，业经市政府同意，现提请审议。

××市人民政府市长××
二〇〇一年×月×日

二、公告、通告

（一）公告

1. 公告的适用范围和特点

《办法》规定：公告"适用于向国内外宣布重要事项或者法定事项"。公告的发布者多为国家领导机关，如全国人民代表大会及其常务委员会，国务院及其部委或省级领导机关；被授权的职能机关和执法机关（如海关、司法机关、工商税务机关、新华社等）针对法定事项也可以发布公告。其特点是庄严性和告知性。因为它宣布的都是"重要事项或者法定事项"，只用书面语言；它对被告知的对象没有隶属关系，没有约束力。

2. 公告的写作

（1）标题。公告一般用完全式标题，如《全国人民代表大会常务委员会关于撤销成克杰第九届全国人民代表大会常务委员会副委员长职务的公告》；有的则省去事由，如【例文三】。标题之下居中标明公告编号（也可以不编号），其编号原则同"命令"。

（2）正文。公告的正文由开头、主体、结束语三部分组成。开头写发公告的缘由，主体写具体事项，最后用"特此公告"，"现予公告"等结束语。

（3）落款。未使用"题注"的公告，按公文格式要求落款。

3. 写作公告应注意的问题

（1）不能滥用公告。公告是国家高层机关或经授权的职能机关使用的公文，未经授权的其他单位不应使用。"施工公告"，"货讯公告"，"刊物更名公告"等均属滥用，改用"通告"或"启事"或"告××"才合适。

(2) 公告内容应简单扼要，直陈其事；语言应严肃庄重。

【例文三】

邓小平同志治丧委员会公告
（第一号）

为了表达全党全军全国各族人民对邓小平同志的无比崇敬和深切悼念之情，现决定：

（一）自告全党全军全国各族人民书发布之日起到邓小平同志追悼大会举行之日止，首都天安门、新华门、人民大会堂、外交部和我驻外使领馆、新华社香港分社、新华社澳门分社下半旗致哀。这期间，我驻外使领馆、新华社香港分社、新华社澳门分社设灵堂，接待驻我国和港、澳地区的吊唁。

（二）按照我国惯例，不邀请外国政府、政党和友好人士派代表团或代表来华参加悼念活动。

特此公告

邓小平同志治丧委员会
一九九七年二月十九日

（二）通告

1. 通告的适用范围和特点

《办法》规定：通告"适用于公布社会各有关方面应当遵守或者周知的事项"。通告具有周知性和制约性的特点。对于周知性，一般行政机关、企事业单位乃至临时机构均可使用，使用面广泛，如《××市自来水公司关于临时停水的通告》；而制约性则带强制性，必须依法发布，其限定范围不能超过发文机关权限，如【例文四】。

2. 通告的写作

(1) 标题。正式发布的重要通告,其标题应用完全式;一般性通告标题多省略事由;有时为突出事由,则又省略发文机关;有的发文机关和事由均省略,只以文种做标题。

(2) 正文。通告的正文一般包括缘由、事项、结束语三部分。缘由(又称"前言"或"序言")说明发布通告的原因、目的、依据、意义等,然后用"特此通告如下"做过渡语。事项是正文的主体,要写明一定范围内的有关人员应当知晓或遵守的事项,内容较复杂的可以分条列项。结尾可以用"特此通告"做结,也可自然收束,无专门结尾;还可以说明从何时起施行。

(3) 落款。署名和年月日。

3. 公告与通告的区别

第一,公告宣布的是"重要事项"和"法定事项",级别较高;通告宣布的是须"遵守"或"周知"的事项,事项可大可小,内容广泛;发文者具有广泛性。

第二,公告告知的范围大,通告告知的范围要小些。

第三,公告主要通过报纸、电台、电视台等大众媒体发布;通告既可通过大众媒体发布,也可在公共场所张贴。

【例文四】

中华人民共和国公安部通告

中华人民共和国民政部于1999年7月22日认定法轮大法研究会及其操纵的法轮功组织为非法组织,决定予以取缔。据此特通告如下:

一、禁止任何人在任何场所悬挂、张贴宣传法轮大法(法轮功)的条幅、图像、徽记和其他标识。

二、禁止任何人在任何场合散发宣传法轮大法（法轮功）的书刊、音像制品和其他宣传品。

三、禁止任何人在任何场合聚众进行"会功"、"弘法"等宣传法轮大法（法轮功）的活动。

四、禁止以静坐、上访等方式举行维护、宣传法轮大法（法轮功）的集会、游行、示威活动。

五、禁止捏造或者歪曲事实、故意散布谣言或者以其他方式煽动扰乱社会秩序。

六、禁止任何人组织、串联、指挥对抗政府有关决定的活动。

违反上述规定，构成犯罪的，依法追究刑事责任；尚不构成犯罪的，依治安管理处罚法给予治安管理处罚。

中华人民共和国公安部
一九九九年七月二十二日

【例文五】

校 告

查××班学生××一贯自由散漫，不遵守校规。×月×日课外活动时与同班同学×××发生口角。该生首先动手打人，并用拳头将×××同学头部打伤，影响很坏。

为严肃校纪，教育本人，经校务会议研究决定，给予学生×××记大过处分，以观后效。

此告

××中学（印）
2001 年 4 月 5 日

三、决定、意见

（一）决定

1. 决定的适用范围和特点

《办法》规定：决定"适用于对重要事项或者重大行动做出安排，奖惩有关单位及人员，变更或者撤销下级机关不适当的决定事项"。决定的使用很广泛，党政机关、社会团体、民主党派、企事业单位等各类社会管理机关都可以使用。但基层单位用得较少。它的主要特点是权威性和约束力，它所做出的安排要求受文单位必须执行。

2. 决定的分类

决定从内容和作用上大致可分为知照性决定和指挥决定。前者包括召开会议决定、机构设置决定、人事安排决定、表彰或处分决定等；后者往往涉及党和国家的重大方针、决策等方面的内容，一般要求受文单位严格贯彻执行。

3. 决定的写法

（1）标题。决定的标题一般采用完全式，事由部分概括要准确、简洁，如果是由会议通过的决定，还要加"题注"。

（2）正文。决定正文写法因内容不同而有较大差异。对重大行动做出安排的决定一般由三部分组成：开头（简要说明做出决定的原因、目的、意义、根据）、主体（详细写明行动内容、步骤、措施、政策原则）、结尾（发出希望，号召或提出执行要求）。知照重要事项的决定一般由两部分组成：开头（简述决定的缘由）、主体（分条列出决定的事项和内容）。表彰或处分决定的写法类似于表彰性通报与批评性通报。

除会议通过且予以公布的普发性决定外，其他决定均应标明主送机关、成文日期。

【例文六】

八届全国人大五次会议
关于批准设立重庆直辖市的决定

(1997年3月14日第八届全国
人民代表大会第五次会议通过)

第八届全国人民代表大会第五次会议审议了国务院关于提请审议设立重庆直辖市的议案,决定:

一、批准设立重庆直辖市,撤销原重庆市。

二、重庆直辖市管辖原重庆市、万县市、涪陵市和黔江地区所辖行政区域。

三、重庆直辖市设立后,由国务院依据宪法和有关法律的规定,对其管辖的行政区域的建置和划分做相应的调整。

(二)意见

1. 意见的适用范围和特点

《办法》规定:意见"适用于对重要问题提出见解和处理办法"。其主要特点是:①行文关系的多向性,即可以上行,可以平行,可以下行;②作用的多样性,即有的近于计划,有的近于工作通知,有的近于建议报告;③效力的灵活性,即下行的"意见"可带指示性,对受文者有一定的约束力,但又不是强制性规定;上行、平行则不具约束力。

2. 意见的分类

按其性质和内容,意见大体可分为建议性意见(用于向上级或平级机关提出建议)、质疑性意见(向同级或下属单位提出不同看法)、工作性意见(向下级机关布置安排工作,提出工作措施和要求)等三类。

3. 意见的写法

(1) 标题。意见的标题一般采用完全式。

(2) 题注有时也可省略发文机关名称。意见通常按照公文格式制发,因此应标明主送机关并落款。有时也可以使用题注(若使用完全标题,题注中可只标明成文时间)。

(3) 正文。一般由提出意见的缘由和意见内容两部分构成,两者之间通常以"现提出以下意见"作为过渡。如果意见内容较多,可分条列项,逐项分析,提出解决问题的办法。文末常用"以上意见如无不妥,请(或'建议')批转有关部门执行","以上意见,请予考虑","以上意见供参考"等惯用语结尾。

应该指出的是,意见正文因该文件性质与内容不同而写法各异。具体撰写时,可参照其他相似文种的写法。

【例文七】

关于做好工业统计制度改革的意见

(国家统计局、国家经贸委 1998 年 11 月 13 日)

为进一步加强和改善宏观调控,指导国有工业企业改革和发展工作,引导非国有工业企业健康发展,贯彻落实国务院的有关部署,拟从 1999 年起,对现行工业统计制度进行改革,现提出如下意见:

一、建立国有及国有控股工业企业主要经济指标月报分企业报送制度,并逐步推行非国有企业主要经济指标月报分企业报送制度。从 1999 年起,全部国有及国有控股工业企业和年销售收入在 500 万元以上的非国有工业企业,应将其主要经济指标月报于后 10 日前上报当地统计部门,省、自治区、直辖市统计部门审核后,将分企业资料及综合资料于月后 16 日前上报国家统计局。

二、建立5 000家工业企业信息联网直接报送制度。从1999起，选择5 000家工业企业，通过联网向国家统计局定期直接报送企业生产经营过程中的各种信息。通过网上反馈，为企业提供宏观经济政策信息。

上述两项改革的具体实施方案，拟由国家统计局、国家经贸委另行制定。

三、由国家统计局和各级统计部门负责上述改革方案的设计与实施工作。从1999年开始，统计部门要将分企业的工业企业主要经济指标月报制度纳入日常的统计工作；按照建立5 000家工业企业联网报送制度的要求，认真落实企业联网方式，将具备联网条件的企业，逐步纳入国家统计信息网络。

四、有关企业应切实加强企业的统计和会计基础工作，严格按照统计制度的要求，准确、及时地报送统计数据。被选定进行联网的5 000家工业企业，要认真做好联网直接报送数据的各项准备工作，按照统一要求上网。

五、上述改革工作涉及面广、时间紧、要求高，请各级人民政府加强领导和协调，财政、经贸等部门在资金上给予必要的支持，以保证改革的顺利实施。有关方面可充分利用统计部门提供的信息资料，指导国有工业企业的改革与发展工作，搞好国有工业企业扭亏增盈和经济运行的协调工作；引导非国有工业企业健康发展。

四、通知、通报

（一）通知

1. 通知的适用范围和特点

《办法》规定：通知"适用于批转下级机关的公文，转发上级机关和不相隶属机关的公文；传达要求下级机关办理和需要有关单位周知或者共同遵守的事项、任免人员"。在现行公文中，通知的适用范围最广泛，使用频率很高，晓谕性强，这是其主要特点。

2. 通知的分类及其写法

常见的通知按其内容与功用，可划分为颁转性通知，指示性通知，知照性通知，任免通知几类。各类通知的写法差异甚大，下面分别介绍。

(1) 颁转性通知。这类通知又可以分为"发布"、"转发"、"批转"三个类型。

① 发布型通知指用来颁布行政规章或印发有关文件、资料的通知。其写作应把握以下几点：一是标题应用完全式，依发布内容的重要程度分别选用"颁发"、"发布"、"印发"字样。二是正文应开门见山，写明所发规章文件名称，然后提出执行要求；有施行起始时间的，应一并说明。

【例文八】

国务院关于发布
《国家行政机关公文处理办法》的通知

各省、自治区、直辖市人民政府，国务院各部委、各直属机构：

现发布《国家行政机关公文处理办法》，自2001年1月1日起施行。1993年11月21日国务院办公厅发布，1994年1月1日起施行的《国家行政机关公文处理办法》同时废止。

中华人民共和国国务院
二〇〇〇年八月二十四日

② 转发型通知与批转型通知，前者用于转发上级和不相隶属机关的公文，后者用于批转下级机关的来文（多为建议性意见）。其写作格式与发布型通知相似，不同点在于标题中用"转发"或"批转"，一般都省略介词"关于"。

写作颁转性通知应注意以下几点：

一是标题中的被发件系法规、规章时，应加上书名号；如遇多层转发，应省掉"中转"单位，使标题简明一些，如："××县粮食局转发《××市粮食局转发〈省粮局转发［国内贸易部关于报送来信来访工作统计的通知］的通知〉的通知》的通知"，写为《××县粮食局转发国内贸易部关于报送来信来访工作统计的通知的通知》即可。注意：不可漏掉转发性通知本身的文种"通知"。

二是正文表明颁发意图后，如还需对所发文件做强调补充，则可在第一段文字之后提行写出要强调和补充的内容。

三是应将被发文件的标题和全文实录于颁转通知的成文日期之后，"版记"之前。因其属于通知内容的组成部分，不可作为"附件"。

【例文九】

国务院办公厅转发教育部等部门
关于调整撤并部门所属学校管理体制
实施意见的通知
国办发［1998］103号

各省、自治区、直辖市人民政府，国务院各部委、各直属机构：

教育部、国家经济贸易委员会、国家发展计划委员会、财政部《关于调整撤并部门所属学校管理体制的实施意见》已经国务院同意，现转发给你们，请认真贯彻执行。

国务院办公厅

一九九八年七月三日

(2) 指示性通知。指示性通知用于向下级机关布置工作任务，安排活动或就某一事项、问题做出指示。前者称为"工作通知"或"布置性通知"；后者称为"规定性通知"。其写作要点：

①标题：常采用完全式，在使用正式文头的情况下可省略发文机关；"事由"部分要用"做好"、"搞好"、"加强"、"禁止"、"不得"等词语强调；时间紧迫的可在文种前加"紧急"二字。

②正文：布置工作任务（或安排活动）的通知正文一般由开头（交待发通知的原因、目的或意义）、主体（布置任务，拟订方法措施，阐明工作原则，交待注意事项，可分条列项依次写出）、结尾（提出贯彻执行的要求）三部分构成。下指示、做规定的通知正文多由开头（写明发通知的目的、依据）、主体（分条款写出指示的具体内容）两部分构成。可用"以上各点，望遵照执行"等惯用语作结，也可无专门结尾。

【例文十】

关于认真做好接待
人大代表视察工作的通知

区政府各委、办、局，各街道办事处，各公司：

　　为便于区人民代表更好地依法行使宪法和地方组织法赋予的职权，全面反映人民群众的意见和要求，支持区政府搞好工作，区人大常委会决定改进代表视察办法。现将《××市××区人大常委会关于人大代表持证视察试行办法》印发给你们，请你们将此精神传达到所属各基层单位，教育干部、职工做好代表视察接待工作。为此提出以下要求：

　　一、各单位对代表视察要热情欢迎，认真接待，实事求是地向代表介绍情况,并虚心听取他们的意见。

二、对代表的建议、批评和意见,要以认真负责的态度,能解决的要及时解决不拖延;对该解决又一时解决不了的,要积极创造条件,予以尽快解决;对确实难以解决的要如实向代表说明情况,以取得谅解。

三、对代表的建议、批评和意见,避免就事论事,要做到举一反三,以点带面,认真解决或创造条件解决各种相关或相似的问题。

四、建立、健全办理人大代表建议、批评和意见的登记汇报制度,代表视察后两周内,接待单位必须完成《接待代表视察情况报告表》的填写工作,并分别上报区政府办公室、区人大常委会代表联络室及本单位上级主管部门各一份。

五、接待全国和市人民代表们的视察也要遵循上述要求。

××市××区人民政府办公室(印)

一九九九年四月十三日

(3) 知照性通知。知照性通知主要用于告知某些事项,故又称告知性或事项性通知,如《国务院关于成立国务院物价小组的通知》。其正文写作大体有三种:一是由开头(原因)、主体(事项),结尾(要求)构成;二是只写发文缘由和告知事项;三是直接交代要告知的事项。常用惯用语"特此通知"做结。

会议通知属知照性通知。其写作:标题一般应写明会议名称,如《关于召开重点中学校长会议的通知》,也可以只写"会议通知"作标题。正文部分大多由三部分构成:开头,交代开会的原因、目的、依据(谁决定召开)、会议名称,然后用"现将有关情况通知如下"等语过渡;主体部分包括开会时间、期限、地点、与会人员及其条件、会议内容或主要议题、会前应做的准备工作、会议其他事项(如经费、食宿、交通安排)等;结尾告知联系人，联系电话等。有的还于通知后附一张回执表，以便做好会务安排。

【例文十一】

会议通知

全局职工同志们：

经局长办公会商定，于3月6日（星期四）14时至16时在本局第一会议室召开全局职工大会，传达市政府机构改革工作会议精神，布置我局改革工作。请准时参加。

特此通知。

××市商业局办公室（印）
2003年3月2日

（4）任免通知。这类通知包括任命和免职两类，而任免事项可以合并通知。

任免通知的标题应明确事项性质，如《关于×××等同志任职的通知》，也可用"任免通知"为标题。正文分三部分：先交待任免依据，常用"经×××（或××会议）研究决定："这一简明句式表达，然后写出任免对象及任免职务，一人占一行，分行排列；最后以"特此通知"作结。若一份通知中有任有免，则按先任后免的顺序排列。

【例文十二】

关于×××两同志任职的通知

厂劳人字 [2001] ×号

各科、室、车间：

　　任命：

　　王××同志为新产品车间主任；

　　张××同志为总装车间副主任。

厂长陈×× （签章）

2001 年 7 月 18 日

　　3. 写作通知应注意的问题

　　(1) 标题要规范。一般均应写明事由，受文者一目了然。若只以"通知"二字为标题就不恰当。

　　(2) 受文机关应明确。通知应标明主送机关，以利有关事项的及时办理。经批准在大众传媒上公布时，可省去主送机关。

　　(3) 正文要简明、具体、条理化。

　　4. 通知和通告的区别

　　二者相同的是都可以用于公布某些专门事项，但使用上有明显的区别：

　　(1) 适用范围不同，通知除公布和传达某些事项外，还有多种用途，适用范围广；通告则限于公布应当遵守或周知的事项。

　　(2) 受文对象不同，通知有明确的主送对象；而通告的接受对象不确定、不具体、也不标明主送对象。

　　(3) 发送方式不同，通知主要是按文书办理程序在机关单位之间传递，通告则在社会上张贴或在大众传媒上公布。

(4) 涉密情况不同，通知多系机关之间或内部传递的公文，有的是涉密件；通告是公开性公文，不涉密。

(二) 通报

1. 通报的适用范围和特点

《办法》规定：通报"适用于表彰先进，批评错误，传达重要精神或者情况"。其主要特点是：知照性、指导性、教育性。在现实生活中，通报起着沟通信息、交流经验、教育干部和群众的作用。

2. 通报的分类

(1) 按内容与作用可分为：表彰性通报，表彰先进单位和个人的先进事迹，宣传推广先进经验；批评性通报，批评错误及重大事故，传达处理意见；情况通报，传达重要精神，交流重要情况。

(2) 按表述方式可分为直述式通报（由发文机关直接介绍被通报对象的有关事实），转述式通报（发文机关以转述的方式将所属单位或外单位送来的典型材料作附件，予以通报）两大类。

3. 直述式通报的写法

(1) 标题。通报宜用完全标题，如【例文十三】；有的标题省略发文机关，如【例文十四】。

(2) 主送单位。一般通报都注明主送单位，少数普发性的，也可以不写主送单位。

(3) 正文。表彰性通报和批评性通报正文有类似的结构，一般由四层构成：

第一层，简述通报对象的基本情况和基本事实。

第二层，分析评价先进事实的意义、表率作用或错误事实的性质、危害及不良影响。

第三层，写明处理意见或做出的决定。

第四层，对受文者提出希望与要求，号召向先进学习；或要求犯错误者改正错误,并希望其他人引为鉴戒。

情况通报的正文一般由两层构成:第一层为情况部分,具体介绍重要情况的内容;第二层为意见部分,分析评价有关情况的性质并提出处置意见。也有的将情况传达完毕即结束全文。

4. 转述式通报的写法

转述式通报一般于开头部分写明所转发的文件材料(如报告、调查、检查结果等)名称,常用"现将《××××××》予以转发(或'通报各地')"等句式开头,对该文材料主要事实略作提示,然后转入分析评价;除开头部分外,其余各部分写法与直述式相同。也可以在开头部分概述所转发材料涉及的主要事实,然后说明转发的原因、意义或目的,针对事实略做分析,最后将所转材料作为附件下发。标题拟制如直述式通报则不取颁转性通知标题格式。

5. 写作通报应注意的问题

第一,通报的人或事应有典型性,有示范、引导作用或教育、警戒意义。

第二,应注意事实的准确性与完整性。

第三,由于通报具有指导性和一定的权威性,所提出要求受文单位必须执行,因而要求通报应写得明确、具体、适当,便于执行。

6. 通报与通知的区别

通报与通知都有告晓性,但有明显的区别:

(1) 行文的目的、作用不同,通报在于教育、引导、警戒或交流情况,一般无执行办理要求;通知在于让受文单位知晓并按要求办理。

(2) 行文时间不同,通报是事后行文,通知是事前行文。

(3) 表述方式不同,通报要做较具体的叙述,并进行分析、评论;通知一般用概述性语言叙述、说明,较少或不做议论。

【例文十三】

成都市人民政府关于表彰
成都市科学工作先进区（市）县
及成都市科教兴市优秀个人的通报

各区（市）县人民政府，市政府各部门：

　　1996年，各区（市）县，市级有关部门认真贯彻中共成都市委、市人民政府《关于加速成都科学技术进步的决定》，积极实施科教兴市战略，大力开展科技工作创先争优活动，取得了显著成绩，涌现出一批成绩突出的区（市）县和优秀个人。为了表彰先进，推动我市科技工作创先争优活动的深入开展，市政府决定授予彭州市等5个区（市）县"成都市科技工作先进区（市）县"称号，并奖励586微机一套；对陈宪志等50名在科技兴市工作中成绩突出的优秀个人进行表彰，并给以奖励（名单附后）。

　　希望受到表彰的先进区（市）县和优秀个人要谦虚谨慎，戒骄戒躁，继续开拓进取，争取更大的成绩。各区（市）县、各有关部门要认真学习先进经验，进一步贯彻落实科教兴市战略，为我市科技进步和社会经济发展再上新台阶而努力奋斗。

一九九七年四月四日

【例文十四】

对石××处分决定的通报

石××,男,物理系二年级学生。

1999年6月21日下午,石××等二人在回宿舍的途中与化学系学生田××相遇。田××因走路匆忙,不小心将石××的书碰撞在地,二人发生口角。石××先是破口大骂,继而动手殴打对方,用砖头击伤对方头部,造成对方严重脑震荡。

石××身为大学生,竟在光天化日之下行凶打人,影响极坏。为严肃校纪,经校长办公室会议研究决定给予石××记大过处分,并责成其赔偿对方医疗费用人民币1 300元。

特此通报

××大学(印)
1999年7月8日

【例文十五】

中华人民共和国教育部关于××大学
处理一个学生侮辱教师问题的通报

各省、市、自治区高教(教育)厅(局),全国重点高等学校:

最近××大学对一个学生在实验课中不遵守学习纪律和侮辱老师的问题,给予处分,并将校委会的决定正式公布。这样处理是很对的。一切学校要提高教学质量,一方面是老师必须根据党的教育方针和学校的培养目标,认真地教好课,关心和爱护学生,对学生提出严格的要求;另一方面是学生必须按照教学计划的要求，尊重老师的指导，遵守学习纪律，认真地学好功课。现将××大学的通告全文印发给你们，供参考，希望引起大家的注意。

附件：《××大学关于××的通告》

中华人民共和国教育部
一九××年×月×日

五、报告 请示 批复

（一）报告

1. 报告的适用范围和特点

《办法》规定：报告"适用于向上级机关汇报工作，反映情况，答复上级机关的询问"。其特点是具有：陈述性，汇报性。报告在公务活动中发挥汇报工作、提供信息、辅助决策、反馈结果、凭证备查等多方面的作用。

2. 报告的分类

（1）按内容与用途分：工作报告，它是以汇报工作为目的，将工作的进展情况，已取得的成绩，存在的问题及今后的打算等向上级机关汇报。它往往有总结的性质。

情况报告，它是以对某一具体问题，某一事件或某一方面情况（如群众思想动态）的调查、了解和处置为内容的报告。

回复报告，它是以汇报完成上级机关布置的任务情况，答复上级机关询问而写的报告。

报送报告，它是向上级机关报送文件或物件时随文或随物撰写的报告。

（2）按范围与性质来分：综合性报告，它是反映一个地区、一个部门全面工作或几个方面工作情况的报告，其内容具有全面性和综合性的特点，近似于工作总结。

专题报告，它是反映某项工作或某方面情况的报告，其内容具有单一性和专门性的特点。

(3) 按行文目的分：呈报性报告，这是报送上级机关知晓，而不需要上级做出处置的报告。

呈转性报告，这是报送上级机关，要求其批准并转发有关单位执行的报告。此类报告明为上行文，实为下行文，这是其写作上应特别注意的。此类报告又常用"意见"代替。

3. 报告的写作

(1) 标题。报告的标题一般用完全式，有的也省略发文机关。

(2) 主送机关

(3) 正文。报告的正文常由开头、主体、结尾构成。开头，应简要地说明报告的原因、目的或内容要点、结论，以引起受文者的注意。

主体，即报告事项，应写明主要的情况，问题及其原因，提出今后开展工作的措施、意见、安排等。不同类型的报告在这部分的写作中各有侧重。工作报告在说明前段工作中取得的成绩和存在问题的基础上，侧重于提出解决问题的措施、方法，以利于做好今后的工作；情况报告在对情况概括叙述的基础上，侧重于对情况的分析及提出处理意见；回复性报告应有针对性地答复上级来文提出的问题；报送报告应对报送材料或物件简要说明。报告的结尾用"特此报告"，"以上报告当否，请审阅"等专用结束语（或称"惯用语"）作结；如是呈转性报告，则用"以上报告如无不妥，请批转有关单位执行"作结。

报告中不能夹带请示事项，这是报告写作要特别注意的问题。

(4) 落款。署名和年月日。

【例文十六】

进一步加强森林防火工作的报告

国务院：

　　我国的森林防火工作，以1987年大兴安岭特大森林火灾为转机，进入了一新阶段。全国森林防火综合能力明显提高，森林火灾损失大幅度下降，对保护国家森林资源，促进国民经济发展，维护生态环境，保障林区安定发挥着重要的作用。在新的形势下，森林防火工作出现了一些新情况和新问题，必须认真加以解决。森林防火任务日益繁重，森林防火工作只能加强，不能削弱。国家森林防火总指挥部撤销后，地方各级人民政府要进一步负起责任，切实做好森林防火的预防和补救工作，林业部将做好对各地森林防火的检查、监督和协调，各有关部门要积极支持，共同做好森林防火工作。现就进一步加强森林防火工作的意见报告如下：

　　一、进一步认识森林防火工作的重要性、长期性和艰巨性。森林防火是关系全局的大事，属于抢险救灾性质，是国家公安消防工作的重要组成部分。搞好森林防火工作，有利于保护资源，有利于森林安定，有利于集中精力抓改革开放和经济建设，有着巨大的经济效益、生态效益和社会效益。森林火灾受社会条件和自然因素的影响，在目前条件下，只要把工作做好，不发生大的森林火灾是可以办到的。但是，思想麻痹，工作放松，遇上恶劣条件，发生森林大火的危险性是随时存在的。地方各级人民政府，要把森林防火工作作为一项重要任务，常抓不懈，正确处理好经济建设与森林防火工作的关系，把加强行政领导，进行科学管理，讲究经济效益有机结合起来，不断提高森林防火工作的现代化、规范化、专业化水平。

二、继续坚持实行森林防火工作行政领导负责制,强化森林消防监督职能。根据《中华人民共和国森林法》和《森林防火条例》的规定,森林防火是各级人民政府的重要行政职能,森林防火工作实行各级人民政府行政领导负责制,省长、市长、县长、乡长,要对该地区的森林防火工作全面负责。实践证明,这是搞好森林防火工作的关键,应认真坚持。……(略)

国家森林防火指挥部撤销后,与森林防火工作有关的部门,要继续做好所承担的森林防火工作,建议由林业部牵头,建立部际联系会议制度,协调解决森林防火的重大问题,遇有特别重大的森林火灾,组织指挥扑救工作。

三、依靠全社会的力量,积极做好森林火灾的各项预防工作。……(略)

四、进一步加强森林消防队伍建设,逐步提高专业水平,森林火灾的扑救工作,要做到"专职结合,以专为主"。……(略)

五、不断增加投入,切实加强森林防火基础设施建设。要把森林防火基础设施建设纳入各级人民政府的国民经济和社会发展计划。森林防火基础设施建设同林业生产经营统筹安排同步实施。国家和地方人民政府给予森林防火的各项优惠政策和扶持措施,要保持相对稳定。随着经济发展,地方各级人民政府要逐步增加森林防火资金投入,抓紧实施各级森林防火基础设施建设规划,努力提高森林防火综合能力,要积极开展森林防火科学研究,推广和运用先进科学技术,加强国际森林防火技术交流,逐步提高我国森林防火的现代化水平。

六、进一步完善全国森林防火工作体系,做到从上到下有专人管。进一步明确职能,建立岗位规范、健全的工作制度。平时开展预防工作,进入防火期要坚持全天二十四小时值班,要有领导带班,及时处理有关问题。不断完善森林火灾调查统计和报告制度，及时发布森林火灾信息。

当前正值北方森林防火的最紧要时期，以上报告，如无不妥，请批转各地执行。

林业部（印）
一九九三年五月十三日

【例文十七】

××省石油公司××供应站关于解决油库长期遗留的山地及树木的归属问题的报告
×石财字 [1998] 31号

省石油公司：

  我站于1989年5月新建了油罐两个，扩建了油库，占用了当地东方村部分山地及该地树木。扩建后几年来库界未定，东方村多次提出要求，补偿被占用的山地及树木，但几经协商，均未能得到结果，以至发生纠纷，库区围墙被推倒十多米。最近，双方本着对国家财产和群众利益负责的精神进行协商，彼此谅解，终于达成协议，由我站给予东方村山坡地及地上树木一次性补偿费玖万元，并经双方划定界线，新建围墙为界，界内土地及树木永久归我站所有。我站应付的补偿费拟分三期在保管费中列支。现随文上报所订协议及库区界图，请核查备案。

  附件：1.《××山地及树木归属协议》
     2，《××石油供应站库区图》

（公章）
一九九八年十月八日

(二) 请示

1. 请示的适用范围和特点

《办法》规定：请示"适用于向上级机关请求指示、批准"。凡是本机关无权、无力决定和解决的事项，都可以向上级请示，上级应及时给以回复。请示具有呈请性和期复性的特点。

2. 请示的分类

按请示的内容和目的分

（1）请求指示的请示。在工作中遇到重大或疑难问题，或未遇见过的情况时，请求上级机关给以处理该问题或情况的指示。

（2）请求批准的请示。遇到经上级批准才能办理或必须处理，但本单位又无权处理的事项，请示上级批准。

（3）请求帮助的请示。本单位应办或上级交办的事项，需一定人力、物力、财力，本单位难以解决，请求上级帮助解决。

（4）请求批转的请示。需要处理的重大事项，带有普遍性，牵涉全局，超出本机关职权范围，因此提出意见，请求上级批转。写这类请示的多系职能部门。这类请示与"呈转性报告"不同处在于它是以上行文口气写的，而"呈转性报告"则是按下行文口气写的。

3. 请示的写法

（1）标题。一般用完全式标题，以示郑重，有的标题省略发文机关。事由要突出主旨，让受文者从标题中就知道请示的主要内容。

（2）主送机关

（3）正文。正文包括请示的原因、请示事项与要求、结尾三部分。原因即开头，是提出事项与要求的基础。理由要充足，依据要充分，道理要讲透，只有这样，才能显示出请示事项的必要性和可行性，便于上级批复。

请示事项与要求，是行文的落脚点，必须写得具体，明确，一目了然；语气要恳切得当，便于上级决策，判断。

请示的结尾，另起一行；根据请示的目的选用祈请式惯用语如"特此请示，望批复"、"以上请示如无不妥，请批准"、"妥否，请批示"、"以上请示如无不妥，请批转有关单位执行"等作结。

(4) 落款。署名和年月日。

4. 写作请示应注意的问题

(1) 必须事前行文，一文一事，主旨单一集中。

(2) 坚持逐级行文，一般不能越级行文。如遇特殊情况，必须越级行文，也要同时抄送被越级的机关。

(3) 只写一个主送机关。如涉及其他机关，可用抄送的形式。

(4) 如有几个单位联合请示，联合单位要充分商量统一意见，搞好会签，联合行文。

(5) 应当在附注处注明联系人的姓名和电话。

5. 请示与报告的区别

(1) 行文目的和作用不同。请示是请求上级机关指示、批准、帮助，为上级机关提供批复的依据，重在呈请；报告主要是向上级机关汇报工作，反映情况，为其提供信息。对于工作中的经验教训，不要求批复，重在呈报。

(2) 行文的时间不同。请示必须在事前行文，请示的事项要等上级机关批复后才能处理实施；报告则可以事前行文，也可以事中或事后行文。

(3) 内容和结构不同。请示内容单一，一文一事，有明确的请示事项，结构上原因、事项、结语缺一不可；报告内容复杂，可以一文数事，结构上不强求一律。

(4) 送文和受文不同。请示不得抄送下级机关，报告则无此限制。请示均属办件，必须及时研究批复；报告多属阅件，可以不予答复。

【例文十八】

××大学
关于增拨教育经费的请示

××市教育委员会：

　　随着教育事业的发展，我校招生人数逐年增加，从去年起，在校学生已达 6 000 人，而教委计财处仍按 5 000 人的规模拨付教育经费，年经费缺口达 250 万元。为保证学校教学和其他各项工作的正常进行，恳请市教委从 2001 年起，按实际在校生人数计算包干经费，并一次性增补教育经费 200 万元，用于购置必要的教学设备。

　　以上请示妥否，请指示。

印

二〇〇一年一月五日

【例文十九】

××市金沙区交通大队
关于绵阳路禁行 4 吨以上汽车的请示
金交〔2000〕15 号

××市公安局：

　　我辖区内主要马路绵阳路路面狭窄（仅 6 米），近年来，马路两侧商店、摊挡日渐增多，行人拥挤，往往占用马路行走，造成与自行车、汽车争道，以致交通经常堵塞，引发交通事故多起。为了保证附近单位及行人安全,拟从5月1日起禁止4吨以上汽车在绵阳路通行。上述车辆可绕道附近的两英里行驶。如无不当,请予批准为盼。

(印)

2000年3月7日

(三)批复

1. 批复的适用范围和特点

《办法》规定:批复"适用于答复下级机关请示事项"。其主要特点:一是针对性。它总是针对请示被动行文,下级有请示,上级才有批复,其行文受请示机关和请示内容的制约,行文关系和行文内容都是特定的。二是指示性。批复一经做出,就具有法定的约束力,下级必须服从和执行。三是鲜明性。批复中回答问题要态度明确,旗帜鲜明,切忌模棱两可,含糊其辞。

2. 批复的写法

(1) 标题。一是完全式标题,如【例文二十】。二是在完全式三要素的基础加进受文单位成为"四要素",如《国务院关于改变科学奖金颁发年限问题给中国科学院的批复》。三是省略发文机关,由事由和文种构成,如《关于建立东风电机厂工会委员会的批复》。

(2) 主送机关。主送机关即来文请示单位。

(3) 正文。正文一般由批复的引据、批复的意见和批复的结语构成。即先引述下级来文的标题、发文字号或主要事项作为批复的缘由和依据,如"燕奇国际文化交流公司关于举办'燕奇杯'书法大赛的请示(燕奇字〔1994〕14号)收悉",然后用"经××研究,现批复如下:"做过渡语。批复意见是主体,针对下级所提的问题或要求给予的答复:同意、部分同意、不同意。对部分不同意和全部不同意的应说明原因,有时还要写出依据。

为了让下级深刻领会精神并贯彻执行，可在表明态度的基础上强调其意义，提出希望和要求。最后用"特此批复"、"此复"等惯用语作结。

(4) 落款。署名和年、月、日。若标题中已出现了发文机关，则只写发文时间。若标题中已出现了发文机关、收文机关，标题下已标明了成文时间，则称呼和落款均可省略。

3. 写作批复应注意的问题

(1) 批复只限于对有隶属关系的下级机关来文请示的答复。答复不相隶属的机关的请求、询问应用"函"。

(2) 要针对来文请示一文一批，不能数件请示合并批复。

(3) 批复态度要鲜明，时间要及时。

【例文二十】

××市公安局
关于绵阳路禁行 4 吨以上汽车的批复
×公安〔2000〕20 号

金沙区交通大队：

《××市金沙区交通大队关于绵阳路禁行 4 吨以上汽车的请示》（金交〔2000〕15 号）悉。经有关部门研究同意绵阳路禁行 4 吨以上汽车（包括卡车、客车），从 2000 年 5 月 1 日零时起实施。请做好设置标记等事宜，并注意交通疏导。实行后的情况望及时了解并报告。此复。

（印）

2000 年 3 月 20 日

六、函 会议纪要

(一) 函

1. 函的适用范围和特点

《办法》规定：函"适用于不相隶属机关之间商洽工作和答复问题，请求批准和答复审批事项"。其主要特点是：使用广泛，写作较为简便灵活，行文关系多样。从行文方向看，主要是平行文，也可以用于上下级机关之间。其下行时往往带有批复、通知性质，以文件格式制作的公文函不应上行。汇报或联系一般性事务又不便使用法定公文时，可酌用公务便函。

2. 函的分类

按性质和格式，可分为公文函和公务便函。公文函属法定公文种类，按公文格式制作；公务便函不属于法定公文，格式较为灵活，近似于一般书信。按行文方向，可分为发函（去函）、复函、来函；按适用范围，可分为商洽函、询问函、告知函、请批函、答复函。

3. 函的写作

（1）标题。常见的有完全式和省略发文机关的两种标题。有时还将受函机关的名称书写于标题之中，并根据不同类别选用"申请"、"请求"、"商请"、"复"等字样。如《×××关于商请××（事由）致（或给）×××的函》、《×××关于××的复函》、《×××关于请求批准××××的函》

（2）主送机关。主送机关应写受文单位全称、规范化简称或统称。

（3）正文。正文通常由发文缘由、事项、结语三部分构成。

去函应在开头写明发函的原因和目的，复函则需先写复函的依据（如批复开头），如【例文二十一】、【例文二十三】。事项部分应开门见山，具体写明请批、商洽、询问、告知或答复的事项。内容较多时应分条列项。函一般用惯用结束语作结。去函用

"敬请函复"、"盼复"、"特此函达"、"特此函告"等；复函用"特此函复"、"此复"等。也可自然收束。

(4) 落款。署名和年月日。

4. 写作函应注意的问题

第一，函作为公文的主要文种之一，与其他主要文种同样具有制发机关权限决定的法定效力。制作时，应严格按照"信函式格式"要求制作。

第二，主旨单一集中，一函一事，直陈其事。

第三，发文字号与其他公文有别，机关代字后缀"函"字，序号依"函"字系列编排，不与其他公文序号混编。

第四，用语要得体。对上级要尊重，对下级要谦和，对平级要以礼相待。函不同于私人信件，一般没有寒喧用语。

【例文二十一】

××大学人事处关于商洽
×××同志调动工作事宜的函

××××制造厂人事处：

我校××系××教研室副主任×××同志，19××年从××工学院××专业本科毕业，分配到我校任教师以来，工作认真负责，教学、科研都取得了显著成绩，于199×年被评为讲师。

该同志仅单身一人在我校工作，家庭的其他成员全部住在你市，其妻××同志在贵厂工作。不但夫妻分居两地，且上有体弱多病的母亲，下有不满周岁的儿子需要照顾。根据该同志多次申请，经我校领导研究，为解决该同志夫妻两地分居并照顾家庭存在的特殊困难，我校同意该同志所提出的调往贵厂工作的要求。现特致函与你们商洽，若贵厂同意考虑××同志的这一要求，接到你们复函后我们即将该同志的档案寄给你们审查。

敬请函复

××大学人事处（印）

199×年8月10日

【例文二十二】

关于拟录用1996年大中专毕业生的函
国安政〔1996〕18号

省人事厅：

根据中共四川省委组织部、四川省人事厅《关于1996年省级机关录用应届高校、中专校优秀毕业生的通知》规定，我们对拟录用到我厅机关工作的大中专毕业生按规定程序进行了统一考试、面试、体检、政审。经厅党组研究，拟录用大中专毕业生24名。现将有关录用审批教材报上，请审批。

附件：录用审批材料24份

四川省国家安全厅（印）

一九九六年三月二十五日

【例文二十三】

省安全厅：

你厅《关于拟录用1996年大中专毕业生的函》（国安政〔1996〕18号）收悉。

根据中共四川省委组织部、四川省人事厅《关于部分省级机关从1996年应届高校、中专校优秀毕业生中考试录用国家公务员和机关工作人员的通知》的规定，经考试、考核合格，批准录用×××等××名同志为国家公务员。

特此函复

附：录用人员名单

四川省人事厅（印）
一九九六年三月二十九日

（二）会议纪要

1. 会议纪要的适用范围和特点

《办法》规定：会议纪要"适用于记载、传达会议情况和议定事项"。其主要特点是：（1）纪实性，要求忠实于会议精神，真实、准确地反映会议内容和成果。（2）概括性，"纪"是综合、整理，"要"是要点，即要求围绕会议主旨，在会议记录的基础上进行归纳整理，突出要点与主要精神。（3）称谓语的规定性，通常在段首用特定的称谓语，如"会议认为"、"会议指出"、"与会代表一致同意"、"会议要求"、"会议号召"等。

2. 会议纪要的分类

（1）按会议的性质划分：日常例会纪要，即日常工作会议纪要或办公会议纪要。它是机关单位为研究工作、做出决定或解决某些实际问题而召开的某些常规性会议，如行政办公会等，反映这类会议情况的纪要就称为日常例会纪要。

专题会议纪要，即专题工作会议纪要。常见的工作会、座谈会、研讨会以及为处理某一重大问题而专门召开的规模较大的会议多属于此类。

（2）按会议内容与作用划分：决议性会议纪要。它以决议的事项为中心内容，亦称决策性的纪要。日常例会纪要多属此类。

研讨性会议纪要。学术性会议纪要一般属于此类。它除反映得出的结论性意见外，还较多地反映会议讨论、交流的情况。

工作性会议纪要。这种会议主要是为贯彻重要的方针政策、安排部署工作召开的，所形成的纪要一方面要反映得出统一认识,另一方面还要明确工作任务与方法措施,交待有关政策原则,往往带有指导性,所以有人称它为指示性会议纪要。

协调性会议纪要。这是某项工作的牵头单位召集有关各方讨论、协商,达成共识而形成的纪要,具有凭据性质,各方代表都要在纪要上签名。

3. 会议纪要的写法

(1) 标题。①由机关名称、会议名称和文种构成的标题。日常例行会议多用这种标题,如《××市人民政府第×次市长办公会议纪要》。②由会议名称和文种构成的标题,如《××市农村工作会议纪要》。③用正副标题,正标题提示会议主要精神,副题交待会议名称和文种,如《以"三个代表"精神为指导,开创我省职教新局面——××省职教工作会议纪要》。

日常例行会议纪要多采用公文特定格式中的"会议纪要格式",公文首页印有固定的会议纪要标识。

(2) 成文时间。纪要的成文时间可写在标题下正中,也可以写在落款处。

(3) 正文。正文一般由开头、主体、结尾三部分组成。

开头也叫前言,主要交待会议的基本情况,如会议的背景、依据、时间、地点、主持者、出席者、列席者、议程和议题、结果和评价。

主体。这是纪要的核心部分,它主要记载会议讨论的问题和议定的事项,反映会议的主要精神。常见的写法有三种:①综合概述法,即把会议讨论研究的主要问题、与会人员统一的认识、议定的有关事项综合起来,用概括叙述的方式进行整体的阐述和说明。这种写法常用于小型会议,讨论问题比较单一,篇幅较短。②发言摘要法,即将会上具有典型性、代表性的发言加以整理,提炼出精华,按发言顺序或内容类别加以阐述。这种写法适用于座谈会、讨论会、研究会的纪要。③归纳分析法,即将会议内容分门别类地加以整理，归纳为几个方面，或加小标题，或分成条款。这种写法适用于内容多、篇幅较长的大型会议纪要。

结尾，主要指明方向、发出号召、提出希望。也可以不写。

(4) 落款。落款主要标明成文时间（如标题下未标明）；有的还注明整理单位和整理人，这要加上括号。纪要一般不加盖印章；如需盖章的，可由主办单位代章。

4. 会议纪要与其他相近文种的区别

(1) 会议纪要与决议的区别。会议纪要与决议都是由会议产生的具有指导性的公文，但也有明显区别。一般说来，决议涉及比较重大的事项和问题，决议一经做出便有约束力，必须执行；同时，决议事项也较为单一。会议纪要涉及的问题可大可小，并可包括若干方面的问题，在执行要求上有一定的灵活性；此外，决议一般只能反映共同的观点和意见，会议纪要则无此限制，可以反映有异议的问题，起到记载的作用。

(2) 会议纪要与会议记录的区别。首先，会议纪要与会议记录的性质与功能不同：会议纪要是法定公文，具有指导性和一定的约束力；会议记录是事务文书，只起资料和备忘作用，是写会议纪要的基础材料。其次，它们的写法与要求不同：会议纪要需整理归纳，应于会议议程完毕后写出，且确有需要才行文外发；会议记录一般是每会必录，按会议进程逐项记载，反映会议原始面貌，不做任何加工。

【例文二十四】

中国工商银行××省分行行长办公会议记要

1995年×月×日，我们在办公大楼六楼会议室召开了本年度第一次行长会议。各市、地区支行行长参加了会议。会议由×

××分行行长与储蓄部负责人×××主持。会议的中心议题是听取有关总行储蓄工作会议精神的汇报,研究1995年储蓄工作安排意见。现将会议情况纪要如下:

会议听取了储蓄部负责人汇报全国储蓄工作会议精神和1995年我行储蓄工作的初步打算,原则上同意储蓄部提出的今年工作安排意见;针对有关问题,经研究做出如下决定:

1. 储蓄代办费:先按1994年末各行储蓄代办金额的162%绝对数下达控制指标,四季度再根据储蓄增长情况进行调整,代办费只能据实列支,不能预提。

2. 储蓄电子化费用:1995年储蓄专业微机覆盖面要达到1994年底64%的全国平均水平,购机费用各行自行解决,但要纳入1995年全行科技计划,由分行统一规划,统一选型。要提高现有机器,尤其是ATM机的使用水平。针对我行目前ATM机使用率低的问题,会议决定由分行储蓄部牵头,会同科技处等有关部门对我行ATM机使用情况进行调查,召开研讨会议,拿出具体解决办法。

3. 储蓄网点建设费:网点建设重点要放在改造骨干大所和在闹市区、新住区建设新所或综合性的分理处。新增网点费由各地市行通过租赁办法自行解决。

4. 储蓄承包费:1995年储蓄承包费按人均500元计算,1994年末正式储蓄干部4 810人,全年承包费2 400万元。承包费与三项指标挂钩,全部完成三项指标的,可按人均500元兑现,部分完成的按比例兑现。即完成当年储蓄存款任务兑现30%,不发生大要案兑现30%,储蓄存款增量同业占比达到分行考核要求的兑现40%。承包费来源,由各地市自行解决。

5. 储蓄存款鼓励金:1995年总行对人民币和外币储蓄按当年新增长款额3‰给鼓励金不变,分行对人民币储蓄超额完成储蓄任务的部分再增发5‰鼓励金;对外币储蓄存款任务部分再增发 7‰ 鼓励金，超任务部分增发 12‰ 鼓励金。

6. 地市行长鼓励金按季考核，完成任务奖励 500 元，当季增量同业占比达到分行要求的奖 500 元，对发生万元以上经济大案的行，停发上述两项对行长的奖励。外币储蓄增量完成考核进度的，分上、下半年各奖励行长 500 元。

会议要求各级行领导和储蓄部门既要肯定 1994 年所取得的成绩，又要认真对待我行的差距，总结经验，努力拼搏，牢固树立"存款立行"和"三分天下"的观念，提高网点建设水平和强化内部管理等方面有新的发展。

【思考与练习】

一、简答题

1. 简述各种行政公文的适用范围和特点。
2. 哪些公文具有法规性？哪些公文一般企事业单位不能制发？为什么？
3. 公告和通告有何异同？
4. 通知与通报有何区别？
5. 请示与报告有何主要区别？
6. 函与批复、通知有何异同？
7. 简述各种行政公文的写作注意事项。

二、判断题

1. 议案一经提出就可以发布实施。（   ）
2. 决定、决议、指示、意见都是行政法定公文。（   ）
3. 在某些时候报告中可以顺带请示事项。（   ）
4. 请示的内容具有单一性。（   ）
5. 指示可用意见来替代。（   ）
6. 任何机关都可以用公报、通知、公告行文。（   ）

7. 会议纪要具有记载和传达作用。（　　）

8. 通报分为表彰性通报、批评性通报、情况通报、直述式通报、转述式通报五类。（　　）

9.《××县人民政府关于我县遭受特大泥石流灾害的紧急报告》，主送了国务院、省政府、市政府。（　　）

10.《××县人民政府关于增拨抗洪救灾经费、物资的请示》主送给了国务院、民政部、省政府、省民政厅、市政府。（　　）

三、改错题

（一）指出错误，并予修改

1.《××商店削价处理商品的通告》

2.《××火车站关于火车晚点的公告》

3.《××市城管委关于二环路西一段占道房屋拆迁的公告》

4.《××市人民政府转发省人民政府关于切实做好下岗职工再就业工作的通知》

5.《××区政府转发××市政府转发××省政府转发国务院办公厅关于部分地区违反国家棉花购销政策的通报的通知的通知的通知》

6.《××县民政局关于请求增拨扶贫基金的报告》

7.《××市公安局关于请求市财政局拨款改善刑警大队和消防大队基础设施的请示》

8.《××财政局关于市公安局请求拨款请示的批复》

（二）指出下面各题的错误，并改正。

1.

公　　告

各单位：

　　现在全市都在进行房屋改建，我公司办公用房陈旧不堪，有的已属危房,目前又无能力改建现有房屋。经请示上级有关部门,并征得同意,将办公地迁至商业大厦。联系业务者请前往办公楼新址,不得有误。

特此公告

××市物资公司
1997年3月20日

2.

×县人民政府文件
×府(1996)29号

县人民政府转发县乡镇企业局
《关于加速发展乡镇企业的报告》的通知

各有关单位:

　　县人民政府同意县乡镇企业局《关于加速发展乡镇企业的报告》现印发你们,请遵照执行。

　　当前,全县乡镇企业呈现出万紫千红、百花争艳的大好形势,县人民政府希望大家借这股强劲的东风,像园丁一样,辛勤耕耘我县乡镇企业园地,加速发展我县乡镇企业,多创税利,把我县工业生产推向一个新台阶。

××县人民政府
1996年3月17日

主题词:工业　乡镇企业　通知

抄　送:市政府,县委,县人大,县政协

主题词:××县人民政府办公室　　　　1996年3月27日

共印150份

3.

××县地税局
重建税务所办公楼的请示报告

××地区地税局、城建局、国土局:

  我局所属××镇、××镇、××镇三个税务所,因受灾被洪水冲毁。现决定重建三个税务所办公楼3幢,建筑面积1 200平方米,用作办公室和职工宿舍。共需资金150万元,扩征土地3亩。

  特此报告

1997年6月18日

4.

关于徐村乡人民政府
申报兴建砖瓦厂问题的批复

徐村乡人民政府:

  十二月十日关于申报兴建砖瓦厂的来文收悉。

  近几年来,乡村盖房用砖量明显增加。今年夏季,郭庄乡、新河乡曾先后申报新建砖瓦厂,南寨砖瓦厂也申请扩建。

  经调查,最近几年我县已有约百分之四十农户盖了新房;百分之三十的农民近年内不拟盖房,砖瓦需求已相对饱和。邻县情况也相似。我们除同意南寨砖瓦厂扩建,增添新设备外,凡申报新建砖瓦厂的均不拟同意,否则会出现新的矛盾。

××县人民政府
1995年2月20日

5.

关于拨付法制教育经费的报告

××市财政局：

　　按照市委、市政府的部署，我市近期将在广大干部和群众中开展依法治市、依法行政的教育。根据×委发［1997］12号文件的规定，请你局拨给我局法制教育经费25万元。可否，请批准。

××市司法局
1997年2月25日

四、写作题

1. ××市气象局2001年5月21日局长办公会议商定，拟于6月17日（星期二）召开全局职工大会。会议由王局长主持，由刘副局长传达市政府机构改革工作会议精神，由张副局长布置本局国家公务员过渡考核工作。请以该局办公室的名义，写一份供内部张贴的会议通知。

2. 请根据下列材料拟写一份通报。

　　据《成都消防报》载：1990年2月27日凌晨4时40分，一列东风牌2052号火车由于火车机车头失火，被迫停于成昆线新津火车站。普兴油库消防队闻警出动，10分钟内赶赴火场，56分钟扑灭机车火灾，挽回国家上百万元的损失，避免了一场成昆线铁路交通中断的严重事故。油库消防队荣立集体三等功。

3. 校团委拟组织全校共青团员利用暑假开展社会实践活动。请以校团委的名义，选择恰当的公文文种，撰写出开展社会活动前、活动中和活动后所必须的公务文书。

4. 请拟写一份报送表或物品的报告。

5. 请拟写一份你所在单位的情况变化（或基本情况）的报告。

6. 为适应经济和社会发展的需要，××大学准备新开设城市管理、涉外企业秘书、社会保险三个专业，从明年秋季开始收专科新生。请以该校名义向省教委写一篇申报新专业的公文，同时报上开设新专业的可行性论证报告和教学计划。并请你代省教委写出答复意见。

7. ××市财政局根据市委组织部、市人事局《关于从社会公开考试录用国家公务员的通知》（×组［1997］32号）的规定，对报考该局考生进行了统一考试、面试、体检、政审。局党组研究，决定录用刘××、王××、张××三人为国家公务员。按规定，须报经市人事局批准。请以市财政局名义撰写一篇公文报市人事局审批。同时代市人事局拟写回复的公文。

附 录 1

国务院关于发布
《国家行政机关公文处理办法》的通知
2001年8月24日　国发［2000］23号

现发布《国家行政机关公文处理办法》，自2001年1月1日起施行。1993年11月21日国务院办公厅发布，1994年1月1日起施行的《国家行政机关公文处理办法》同时废止。

国家行政机关公文处理办法

第一章　总则

第一条　为使国家行政机关（以下简称行政机关）的公文处理工作规范化、制度化、科学化，制定本办法。

第二条　行政机关的公文（包括电报，下同），是行政机关在行政管理过程中形成的具有法定效力和规范体式的文书，是依法行政和进行公务活动的重要工具。

第三条 公文处理指公文的办理、管理、整理（立卷）、归档等一系列相互关联、衔接有序的工作。

第四条 公文处理应当坚持实事求是、精简、高效的原则，做到及时、准确、安全。

第五条 公文处理必须严格执行国家保密法律、法规和其他有关规定，确保国家秘密的安全。

第六条 各级行政机关的负责人应当高度重视公文处理工作，模范遵守本办法并加强对本机关公文处理工作的领导和检查。

第七条 各级行政机关的办公厅（室）是公文处理的管理机构，主管本机关的公文处理工作并指导下级机关的公文处理工作。

第八条 各级行政机关的办公厅（室）应当设立文秘部门或者配备专职人员负责公文处理工作。

第二章 公文种类

第九条 行政机关的公文种类主要有：

（一）命令（令）

适用于依照有关法律公布行政法规和规章；宣布施行重大强制性行政措施；嘉奖有关单位及人员。

（二）决定

适用于对重要事项或者重大行动做出安排，奖惩有关单位及人员，变更或者撤销下级机关不适当的决定事项。

（三）公告

适用于向国内外宣布重要事项或者法定事项。

（四）通告

适用于公布社会各有关方面应当遵守或者周知的事项。

（五）通知

适用于批转下级机关的公文，转发上级机关和不相隶属机关的公文，传达要求下级机关办理和需要有关单位周知或者执行的事项，任免人员。

（六）通报

适用于表彰先进，批评错误，传达重要精神或者情况。

（七）议案

适用于各级人民政府按照法律程序向同级人民代表大会或人民代表大会常务委员会提请审议事项。

（八）报告

适用于向上级机关汇报工作，反映情况，答复上级机关的询问。

（九）请示

适用于向上级机关请求指示、批准。

（十）批复

适用于答复下级机关的请示事项。

（十一）意见

适用于对重要问题提出见解和处理办法。

（十二）函

适用于不相隶属机关之间商洽工作，询问和答复问题，请求批准和答复审批事项。

（十三）会议纪要适用于记载、传达会议情况和议定事项。

第三章　公文格式

第十条　公文一般由秘密等级和保密期限、紧急程度、发文机关标识、发文字号、签发人、标题、主送机关、正文、附件说明、成文日期、印章、附注、附件、主题词、抄送机关、印发机关和印发日期等部分组成。

（一）涉及国家秘密的公文应当标明密级和保密期限，其中，"绝密"、"机密"级公文还应当标明份数序号。

（二）紧急公文应当根据紧急程度分别标明"特急"、"急件"。其中电报应当分别标明"特提"、"特急"、"加急"、"平急"。

（三）发文机关标识应当使用发文机关全称或者规范化简称；联合行文，主办机关排列在前。

（四）发文字号应当包括机关代字、年份、序号。联合行文，只标明主办机关发文字号。

（五）上行文应当注明签发人、会签人姓名。其中，"请示"应当在附注处注明联系人的姓名和电话。

（六）公文标题应当准确简要地概括公文的主要内容并标明公文种类，一般应当标明发文机关。公文标题中除法规、规章名称加书名号外，一般不用标点符号。

（七）主送机关指公文的主要受理机关，应当使用全称或者规范化简称、统称。

（八）公文如有附件，应当注明附件顺序和名称。

（九）公文除"会议纪要"和以电报形式发出的以外，应当加盖印章。联合上报的公文，由主办机关加盖印章；联合下发的公文，发文机关都应当加盖印章。

（十）成文日期以负责人签发的日期为准，联合行文以最后签发机关负责人的签发日期为准。电报以发出日期为准。

（十一）公文如有附注（需要说明的其他事项），应当加括号标注。

（十二）公文应当标注主题词。上行文按照上级机关的要求标注主题词。

（十三）抄送机关指除主送机关外需要执行或知晓公文的其他机关，应当使用全称或者规范化简称、统称。

（十四）文字从左至右横写、横排。在民族自治地方，可以并用汉字和通用的少数民族文字（按其习惯书写、排版）。

第十一条 公文中各组成部分的标识规则，参照《国家行政机关公文格式》国家标准执行。

第十二条 公文用纸一般采用国际标准 A4 型（210mm×297mm）左侧装订。张贴的公文用纸大小，根据实际需要确定。

第四章 行文规则

第十三条 行文应当确有必要，注重效用。

第十四条 行文关系根据隶属关系和职权范围确定，一般不得越级请示和报告。

第十五条 政府各部门依据部门职权可以相互行文和向下一级政府的相关业务部门行文；除以函的形式商洽工作、询问和答复问题、审批事项外，一般不得向下一级政府正式行文。

部门内设机构除办公厅（室）外不得对外正式行文。

第十六条 同级政府、同级政府各部门、上级政府部门与下一级政府可以联合行文；政府与同级党委和军队机关可以联合行文；政府部门与相应的党组织和军队机关可以联合行文；政府部门与同级人民团体和具有行政职能的事业单位也可以联合行文。

第十七条 属于部门职权范围内的事务，应当由部门自行行文或联合行文。联合行文应当明确主办部门。须经政府审批的事项，经政府同意也可以由部门行文，文中应当注明经政府同意。

第十八条 属于主管部门职权范围内的具体问题，应当直接报送主管部门处理。

第十九条 部门之间有关问题未经协商一致，不得各自向下行文。如擅自行文，上级机关应当责令纠正或撤消。

第二十条 向下级机关或者本系统的重要行文，应当同时抄送直接上级机关。

第二十一条 "请示"应当一文一事；一般只写一个主送机关，需要同时送其他机关的，应当用抄送形式，但不得抄送其下级机关。"报告"不得夹带请示事项。

第二十二条 除上级机关负责人直接交办的事项外，不得以机关名义向上级机关负责人报送"请示"、"意见"和"报告"。

第二十三条 受双重领导的机关向上级机关行文,应当写明主送机关和抄送机关。上级机关向受双重领导的下级机关行文,必要时应当抄送其另一上级机关。

第五章 发文办理

第二十四条 发文办理指以本机关名义制发公文的过程,包括草拟、审核、签发、复核、缮印、用印、登记、分发等程序。

第二十五条 草拟公文应当做到:

(一)符合国家的法律、法规及其他有关规定。如提出新的政策、规定等,要切实可行并加以说明。

(二)情况确实,观点明确,表达准确,结构严谨,条理清楚、直述不曲,字词规范,标点正确,篇幅力求简短。

(三)公文的文种应当根据行文目的、发文机关的职权和与主送机关的行文关系确定。

(四)拟制紧急公文,应当体现紧急的原因,并根据实际需要确定紧急程度。

(五)人名、地名、数字、引文准确。引用公文应当先引标题,后引发文字号。引用外文应当注明中文含义。日期应当写明具体的年、月、日。

(六)结构层次序数,第一层为"一",第二层为"(一)"第三层为"1.",第四层为"(1)"。

(七)应当使用国家法定计量单位。

(八)文内使用非规范化简称,应当先用全称并注明简称。使用国际组织外文名称或其缩写形式,应当在第一次出现时注明准确的中文译名。

(九)公文中的数字,除成文日期、部分结构层次序数和在词、词组、惯用语、缩略语、具有修辞色彩语句中作为词素的数字必须使用汉字外,应当使用阿拉伯数字。

第二十六条 拟制公文,对涉及其他部门职权范围内的事项，主办部门应当主动与有关部门协商，取得一致意见后方可行文；如有分歧，主办部门的主要负责人应当出面协调，仍不能取得一致时，主办部门可以列明各方理据，提出建设性意见，并与有关部门会签后报请上级机关协调或裁定。

第二十七条 公文送负责人签发前，应当由办公厅（室）进行审核。审核的重点是：是否确需行文，行文方式是否妥当；是否符合行文规则和拟制公文的有关要求，公文格式是否符合本办法的规定等。

第二十八条 以本机关名义制发的上行文，由主要负责人或者主持工作的负责人签发；以本机关名义制发的下行文或平行文，由主要负责人或者由主要负责人授权的其他负责人签发。

第二十九条 公文正式印制前，文秘部门应当进行复核，重点是：审批、签发手续是否完备，附件材料是否齐全，格式是否统一、规范等。

经复核需要对文稿进行实质修改的，应按程序复审。

第六章 收文办理

第三十条 收文办理指对收到公文的办理过程，包括签收、登记、审核、拟办、批办、承办、催办等程序。

第三十一条 收到下级机关上报的需要办理的公文，文秘部门应当进行审核。审核的重点是：是否应由本机关办理；是否符合行文规则；内容是否符合国家法律、法规及其他有关规定；涉及其他部门或地区职权的事项是否已协商、会签；文种使用、公文格式是否规范。

第三十二条 经审核，对符合本办法规定的公文，文秘部门应当及时提出拟办意见送负责人批示或者交有关部门办理，需要两个以上部门办理的应当明确主办部门。紧急公文、应当明确办理时限。对不符合本办法规定的公文。经办公厅（室）负责人批准后，可以退回呈报单位并说明理由。

第三十三条 承办部门收到交办的公文后应当及时办理,不得延误、推诿。紧急公文应当按时限要求办理,确有困难的,应当及时予以说明。对不属于本单位职权范围或者不宜由本单位办理的,应当及时退回交办的文秘部门并说明理由。

第三十四条 收到上级机关下发或交办的公文,由文秘部门提出拟办意见,送负责人批示后办理。

第三十五条 公文办理中遇到涉及其他部门职权的事项,主办部门应当主动与有关部门协商;如有分歧,主办部门主要负责人要出面协调,如仍不能取得一致,可以报请上级机关协调或裁定。

第三十六条 审批公文时,对有具体请示事项的,主批人应当明确签署意见、姓名和审批日期,其他审批人圈阅视为同意;没有请示事项的,圈阅表示已阅知。

第三十七条 送负责人批示或者交有关部门办理的公文,文秘部门要负责催办,做到紧急公文跟踪催办,重要公文重点催办,一般公文定期催办。

第七章 公文归档

第三十八条 公文办理完毕后,应当根据《中华人民共和国档案法》和其他有关规定,及时整理(立卷)、归档。个人不得保存应当归档的公文。

第三十九条 归档范围内的公文,应当根据其相互联系、特征和保存价值等整理(立卷),要保证归档公文的齐全、完整,能正确反映本机关的主要工作情况,便于保管和利用。

第四十条 联合办理的公文,原件由主办机关整理(立卷)、归档,其他机关保存复制或其他形式的公文副本。

第四十一条 本机关负责人兼任其他机关职务,在履行所兼职务职责过程中形成的公文,由其兼职机关整理(立卷)、归档。

第四十二条 归档范围内的公文应当确定保管期限,按照有关规定定期向档案部门移交。

第四十三条 拟制、修改和签批公文，书写及所用纸张和字迹材料必须符合存档要求。

第八章 公文管理

第四十四条 公文由文秘部门或专职人员统一收发、审核、用印、归档和销毁。

第四十五条 文秘部门应当建立健全本机关公文处理的有关制度。

第四十六条 上级机关的公文，除绝密级和注明不准翻印的以外，下一级机关经负责人或者办公厅（室）主任批准，可以翻印。翻印时，应当注明翻印的机关、日期、份数和印发范围。

第四十七条 公开发布行政机关公文，必须经发文机关批准。经批准公开发布的公文，同发文机关正式印发的公文具有同等效力。

第四十八条 公文复印件作为正式公文使用时，应当加盖复印机关证明章。

第四十九条 公文被撤销，视作自始不产生效力；公文被废止，视作自废止之日起不产生效力。

第五十条 不具备归档和存查价值的公文，经过鉴别并经办公厅（室）负责人批准，可以销毁。

第五十一条 销毁秘密公文应到指定场所由二人以上监销，保证不丢失、不漏销。其中，销毁绝密公文（含密码电报）应当进行登记。

第五十二条 机关合并时，全部公文应当随之合并管理；机关撤销时，需要归档的公文整理（立卷）后按有关规定移交档案部门。

工作人员调离工作岗位时，应当将本人暂存、借用的公文按照有关规定移交、清退。

第五十三条 密码电报的使用和管理，按照有关规定执行。

第九章 附则

第五十四条 行政法规、规章方面的公文，依照有关规定处理。外事方面的公文，按照外交部的有关规定处理。

第五十五条 公文处理中涉及电子文件的有关规定另行制定。统一规定发布之前，各级行政机关可以制定本机关或者本地区、本系统的试行规定。

第五十六条 各级行政机关的办公厅（室）对上级机关和本机关下发公文的贯彻落实情况应当进行督促检查并建立督查制度。有关规定另行制定。

第五十七条 本办法自2001年1月1日起施行。1993年11月21日国务院办公厅发布，1994年1月1日起施行的《国家行政机关公文处理办法》同时废止。

第三节 公文的校对

校对是秘书文印部门的一项重要工作，是保证文件原稿的质量，避免错漏的重要关口。任何公文都必须经过校对无误才能正式发出。必须有高度的政治责任心和认真仔细的工作作风，才能完成校对工作。校对工作应注意以下几点：

①校对文件必须以原稿为准。如遇文字、标点、内容等有疑问，除明显的错别字外，校对人员一般不能随便改动原稿。如发现问题必须改动，可通知起草单位修改。

②一般文件应做到"一校一读"（即两先人对照原稿唱校一次，再一人细看一遍）；重要文件应坚持"两校一读"；特别重要的文件，还应坚持"两校两读"。

③校对印样，是最后一次校对，最好不删句、加句。如必须

删句、加句时，改校后应再校一次。

④在付印校样上改的字或符号必然牵出版心，故不要在原错字处加字或减字。机关校对一般用红笔修改。印刷厂校对则分别用三色红、纯蓝、绿进行一、二、三校。

⑤校对完毕后，应做一次全面复查，主要查文件的格式、编号、主抄送单位和发文日期是否准确？签字手续、用印是否符合要求。复查无误，由校对同志在校稿上签字后才能付印。

国家出版事业局批准，自1982年起试行新的中华人民共和国专业标准校对符号，运用于出版印刷中文（包括各少数民族文字）各类校稿的校对工作。这个新规定的符号及用法，与过去习惯用法有某些不同，我们把它附于本节末，以供参考。

一般较小的机关的文稿校对工作，在方法上也可从实际出发，不一定完全照抄印刷单位的全套制度与手续。但校对符号应当一律，不可别出心裁。经过校对后印出的公文发现仍有重大错误时，应及时报告，坚决停发；如错误不大，且不涉及原则问题与主要内容时，也必须修改，修改处加盖校对印章后，始能发出。

附录 2　中华人民共和国专业标准校对符号及其用法

标准规定的符号及用法,适用于出版印刷业中文(包括各少数民族文字、各类校样)的校对工作

编号	符号形态	符号作用	符号在文中和页边用法示例	说明
			一、字符的改动	
1		改正	(增)高出版物质量。	
2		删除	提高出版物(物质)质量。	
3		增补	要搞好校工作。	增补的字符较多,圈起来有困难时,可用线画清增补的范围。
4		换损污字	坏字和模糊的字(要)调换。	
5		改正上下角	$16 = 4_2$ H_2SO 尼古拉·费欣 $0.25 + 0.25 = 0\cdot 5$ 举例 $2 \times 3 = 6$ $X(Y = 1:2$	
			二、字符方向位置的移动	
6		转正	字符颠(倒)要转正。	
7		互换	认真 经验 总结 认真 经结 总验。	
8		转字	校对工作,提高出版物质量(要重视)。	
9		接行	要重视校对工作, 提高出版物质量。	
10		另起段	完成了任务。明年……	
11	或	上下移	序号|名称|数量 01 | ××× | 2	字符上移到缺口左右水平线处 字符下移到箭头所指的短线处。
12	或	左右移	←要重视校对工作, 提高出版物质量。 3 4　56　5 欢呼　歌　唱	字符左移到箭头所指的短线处。 字符左移到缺口上下垂直线处 符号画得太小时,要在页边重标。

标准规定的符号及用法,适用于出版印刷业中文(包括各少数民族文字、各类校样)的校对工作

序号	符号	名称	示例	说明
13	∥	排齐	校对工作非常重要。 必须提高印刷质量,缩短印刷周期。	
14	⌐	排阶梯形	$R H_2$	
15	↑	正图		符号横线表示水平位置,竖线表示垂直位置,箭头表示上方。
三、字符间空距的改动					
16	∨ >	加大空距	一、校对程序 校对胶印读物、影印书刊的注意事项:	表示适当加大空距。
17	∧ <	减小空距	二、校对程 序 校对胶印读物、影印书刊的注意事项:	表示适当减小空距。 横式文字画在字头和行头之间。
18	# ⊥ ≞ ≣	空1字距 空1/2字距 空1/3字距 空1/4字距	第一章校对职责和方法	
19	Y	分开	Goodmorning!	用于外文。
四、其他					
20	△	保留	认真搞好校对工作。	除在原删除的字符下画△外,并在原删除符号上画两竖线。
21	○=	代替	机器由许多另件组成,有的另件是铸出来的,有的另件是锻出来的,有的另件是……○=零	同页内,要改正许多相同的字符,用此代号,要在页边注明:○=零。
22	...	说明	改五黑 ... 第一章 校对的职责	说明或指令性文字不要圈起来,在其字下面画圈,表示不作为改正的文字。

附录 3

常用印刷字体简表

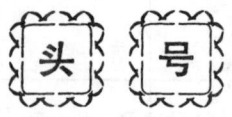

老宋

为四化作贡献

黑体

为四化作贡献

正楷

为四化作贡献

方仿宋

友好的记忆

牟体

为四化作贡献

老宋

为四化作贡献

黑体

为四化作贡献

正楷

为四化作贡献

方仿宋

友好的记忆

二长仿

为祖国多作贡献

牟体

为四化作贡献

老宋　　　　　　　　　　黑体

为四化作贡献　　　　　**为四化作贡献**

正楷　　　　　　　　　　方仿宋

为四化作贡献　　　　　为四化作贡献

老宋　　　　　　　　　　黑体

为四化作贡献　　　　　**为四化作贡献**

正楷　　　　　　　　　　方仿宋

为四化作贡献　　　　　为四化作贡献

老宋　　　　　　　　　　黑体

为四化作贡献　　　　　**为四化作贡献**

老　宋　　　　　　　　　黑　体

为四化作贡献　　　　　　**为四化作贡献**

正　楷　　　　　　　　　长　仿

为四化作贡献　　　　　　为四化作贡献

老　宋　　　　　　　　　黑　体

为四化作贡献　　　　　　**向四个现代化进军**

老　宋　　　　　　　　　黑　体

为四化作贡献　　　　　　为四化作贡献

正　楷

为四化作贡献

第四章 机关事务文书

第一节 新 闻

一、新闻的特点及其分类

新闻就是对新近发生的有社会意义的事实的及时报道。它有广义和狭义两个概念。广义的新闻包括消息、通讯、特写、调查报告等;狭义的新闻指消息,也就是仅指以简明扼要的文字,对新近发生的事实的及时报道。因此,消息也叫新闻。我们在这里介绍的,是狭义的新闻。

新闻是一种最讲时效的宣传形式,它一般具有内容新、事实准、报道快、篇幅短的特点。

内容新,就是报道新鲜事、新人物、新动态、新风尚、新知识、新问题等。它要求尽可能报道最新出现的人、事、物。

事实准,就是报道有根有据,确如其事。人物、地点、时间、数字、引语、细节都准确无误;作者对事实的分析,符合客观事物的本来面目。

报道快,这是因为新闻是稍纵即逝的客观现象的及时记录,最讲究反应快。如果迟写慢发,就使新闻贬值或失去意义。

篇幅短,就是用简洁、概括的文字,把事实要点表现出来。"短"是新闻的鲜明特色,也是社会生活的需要。稿件短,传播媒介才能大量报道,读者才能了解更多信息。

新闻的分类:报纸上常见的新闻可分为动态新闻、综合新闻、经验新闻、述评新闻。

(1) 动态新闻。这是新闻最常见的一种,它迅速及时地报道国内外的最新动态;一事一报道,篇幅最短。

(2) 综合新闻。这是围绕一个主题,综合反映某一方面的情况、动向、成就、问题的新闻。它既有面上情况的概括反映,又有点上典型材料的说明,点面结合,反映全局。

(3) 经验新闻。这是反映某一方面的经验、做法的新闻,它为人们变革现实提供借鉴。

(4) 述评新闻。这是用夹叙夹议的方式,或在叙述中融注作者观点来反映国内外重大事件或问题的新闻。它是新闻记者感到用单纯地报道客观事实不能满足读者的需要,或不能达到某种目的时,而对形势、事态、问题发表意见,进行分析与解释的一种特殊报道形式。

此外,随着社会的发展,为适应人们对信息传递速度和信息量的需要,报纸上还出现了"标题新闻"、"一句话新闻"、"简讯"等新闻形式。

二、新闻的结构

新闻一般由标题、导语、主体、结尾组成。此外,还有对背景材料的灵活运用。

(一) 标题

标题是对新闻的主旨或内容的提要,用以吸引读者,帮助读者阅读。它与一般文章的标题相比,显得更重要,形式更多样,标题一般还有引题、正题、副题，可灵活使用。

先看下面一则新闻的标题：

<blockquote>
我国科学探测卫星进入
为经济建设服务的实用阶段
</blockquote>

（引题）

巡天遥遥看九州　山川历历图中收

（正题）

<blockquote>
观海可见波浪纹理　测地可知地下断层
考古可识历史陈迹　采矿可辨地质结构
</blockquote>

（副题）

这则新闻标题包括引题、正题、副题，准确完整地概括了新闻的对象、背景、主要内容及事情的本质意义，有丰富的信息量。这种完整的标题形式，往往用于报道特别重要的新闻。一般的新闻多采取单行的标题（即只有正题），或双行标题（即引题配以正题，或正题配以副题）。

正题，是新闻中心的概括或主要事实的说明。例如《北京酱油为啥脱销》这则标题，概括了报道中心，抓住读者最需要了解的问题，不用引题、副题，就可以吸引人读下去。

引题，往往用来交代形势，说明背景，烘托气氛，揭示意义，引出正题。例如"涟源站最近有一件感人之事"（引题），交代了新闻发生的地点，烘托气氛，并引出正题《谭德定见儿子被电击死仍坚持接车》。

副题，常用以补充交代事实，或说明事件的结果，有时也用来说明正题的来由或依据。例如"'北京义务植树日'新植树苗近200万株"（副题）是对正题"首都大中小学师生为京城添新绿"的补充说明。

(二)导语

导语是新闻的开头部分,可以用一句话,也可以用一个自然段。一般是简明扼要地叙述最新鲜、最主要的事实;或者综合介绍全文的基本内容,使读者先获得一个概貌。这种写法称叙述式,这是报纸上最常见的导语的写法。此外,还有把主要的事实用提问方式写出来的提问式导语,对主要事实或某一意义的侧面做简朴描述的描写式导语,把结论放在开头的结论式导语等。

(三)主体

主体就是新闻的主干,它要对报道的事实做具体的叙述和进一步的说明,要用充分的有说服力的事实材料表现新闻的主旨。对材料的安排,可按时间顺序写出事件的发展,或按空间位置的转换组织材料,或依据事物的逻辑联系来安排层次。这些方法,在例文中都有所体现。

主体中的材料,要同导语部分密切联系,导语里采用的事实,主体部分要加以说明、补充,但要避免重复;导语里提出的问题,主体部分要运用材料回答、解决。

(四)结尾

结尾是新闻的最后一句话或最后一段文字,一般是指出事物发展的趋势或对报道内容做概括式小结;有的则提出作者希望等。

新闻的结构不是固定的格式,有的可以没有导语,有的可以没有结尾。新闻的形式要服从社会生活的需要。标题新闻、一句话新闻、简讯,这些就更不受新闻结构形式的限制了。

(五)关于背景材料的运用

背景材料是指新闻事件发生的历史条件和所处环境的材料。一般来说,新闻写作中往往用背景材料来烘托、深化主旨,帮助读者认识所报道的事实的性质和意义。背景材料包括对比性材料、说明性材料和注释性材料。对这些材料的运用要从实际报道的内容出发，要从是否有助于阐明主旨、说明事实的来龙去脉出发，选择用或不用；或者将背景材料穿插于导语、主体、结尾中。

三、新闻写作的基本要求

（一）要具备一些要素

新闻要把报道的事情交代清楚，让人们一看就知道在什么时间、什么地方、发生了什么事情等。有人把这些要素称为"五个W"（When、Where、Who、What、Why）。例如，【例文一】中的第二篇新闻，全文不到300字，把铁路工人谭德定见儿子被电击死，仍坚持接发列车这件事情发生的时间、地点、经过、原因等都交代得清清楚楚。当然，一篇新闻是否都要具备这几个要素，还得看需要而定。

（二）要用事实说话

新闻是通过事实来说明问题、论述主张、影响读者的。即使是述评新闻，从文字上看，也只是客观地、朴素地叙述新闻事实，而作者的观点却往往隐藏在对事实的叙述之中。如《烟草大国的现在与未来》全文都是对客观事实的报道，作者没有直接评论，但观点却十分鲜明。

（三）材料要精当，主旨要集中

精当的新闻材料，是最能体现事物的本质特征和新闻"个性"的材料。例如【例文一】的第三篇新闻，报道北京酱油为啥脱销的问题，作者选用北京第二大酱油厂六年来在报建中的周折做材料，说明某些部门不重视群众生活必需品的生产，材料就十分精当。新闻是一事一报道，主旨必须集中，使人一目了然，知道该新闻的意义在哪里。例如【例文三】材料十分丰富，报道面很广，凡国内外香烟的生产、销售，全球出现的戒烟热，我国人口吸烟率的上升，以至吸烟的危害、人们的认识等等，在文章中都有所反映，但它始终集中启发人们思考"烟草大国将何去何从"这一主旨。

【例文一】

动态新闻一组阅读提示

阅读提示

　　动态新闻要求开门见山地接触事实，主体直叙其事，舍弃细节，不直接议论。这组新闻正是这样，但写法又各有特色，从标题、导语到主体材料的安排，都很得当。阅读时注意比较、分析，从中掌握动态新闻的特点。

（一）

奥运会开赛第一天传来"零的突破"喜讯

我国运动员夺得两枚金牌[①]

同时夺得一枚举重银牌和一枚射击铜牌

国家体委、中国奥委会和全国体总致电热烈祝贺

　　本报洛杉矶　7月29日电　记者刘小明、吴骅报道：我国27岁的射击运动员许海峰为中国夺得第一枚奥运会金牌。

　　7月29日中午12点26分，奥运会射击场上响起了雄壮的中华人民共和国国歌声，我国选手许海峰和王义夫在奥运会第一天上午进行的男子手枪慢射比赛中，分别夺得冠军和第三名。中国在奥运会金牌榜上"零"的纪录被打破了。这也是本届奥运会决出的第一枚金牌，许海峰的成绩是566环，王义夫的成绩是564环，瑞典运动员罗格纳·斯卡纳克尔以565环获得亚军。比赛结束，在观众热烈的掌声中，国际奥委会主席萨马兰奇把奖牌挂在许海峰、罗格纳·斯卡纳克尔和王义夫的胸前。

　　本报洛杉矶　7月29日电　记者刘小明、吴骅报道：在射

---

①　选自1984年7月31日《人民日报》。

击健儿夺得首枚金牌喜讯的鼓舞下,中国举重队的两位选手曾国强和周培顺29日晚再传捷报,他们一举夺下52公斤级比赛的金牌和银牌,为中国体育代表团锦上添花。鲜艳的五星红旗又一次升起在奥运会的赛场上。

曾国强和周培顺的总成绩都是235公斤,由于曾国强体重稍轻,因而获得金牌。

新华社北京 7月30日电 国家体委、中国奥委会和全国体总今天联名打电报给中国体育代表团,热烈祝贺中国运动员许海峰和曾国强在第23届奥运会第一天的射击和举重比赛中夺得两枚金牌,热烈祝贺周培顺和王义夫分获举重银牌和射击铜牌。

电报希望中国健儿再接再厉,努力取得更好成绩。

（二）

涟源站最近有一件感人之事
谭德定见儿子被电击死仍坚持接车[①]

[本报讯] 广州铁路局涟源车站扳道员谭德定在当班时,眼见儿子被电击死,为保证行车安全,依然立岗接车的感人之事,被传为美谈。

2月5日13时50分左右,正在当班的扳道员谭德定听说变压器旁有个小孩被电击倒了,心里一怔:儿子正在那里玩,莫不是他……他用电话向值班员请了五分钟假,急跑到离扳道房约20米远的变压器旁一看,正是自己6岁的儿子躺在地上。老谭以最快的速度,跑回扳道房,想继续请假抢救儿子。这时,值班员已发布了62次特快列车进路命令。谭德定强忍悲痛,手拿信

---

① 选自1983年2月22日《工人日报》,作者是蒋桂桥、陶知信。

号旗,主动向2号扳道房要道还道后,又按规定,站在扳道房外立岗接车。62次列车安全通过了。党总支书、站长和准备顶班的连结员眼见这一动人场面,止不住热泪盈眶。

(三)

北京酱油为啥脱销[①]

前些天,北京的街头巷尾都在议论:酱油为啥突然脱销?我们走访了北京第二大酱油厂——宣武区酱油厂。

宣武区酱油厂多年失修,1974年经有关部门鉴定,应停产修建。厂里立即向商业局报告,商业局又向市级机关打报告,三年之间,写了22次,根本挂不上号。直到1977年底,市里才批准建新酱油厂,并给50亩地。指标下到区里,一位书记把地转给了产值高的汽车配件厂等单位。经力争,区委才从煤建管理处要出9亩地给了酱油厂。

计划批准后,只给钱,不拨料。酱油厂派人上下跑几百趟,工商局打报告13次。结果,划圈的多,办事的少,拖了两年,材料还没凑齐。

今年9月老厂房险情严重,被迫切断电源,停止生产。宣武区酱油厂停产,一月少上市100万公斤酱油,因而,使全市酱油脱销半个多月,直接影响了居民的生活。

脱销后,市里有关部门采取紧急措施,日夜修缮老厂,并从郊区调酱油进城,这才使供应情况稍有好转。

---

① 选自1979年12月15日《市场报》。

【思考与练习】

一、比较三篇新闻的标题、导语的写法和主体部分材料的安排方法，然后填空或回答问题。

1. 写出第一篇新闻标题的作用。引题是＿＿＿＿，正题是＿＿＿＿，副题是＿＿＿＿。

2. 第一篇新闻中有三则电讯，其中的第2、3则电讯有没有导语？为什么？

3. 划出第一篇新闻中的背景材料，并说明其作用。

4. 第二、三篇新闻的主体部分的材料是按＿＿＿＿的顺序来安排的。

二、动态新闻贵在篇幅短、事实准、文字简要，它舍弃细节，不议论。以第二、三篇新闻为例，做具体分析。

三、北京酱油脱销半月的直接原因是宣武区酱油厂的停产，间接原因呢？作者是怎样揭示的？这篇新闻是要报道酱油脱销的原因的，为什么又要在结尾写"脱销后，市里有关部门采取紧急措施"以及"供应情况稍有好转"。不写这个结尾好不好？为什么？

【例文二】

综合新闻篇

阅读提示

常见的综合新闻是把一些地区或单位开展某一工作的情况结合起来，再用具体事例说明。它的特点是既有面的情况，又有点的事例。面的材料，要概括得全面、完整、简练，符合事物本来面目；点的材料，要有代表性，有特点，能进一步说明面上的问题。阅读时，可按以上提示分析本文的写法。

首都大中小学师生为京城添新绿①
"北京市义务植树日"新植树苗近200万株

本报 4月3日讯(记者梁杰) 今天,4月份的第一个星期日,是北京市义务植树日,首都各大中小学校师生放弃休息时间来到田野、山林参加义务植树活动。新栽下的近200万株青松翠柏、绿柳国槐,为北京平添了几分春意。

在圆明园遗址,北京师范大学3个班的50多位港澳台籍同学种下了100多株桧柏,取名"相思林",寄托着海峡两岸人民的日夜思念之情。北大、清华、民族学院等首都17所大学的近500多名学生在北京图书馆新址及学校所属区域参加了义务植树;在顺义县牛栏山乡,北京西藏中学与顺义县牛栏山一中两所友好学校的藏、汉族同学200多人栽种了一片"民族团结林";在宣武艺园,北京800多名少先队员开展了"北京少年爱北京,人人争做绿色小卫士"主题活动。他们向全市130多万少年发出"不折枝,不摇树,不摘花、不踩绿地,不乱刻画,见到损坏树木行为要劝阻"的倡议,并向游人分发了2 500多份"市民、游客须知"。市少年宫的100多名少年与30多位专家、教授一起在德胜门两侧栽下了30多株玉兰,名为"希望树"。

---

① 选自1988年4月5日《中国教育报》。

【思考与练习】

一、填空：

1. 本文导语的写法是_____式，导语的内容按五个要素来看，有_____。

2. 主体的写法，既按_____又按_____来安排材料。

3. 概括面上的情况是_____。而每个点又都有特点，如在圆明园遗址，是_____；在顺义县牛栏山乡，是_____；在宣武艺园，是_____；在德胜门两侧，是_____。

二、写一篇综合新闻，报道一次全校性的活动。要求：

1. 有面上情况的综述，有点上具体事例说明，点面结合，反映总体；

2. 标题要引题、正题、副题俱全，并要有导语。

【例文三】

述评新闻一篇

阅读提示

述评新闻通常表现为两种趋向，一种是综合新闻材料，适当加以分析、评论；另一种是抓住某一新闻事件或事件中的某一片断，给以评论。从评论方式来看，有的是作者直接议论，有的是把观点、评论融注于对事实材料的报道中。这篇例文是综合新闻材料加以评论的，它采用把观点融注于新闻事实的报道中的评论方式。阅读时注意思考：文章的主旨是什么？作者的观点是如何融注于新闻事实的报道中的？

烟草大国的现在与未来[①]
——关于禁止吸烟的思考

劝阻吸烟的宣传已持续良久。

作为个人嗜好的消遣,别人能给予多大干预?于是,许多人继续喷云吐雾、优哉游哉。

现实无需回避

从新中国成立至今,中国人口增加约1倍,而卷烟的零销量增加了10倍。我国卷烟的年产量,解放初是160万箱,1987年增加到2 881万箱。特别是近20年,我国的烟草工业以年平均递增10%的速度发展,1980年以后,每年的产量和销售量都是世界第一。

与此同时,尽管近10年来美、英等发达国家的人口吸烟率已下降30%,可烟草生意却不减当年。原因是他们成功地在发展中国家开拓了市场。1987年11月,世界卫生组织肿瘤处处长欣斯瓦尔德博士曾指出:现在有几家外国香烟商借着"赞助"中国的杂技、体育活动,巧妙地鼓励中国人吸烟,将他们的产品大量倾销中国市场,这些西方的香烟入侵就像新的"鸦片战争"。

1984年至1985年,中央爱卫会和卫生部按万分之五的比例,对29个省、市、自治区15岁以上的51万多人进行吸烟情况抽样调查。

结果是:总吸烟率为33.88%,男性为61%,女性为7.04%,干部吸烟率为44.37%,农民为34.49%,工人为

[①] 选自1988年4月7日《人民日报》。作者是《人民日报》记者艾笑。

33.77%，科技人员为30.79%；医生和教员的吸烟率令人瞩目：医生吸烟率为29.50%，教员为28.36%。大学生吸烟率为19.09%，中学生吸烟率为3.41%。调查还表明：39.75%的不吸烟者受到被动吸烟的危害，其场所一是家庭，二是公共场所。

香烟中含烟焦油，它由酚、脂族烃、多环芳烃等致癌和促癌物浓缩组成，有人认为，过滤嘴可以把烟焦油滤掉。河南卫生防疫站医师马文飞答复说：过滤嘴一般能将每支烟的焦油滤掉4毫克。但与此同时，过滤嘴也使吸烟者对一氧化碳的吸入量增加了30%至40%，使心血管疾病的发病率相应增高。

全球戒烟趋势

随着化学和医学科学的发展，人类对烟草危害健康的认识越来越清楚。到目前为止，全世界已有5万项各种类型的科学研究成果，证实了烟草与疾病、死亡的关系。1978年世界卫生组织提出的报告就指出：世界上每13秒就要有1人死于和烟草有关的疾病。

尽管烟草工业为社会提供了就业机会，并为国家创造了可观的税收，但是，许多国家特别是发达国家还是认识到应当禁止、限制以至逐渐淘汰它。因为他们清楚过早死亡、医药开支、吸烟引起的火灾、出勤率下降和生产能力丧失等所造成的国家经济损失，超过了经济效益。美国1984年的烟草总额是287亿美元，但与香烟有关的疾病和死亡造成的损失却达537亿美元，是该国政府烟草税收收入的5.8倍。

许多政府正在采取禁烟措施。希腊政府规定，在任何公共场所的室内吸烟都是犯罪行为。加拿大政府开展了全国性的"无烟星期三"活动，每周的星期三人人不吸烟。美国已有30个州建立了禁烟法律。匈牙利规定吸烟必须缴纳吸烟税，这些税收全部用作消防。在马来西亚，只有从来不吸烟的人才有资格申请国家低息商业贷款……

国人应如何对待

从1492年哥伦布到达美州发现烟草至今，世界吸烟历史已近500年。中国人对烟害早有认识。1643年出版的《物理小识》中就指出：烟草"久服则肺焦，诸药多不效，其症忽吐黄水而死"。那时的广东人记述燃吸这种"妖草"，"未有不损身者，愚民相率服习，如蛾扑火，诚不可不严戢之也"。

几百年过去了，当初为数不多的"扑火之蛾"，竟浩浩荡荡地发展成近3亿人的吸烟大军。

1979年7月20日，国务院批准了《关于宣传吸烟有害与控制吸烟的通知》，中央爱卫会和卫生部等几乎每年都发出类似"通知"，并做了不少工作，但收效甚微。相反，多种招徕吸烟的广告，以及吸烟形象作为美和刚毅典范的镜头、画图和文字，反反复复地出现在各种传播媒介上，对人们起着潜移默化的作用。

世界卫生组织有一个统计：烟草工业界每年需要200万至250万新吸烟者，来补偿因戒烟和死亡造成的吸烟人数减少所带来的经济损失。新的吸烟者中90%是青少年，多数国家的男孩开始吸烟的年龄是10至11岁。中国的孩子也在统计之列。

现在，中国年轻嗜烟者越来越多，肺癌等疾病的死亡率急剧增加，已达每年10万人。如果不采取切实可行的措施，40年后中国每年死于与吸烟有关的疾病者，将达600万。

据悉，我国已经制订了一个每年降低吸烟率1%，2000年达到全国吸烟率20%以下的战略目标。吸烟，这个历史悠久又复杂的社会问题已开始了它艰苦的综合治理征程。

许多专家认为，中国需要立法和切实可行的政策。科学对策和政府的决心是重要先导。当务之急是青少年及儿童的吸烟问题，如教育部门应将吸烟有害的知识编入中小学教材，"禁止吸烟"的要求应写入中学生守则，政府应严格规定禁止吸烟的区域和场所，给不吸烟者一个不受烟草雾气污染的环境，等等。

【思考与练习】

一、新闻的特点及其作用是什么？

二、新闻的结构由哪几部分组成？

三、新闻的导语有哪几种？试从报纸上各搜集一例。

四、新闻的标题有哪几种形式？试以报纸上各种形式的标题为例，分析引题、正题、副题各自的作用，并对下面例子试做分析。

大同至秦皇岛的双轨电气铁路，全长635公里，经过10万建设者8年的艰苦奋斗，终于在1992年12月21日全线通车。通车后山西的煤产品可以直接运抵秦皇岛，从而大大缓解华东、华南用煤紧张的局势，意义是十分重大的。开通典礼于当日上午在秦皇岛北站举行……

对这一"新近变动的事实"进行报道，下面是《人民日报》(1)和《光明日报》(2)报道的标题。试比较两套标题的同和异，你认为哪套标题更好些，为什么？

标题（1）

　　为我国西煤东运增加了一条主要通道

大秦铁路全线开通

　　国务院致电祝贺　万里剪彩田纪云讲话

标题（2）

　　　八年会战结硕果　西煤东运有坦途

大秦铁路全线开通
国务院致电祝贺　万里田纪云出席工程竣工典礼

五、下面一则新闻有两套标题，请你选定一套，并说明理由。

本报讯　8日以来，成都市区及市属各区县普降暴雨，市府、市防汛指挥部已采取多种措施，及时排涝抢险，市防汛指挥部今晨发出通知，要求各地各单位立即行动起来，切实做好防洪工作。

据市气象台报告，自12日至今晨8时，成都市区降雨量达189.6毫米，11日至12日，市属各区县及沱江上游德阳等地也连降暴雨，江河水位迅速上涨；气象资料分析表明，造成暴雨天气的环流形势今后几天仍无大的变化，暴雨仍有一个持续过程。

市防汛指挥部在通知中要求，各地各单位的领导务须引起重视，防止麻痹情绪，要认真落实防洪措施，积极组织群众及时排涝抢险，要确保人民生命财产安全，保证企、事业单位的正常生产和工作，力争将洪水可能造成的损失控制在最低限度。

供选标题（1）

189.6毫米！

成都市一片汪洋，汛情告急

市防汛指挥部今晨已发出防汛通知

供选标题（2）

成都市近日连降暴雨（背景）

防洪指挥部发出防洪通知
要求各单位高度重视 认真做好防洪抢险工作

第二节 简 报

一、简报的性质和作用

简报是机关、单位内部以及某些重要会议用于沟通情况、交流经验的应用文,它具有汇报性、交流性和指导性特点。常用的简报名称有"××简报"、"××情况"、"情况交流"、"情况反映"、"动态"、"内部参考"等等。

简报的作用主要有下列几点:

(1) 宣传党和国家的方针政策,借以指导工作。例如通过简报传达、解释上级文件精神,指导下级工作;提出工作意见和要求,供下级参照执行;通过表扬先进,批评错误,运用典型指导工作。

(2) 提供情况,给领导机关制定方针政策参考。例如反映基层情况,介绍典型经验,使领导部门掌握下面的动态,体会群众的意见和要求,得到制定政策的依据。

(3) 互通信息,交流经验。例如平级单位通过简报沟通情况,了解有关工作进程,或交流经验,互相学习,互相促进。

(4) 为宣传部门提供报道线索和依据。

二、简报的种类和格式

简报有定期和不定期的,有专为重要会议或某项重要工作编发的，连续反映本系统、本地区工作情况的；有专供领导参考的，或供本系统、本地区机关范围内广泛阅读的。它内容很广，有及时反映工作中的新情况、新问题和典型事例的；有反映工作进展情况的；有介绍工作方法和经验的；有传达领导机关或领导人对工作的部署或意见等等。简报上的文章，有专门撰写的；有转载或摘登的；有根据内部文件（如总结、汇报材料、会议纪要、调查报告、报告等）整理或改写的。

简报的格式一般包括报头、正文和报尾几个部分。

（一）报头

报头包括简报名称、编号、编印单位、印发时间四项。有的报头还标明密级，其式样见例文。

（二）正文

简报正文的格式与新闻大致相同，一般由标题、导语、主体、结尾组成。简报的标题多用单行题，直接揭示文章的主旨或主要内容。有的简报还有编者按语，即编者对简报内容加以揭示、说明或评注，它代表简报编印机关的意向，用倾向性的意见来提示读者。按语一般放在正文前面，也可放在正文中用括号括住。

（三）报尾

报尾即印发范围和份数。简报是机关内部文件之一，其发送有一定范围，大部分要有收发文登记。因此，在简报的末页末行处要印明本期印发的范围（发至××单位），有的还印明印发份数，以备查核。

三、写简报的基本要求

（一）要注意政策性

简报要求及时反映在执行党和国家的方针、政策的过程中出现的重要情况和现实问题，这就要求撰写简报的人有一定的政策水平，善于从有利于方针、政策的贯彻、落实的角度来考虑问题，反映情况。

（二）要注意真实性

真实性是简报写作必须遵循的基本原则。简报中所反映的事例、数字、情况，涉及的对象、时间、地点、条件都应当准确无误。如果失实掺假，就会给工作造成损失，在群众中产生不良影响。

（三）要注意时间性

简报具有沟通情况、交流经验、指导工作的作用，这就要求反映情况要迅速及时，反应快、内容新，才能收到应有的宣传效果。

（四）要注意简明

内容集中、简明、扼要、短小精悍是简报的突出特点。一份简报往往登一份材料，或集中反映某一情况、某一问题。写作时，要抓住事情的本质特征，用简明的文字把问题说清楚。简报属机关内部文件，在语言文字上要平实、简明，用事务语体。

【例文一】

阅读提示

这份由六条"信息"组成的动态简报，紧紧围绕经济发展的大好形势这一中心，材料具体、语言平实、简洁明快、格式完整，较充分地体现了简报的个性特色。阅读时要仔细体会，认真学习这种写法。

× ×信息

（第×期）

中共××区委办公室　　　　　　　　　　1992年3月5日

"兵马未动，粮草先行"

截止去年年底，区生产发展资金领导小组经过多方努力，共融通到700万元资金,并已基本落实到各经济主管部门,为今年全区经济工作注入了新的活力。

(杨×)

龙潭乡工业产值上亿元

龙潭乡党政领导以经济工作为中心,狠抓横向经济合作,1991年共洽谈项目35个,达成协议12个,引进资金470万元,引进人才30人,利用空地100亩。1991年全乡工业产值上亿元,创历史最高纪录。

(潘××)

建设路辖区1991年经济工作起步看好

该辖区过去经济基础较差,企业少,规模小,无成型产品。1991年提出了"大力发展经济,引进企业、项目、技术和人才"的方针,在巩固原有33个企业的基础上,又新开发了45个企业,全年实现产值284万元,创利27.16万元。在社区服务方面,他们增加服务项目,开拓花色品种,获得了市政府授予的"社区服务达标免检"的荣誉。

(吕××)

海滨村在"社教"中为民办实事

在"社教"工作中,青龙乡海滨村党支部、村委会把社会主义思想教育与为村民办实事结合起来,自筹资金4万多元,动工修建一条长850米、宽3米的混凝土标准路,计划春节前投入使用。

(张××)

△根据"成计国土〔1991〕28号"文件精神,我区已被列为全市国土计划管理工作试点区。

(汪×)

△元月10日,猛追湾街道办事处召开1991年度居委会、家属委员会表彰大会。

(钟××)

送:××××、××××、××××、××××、××××

(共印100份)

【例文二】

阅读提示

这篇简报,介绍某市成人中专期末统考的情况和做法。第一自然段是导语,概述报道内容,然后按总述成绩—介绍做法—指出缺点的条理来写,这是介绍工作情况的简报常用的写法。

情 况 简 报
(第二十五期)

××市高等教育办公室　　　　　　　1991年8月10日

××市成人中等专业
学校期末基础课统考情况

市高教办于今年7月1、2日组织了全市成人中专91级第一学年下学期期末基础课统一考试。有29所学校参加,统考课程有语文、数学、物理、化学、地理、中共党史、生理学7门。基本情况如下：

参加语文统考的有26所学校，考生3 356人，及格率为98.4%；参加数学统考的有19所学校，考生1 502人，及格率为91%；参加物理统考的有19所学校，考生1 276人，及格率为91.3%；参加化学统考的有6所学校，考生393人，及格率为97.5%；参加地理、党史和生理学统考的有2所学校，考生数分别为85人、92人，及格率分别为100%、93.5%、97.8%。

这次统考时间紧，工作量大。我们对组织工作做了一些尝试，采取了"统一命题，分散制卷，统一考试，交叉巡视，集中阅卷"的办法。各校成立统考领导小组，具体负责本校统考工作。各学科中心教研组负责命题，根据教学大纲、教学进度，结合我市成人中专考生特点，编出甲、乙试卷，保证试题质量。然后再由市高教办制出样卷，密封后分发各校制卷小组。各校在切实采取保密措施的条件下，照样卷复制，并做好分封工作。从统考的情况看，绝大部分学校领导对工作十分重视。如纺织职工中专，既抓了各项组织工作的落实，还在考前召开大会，对师生进行严肃考纪、端正学风的教育，防止考试违纪、舞弊行为的发生，使统考工作顺利进行。

这次统考工作还存在一些问题，主要有以下几点：

1. 分散制卷弊多利少，各校制卷没有严格按样卷复制，错漏多。

2. 监考工作不严不细，考试时本校教师监考本校考生，有的教师对考场管理不严；有些监考工作人员工作不细，收卷、装订、密封较乱。

3. 登分工作失误多，登分与卷面分最高差达46分。

期末统考是检查各校教学管理，提高教学质量的方法之一，必须坚持下去。我们将认真总结这次期末统考的经验教训，制定出完善措施，把今后的统考工作做得更好。

抄报：国家教委成人教育司、××省高教局、市府办公厅。
抄送：市属有关部、委、办、局。
印发：各成人中专校（班）。

【思考与练习】

一、以这两篇例文为例，说说简报的作用。

二、简报的写法常用总述分说相结合的方法，用说明来介绍材料，议论来归纳要点或表达观点，做到观点材料统一。以【例文二】为例，分析总述与分说是怎样结合、材料是怎样说明观点的。

三、比较简报与新闻在文体性质和写作要求上的异同。

第三节 计 划

一、计划的性质和作用

人们无论做什么事情，总要事先有个打算。具体地说，计划是为将要进行的工作提出预想的目标，并制定出实现这个目标的具体步骤、方法和措施的应用文。

制定计划，是我们完成工作、生产、学习等任务所运用的一种科学的工作方法。制订出来的计划，又是检查各项任务完成情况的依据。它对指导、推动和保证各项任务的完成有着重要的作用。概括起来，它的主要作用有以下几点：

（1）可以做到心中有全局，奋斗有目标，行动有所遵循，避免或减少盲目性、被动性，增强自觉性。

(2) 可以做到行动、步骤有条不紊, 合理安排人力、物力、财力和时间, 避免出现轻重倒置、先后不分的弊病, 保质、保量地按时完成任务。

(3) 可以预先估计可能出现的情况和问题, 并预订措施, 做好安排, 取得应变主动权。

(4) 便于检查、总结和推动工作。

二、计划的种类

计划, 是一个统称, 常见的设想、规划、打算、安排、意见、要点、方案等, 都属于计划。只是由于内容等方面的不同, 往往选用不同的名称。大体上说, 它们的差别如下表。

名称	时间	内容	范围
设想	长远或近期	对工作任务做粗线条的、非正式的安排。	本单位、本部门
规划	比较长期	涉及面广, 内容较概略, 只是个大轮廓。	本单位、本部门
打算	近期内	提出任务, 但其中的指标、措施较粗略。	本单位、本部门
安排	短期内	任务明确, 内容较单一, 事情较具体。	本单位、本部门
意见①	一个阶段内	布置任务, 交代政策, 提出要求, 制定措施。	上级对下级
要点	一定时期内	布置主要任务, 交代政策, 提出原则性要求。	上级对下级 本单位、本部门
方案	近期、短期	就某项任务, 课题的具体实施从目的、要求、方式、方法都做全面安排。	本单位、本部门

---

① 这里的"意见"是按表列内容制定的计划文种之一, 至于对下级有所指示的意见, 则不在上述范围内。

计划除了使用的名称不同外,还有不同的分类。按性质分类,有综合性计划、专题计划等;按内容分类,有生产计划、工作计划、学习计划、实验计划等;按范围分类,有个人计划、单位计划、地区计划等;按时间分类,有远景规划,年度、季度、月份计划,旬、周的安排等。

三、计划的内容、格式和写法

计划的内容一般应该包括工作(或生产、学习)的目的和要求、任务和指标,以及实施的步骤和措施等,也就是"做什么"(任务和要求),"怎么做"(方法和措施)以及"什么时候完成"(进度和时间安排)。计划大多数采用分条列项的形式,有的采用表格形式,有的兼用这两种形式。

计划一般的格式和写法大致如下:

(一)标题

标题包括制定计划的单位名称、期限、计划内容概要和计划种类。例如《××市轻工业学校 1988 年招生工作计划》。如果认为计划还不成熟,或者还没有经过正式讨论通过,或未经上级批准,则可在标题的后面或下一行用括号加注"草案"、"初稿"或"供讨论用"等字样。

(二)正文

正文是计划的主体部分,先写前言,再写任务和要求,后写方法和措施以及其他事项。

前言:主要写制定计划的依据,或阐明计划的指导思想,也有交代基本情况和要达到的目标的。前言要与计划的内容有紧密的联系,写得简要、妥帖。

任务和要求:任务应写出在一定时间内所要完成的工作,要达到的指标;要求具体写出所要完成任务的数量、质量、程度、时间期限等。

方法和措施:包括要做哪些具体的工作,采取什么措施,分哪几个步骤，时间如何分配，人力如何安排等，要具体、可行。

其他事项：包括应该注意的问题，检查和修订计划的办法等。

此外，与计划有关的一些材料，如果在正文里分条表达不方便，则可以附表、附图；一些生产计划、财务计划、购销计划的指标和数字，科研计划的项目、成果类别、完成期限等等，常用表格的形式表达，需要说明的则不写在表格里，而把"说明"放在最后。

四、制定计划的基本要求

（一）要符合党和国家的方针政策

制定计划要以有关的方针政策和可能的条件为依据；要有全局观念，处理好全局和局部，长远和目前，国家、集体、个人三者利益的关系，使计划发挥积极的作用。

（二）要从实际出发，量力而行

计划中所定的指标，所提的措施，应注意本单位、本部门的实际情况；制定的指标，要留有余地，经过努力能够实现；措施也要切实可行。要做到这些，就要事前进行调查研究，搜集数据，征求群众意见，然后写出初稿供大家讨论，最后才修改定稿。

（三）要力求具体、明确

计划的内容必须写得具体、明确，才利于实现和检查。计划一般不议论，不叙述过程，一条条、一件件用简明、准确的文字表达清楚即可。

【例文一】

××厂铅印车间第四季度
增产节约计划

为响应厂部关于"创造利润×××万,增产节约做贡献"的号召,特订本计划:

一、全车间全季度增产节约总指标为××万元

1. 产量指标。全季度保证完成×××印令,较上季度提高百分之×××,较上级下达计划提高百分之×。每月完成数:10月××令,11月××令,12月××令。

2,质量指标。争取全季度甲级品率高于百分之××,报废率低于百分之×。

3. 降低原材料消耗指标。油量单耗较定额降低百分之×。每月节约车油××公斤,煤油××公斤,揩布××公斤。

二、具体措施

1. 合理调整劳动组织,充分利用现有设备,在10月上旬前实行三班制,并将产量落实到机台。

2. 10月中旬前组织讨论,公布岗位责任制。

3. 加强思想教育工作,严格执行操作规程,经常注意机车维修检查,防止工伤和停车事故。

4. 为了促使三班互相衔接,加强各班之间的联系,建立健全会议汇报制度。每星期五开各班车长会议一次,每两天开三班值班长碰头会一次,每半年开全体技工技术研究会一次。

【例文二】

××县农业局
1984年小麦生产技术意见[①]

小麦生产总的指导思想是：立足稳产，狠抓低产，实现平衡增产。

今年计划全县种植小麦11万亩，要求亩产185千克，争取突破200千克。为保证丰产计划落实，特提出如下技术意见：

一、调整种植布局

春季干旱，水利条件不足，是我县小麦生产的限制因素。多年实践证明，干旱年景，在关键发育阶段，一水之差，产量可相差百斤；旱地麦面积大，是我县小麦低产的一项重要原因。因此，在开展农田建设，改善水利条件的同时，要认真搞好小麦布局。把小麦安排在南三区和引青灌渠两岸以及有水源条件的地块；对于缺乏水源，目前又无条件改善的，一般改种其他作物，最大限度地压缩旱地麦面积。

二、普及抗倒、高产优种

我县历年有许多高产田块后期倒伏，造成严重减产，除栽培因素外，主要是品种所致。为此，今年要大力压缩"东丰"系品种，在土质肥沃、水源丰厚的南三区及引青灌渠两岸，改用丰产性能好、耐水肥、抗倒伏的"丰抗"系优种；北京丘陵区选用中产、耐密植、抗倒伏的"秦麦一号"。

三、增施粗肥、三肥座底

为了实现增产计划，要做到以产定肥。据研究每生产50千

---

① 选自全国中等农业学校《语文》第三册，有改动。

克小麦，需纯氮1.5千克，纯磷7.5千克，纯钾1.5千克。据多年实践经验，亩产200千克小麦，一般需优质粗肥4 000千克，标准磷肥20千克，硫铵20千克。在此基础上产量每增加50千克，需递增优质粗肥1 000千克，标准氮磷肥各5千克。

在施肥方法上，凡氮磷失调的土壤，都要氮磷混施；为使小麦促根增蘖，增育冬前壮苗，大力提倡"三肥座底"。三肥即粗肥、氮肥、磷肥。

四、"四适"播种

在今年的小麦生产中，要强调"四适"播种，即掌握适宜的播种期，适宜的播种墒情，适宜的播种量，适宜的种植形式。

（一）适时播种。我县属于冬小麦的北京边缘地区，常因冬前积温不足450℃～700℃而达不到壮苗标准。根据这一情况和我县的气候规律，以9月20日～27、28日为最佳播种期，在生产上可从9月15日播种～10月1日播完。在此时间内宁早勿迟，适中求快，快中求好，巧夺天时。前期抓质量，中期抓速度，后期抓防草率。

（二）适墒播种。小麦出苗的最适土壤水分为田间持水量的60%～70%。而我县历年"秋吊"现象严重。因此播前半月要普查墒情，凡墒情较差的要提前带茬浇水；如遇秋涝，土壤湿度过大，要尽早"刷秋"，争取时间早播。

（三）适量播种，合理密植。播种量要"三看"、"四定"。"三看"即看地力，看播期，看品种。凡播期早、地力肥，品种分蘖力强、千粒重低的，要适当少些，反之要适当地增加。"四定"即以地定产，以产定穗，以穗定苗，以苗定籽。要先测定千粒重和发芽率，再确定下种量。一般在秋分播种的基本苗应保持在25万，亩播量约14.5千克，以后每晚播一天增加播量250克。

（四）适宜的种植形式。要坚持四尺半带田麦、粮（玉米、高梁）套作，这样有利于实现夏秋两季增产，防止两茬平作年年种晚麦的恶性循环。为了便于麦田管理、有利于小麦个体发育，要改平播为大小垄不等行种植，大垄6寸，小垄3寸，每带6行；畦播的也要采用这种种植形式。

五、加强管理

（一）加强冬前管理。要夺取小麦高产，必须培育冬前壮苗，冬前管理要控旺促弱，对底肥少、苗子弱的要补施三叶肥，补浇三叶水，以促分蘖和生长次生根；要镇压麦苗，踏实土壤，使根土密接，促扎根、长分蘖；对早播有旺长趋势的麦田要多镇压、控旺长；雨后或浇水后，要抓紧锄地、疏松土，避免板结；要高度重视冬灌，冬灌是必浇之水，是保苗安全越冬的有力措施，必须于昼消夜冻时不失时机地抓好，结合冬灌每亩要追施标准化肥10千克，越冻前还要轧麦，严防牲畜啃食麦苗。

（二）加强春季管理。小麦早春至孕穗是生长中变化最大的时期，营养生长和生殖生长并进，在很大程度上决定分蘖成穗率、每穗小穗数及花数，是麦田管理的关键时期，要努力抓好。

1. 早春耱麦。耱麦是促进麦苗返青、健壮生长的主要措施，春增温、保墒、通气的作用明显。耱麦要先浅而后分次加深，一般一寸左右，返青后可加深至1.5~2寸。

2. 早春肥水。早施肥一般要起身期重施三分之二，拔节期轻施三分之一。以每亩标准化肥20~25千克为宜，高产田可追施到30~35千克。早春浇水是小麦增产的关键措施。头水一般在苗长5厘米，地温连续五天稳定超过5℃时（通常在我县为3月下旬）浇灌，返青水要根据麦田长势分类管理：壮苗要早追肥浇水，旺苗要晚追肥浇水，弱苗要早追肥浇水。此后要浇好起身水、拔节水、孕穗水。

（三）加强中后期管理。小麦抽穗后穗数基本固定，开花一周后粒数也大体定局。因此千方百计增加粒重，就成为中后期管理的主攻目标。据试验，如每亩定产250千克，千粒重在28～40克间，每增减1克，产量相差6.5～8.5千克。加强中后期管理的主要任务是"三防"，即防干热风、防倒伏、防病虫害。要采取如下措施：

1. 浇好扬花、灌浆、麦黄水。此期需水量大，约占全生育期总耗水量的三分之一，且常因高温、干热风等不良条件，使小麦早枯、籽粒秕瘦而减产。因此要适时浇灌浆水、麦黄水，以促进灌浆，降低地温，增加粒重。

2. 喷磷治蚜。根外喷磷是一项用肥少、吸收率高、经济有效的增产措施，适用喷磷，一般能增加千粒重2.5～3克。为此，今年要作为一项重要增产措施抓好。在挑旗至灌浆期要喷洒两次0.2%～0.4%的磷酸二氢钾。

麦蚜常年都有不同程度的发生，发生严重的年份可使千粒重降低8～10克。因此要加强测报，一旦发生要用乐果1 500倍液除治，并可结合喷磷施用，除虫施肥一举两得。

3. 适时收割。通过多年灌浆速度测定，在腊熟期千粒重达高峰，分别比乳熟期和完熟期高7.85克和2.7克。因此今年提倡在腊熟期收割，以防养分倒流减产。

【例文三】

××××学校中文秘书专业实习方案

为了贯彻理论联系实际的教学原则，加强实践性教学，使学生通过社会实践，运用课堂知识，提高应用能力，发展智力，以培养从事常规管理、常规业务的应用型人才。根据教学计划，本学期安排秘书学概论及应用写作两门学科相结合的专业实习。

一、内容与要求

（一）了解基层单位秘书部门（办公室）的一般性工作；

（二）了解机关秘书工作的内容及其处理办法；

（三）了解机关文书的制发、运转程序；

（四）根据实习情况，学习编写简报（以实习小组为单位，编写两期简报）；

（五）学习社会调查，通过专题调查，掌握材料，进行分析、研究，写出调查报告。

二、时间安排

1988年11月14日－12月3日共三周。分两阶段。第一阶段（11月14日－26日）两周为校外实习；第二阶段（11月28日－12月3日）校内实习：整理材料，小组交流，个人写出调查报告，班上宣讲。

三、实习地点及分组安排

××市内各公司，具体安排见附表。

四、组织领导与实习管理

（一）由文化基础课教研室负责实习领导工作，指派×××、××、×××三位老师带队并负责专业指导，与班委会组成实习领导小组，安排实习点小组负责人，分工负责解决实习中的具体问题。

（二）聘请各实习所在单位秘书部门的同志（由公司指定）为业务指导老师，协助完成实习中的教学工作。

（三）学生在实习期间，由所在单位统一领导、管理，由所在单位业务指导老师安排实习具体内容。请各所在单位加强对学生的管理和指导。

（四）学生在校外实习期间，每天按实习单位作息时间上下班，每星期二、四晚上7～9时到学校教室集中，汇报或交流情况。

五、学生必须注意事项

（一）严格遵守《中专学生守则》及学校和所在单位的规章制度，按时上下班，不得迟到、早退，各小组长负责每天考勤并及时向领导小组汇报。

（二）服从所在单位党政领导，积极参加所在单位政治、业务学习，虚心向所在单位的职工请教，尊敬业务指导老师，服从老师指导。

（三）注意文明礼貌，养成使用礼貌语言的习惯，以秘书人员服务他人、理好事务的精神来要求自己。

（四）严守国家机密，注意保管好实习资料，未经指导老师同意不得带资料离开单位；爱护公物，注意安全，防止事故发生。

（五）实习期间原则上不准请事假，如有特殊事情或因病需请假，须经所在单位业务指导老师和带队老师批准。

1988年10月15日

【思考与练习】

一、对比分析这三篇例文是如何用不同的名称反映不同的任务、要求，起到不同的作用的。

二、计划的前言一般要交代指导思想和有关的基本情况，但要简要、妥帖，与计划内容有紧密联系。这几份计划例文，有的没有前言，而把指导思想和有关的背景材料放在计划的正文上来写，有的只简要提示，试举例说明。

三、下面是一份"××省棉花检验技术训练班教学计划"的草稿，这份计划的标题、结构、语言都有毛病，请加以调整、修改，并写成有小标题的条文计划（要选用恰当的文种名称）。

××省棉花检验技术训练班教学计划

为了适应新形势，培养新生力量，加强检验队伍的建设，提高检验的素质，正确执行国家标准和价格政策，搞好1997年棉检技术人员分区、县训练工作，特制定棉花检验技术训练班的教学计划如下：

根据全省棉花检验技术队伍的情况，这次训练主要对象是，由系统内在职职工（包括合同工）中选拔具有初中以上文化程度，身体健康，思想进步，经过训练能担任棉检工作的青年同志。通过训练达到基本掌握检验基本知识，能独立进行大部分和部分检验工作。因此，检验理论的授课时间和实习的时间就需要各安排50%左右，如果总的时间安排和条件许可的话，还可以相应增加实习的时间。在实习时间的安排上，品级、长度检验的课时要占80%以上。实际授课时间包括实习不得少于70天，490个课时，即每天7课时。录取的办法，经过文化考试和政治考核，择优录取。录取的学员于2月27、28日报到，3月1日开学。各门课程教学时间安排见附表（略）。为了提高教学质量，巩固学员学习成绩，实行考核和考试制度。学习结束，对每个学员进行全面考核，搞好鉴定，做好评语，认真填写学习证书，做好安排检验工作和技术考核参考。为加强领导，做好思想政治工作，保证学习任务的完成，训练班要成立临时党、团支部、训练班班部。贯彻理论与实际相结合，讲课与辅导相结合，小组讨论与自学相结合，从理论与实践上，学懂弄通，争取收到好效果。

1997年1月30日

第四节 总　结

一、总结的性质和作用

总结，就是回顾和检查前一个阶段的工作、生产、学习任务的完成情况，进行分析研究，找出经验教训，并形成文字的应用文。有些小结和体会实际上也是总结，只是它所反映的内容较简单，时间较短，范围较小。

总结的目的是对上阶段的工作或任务加以分析研究，探求事物发展的规律，把它上升到理性认识，以指导下阶段的实践活动。因此，它有两方面的重要作用。

（1）可以明确经过实践的事情，哪些做得好，哪些做得不够好，从中发现存在的问题，找出经验教训，以便发扬成绩，克服缺点，把任务完成得更好。

（2）可以养成理论联系实际的作风，学会观察事物和分析问题，提高思想认识水平和业务工作能力，自觉贯彻、执行党和国家的方针政策。

二、总结的种类

总结是一种实用性很强的应用文。它的分类，可按内容的不同，按范围的大小，按时间的长短等等分类。就其内容、范围、时间上的区别，大致有下面四类。

（1）工作汇报性质的全面总结。例如月份、季度、年终的工作总结即属此类。这种总结，着重于对一定时段工作情况做比较全面的综合汇报，内容侧重于对工作情况和成绩的概括，使用的材料多是任务完成情况、数据和做法，表达方式多以概述为主。

（2）介绍经验的专题总结。这种总结，往往用于宣传先进经验，具有典型性和指导性。它主要着眼于典型经验，内容侧重于介绍事实、做法，并从中引出经验教训，上升为理性认识，总结出带规律性的东西；使用的材料多为典型的具体事例，表达方式多用夹叙夹议。

(3) 科学实验、生产技术总结。这是科研（生产）部门为完成某项科学实验（生产项目），将试验（生产）中所积累的资料进行整理、归纳和分析，从科学技术因素中找出规律、得出结论所写的总结。这类总结具有学术性。它着重于总结实验（生产）成败的技术因素，探讨某一实验（生产）项目成功的技术规律。

(4) 个人学习、工作、生产体会的小结。这种小结主要是叙写个人在学习、工作或生产中的体会认识，内容往往较单一，范围较小，有具体的事例，有理性的认识，既叙事，又见思想；表达方式常用叙述与议论相结合。

三、总结的结构和写法

总结的结构和写法，没有固定的格式。它必须根据不同的内容和目的，针对不同的对象，确定相应的格式和写作重点，采用灵活的写法。总结通常包括：

(一) 标题

标题要根据总结的目的、要求和具体内容来拟定。全面工作总结的标题包括单位名称、时限和文种名称。如《××省体育运动委员会19××年体育工作总结》。专题经验总结和其他总结的标题写法则较为灵活。有的突出中心，如《半年生产 全年供应》；有的概括内容、范围，如【例文二】；有的还加副标题，具体写法与调查报告相同。

(二) 正文

正文大体上包括以下几部分内容：

1. 概述情况

这部分往往作为总结的开头，说明要总结的某个阶段的工作或任务的基本概况,包括时间、重要的背景、经过的概要、事情的结果等,要求写出所总结的工作或任务是在什么形势下、遵循什么方针完成的,有哪些主要成绩,存在哪些主要问题。介绍时也可以有所侧重,或重在概述情况,或重在指出成绩。要写得概括、简要。如【例文一】侧重介绍取得成绩,【例文二】侧重交代试验,都写得简明扼要,与全文内容有紧密联系,并起到提携下文的作用。

2. 分析情况

这一部分具体介绍工作、任务完成的情况,采取的措施,取得的成绩和经验教训。介绍中既要概述面上的情况,又要举出典型事例和具体数据,使之具有说服力。它的结构形式和具体写法,也要视总结的性质、内容表达的需要来做出安排,例如全面性的工作总结,目的是汇报工作的,就以工作情况、主要成绩(或经验)、存在问题(或教训)为序来安排。工作成绩又可以按一定的逻辑分条列项来写。专题经验总结,目的是介绍和推广经验的,就要把工作过程同经验穿插起来写,条理要清楚,经验要突出,并要上升到理论上来认识,如【例文一】。有的专题总结,内容较简单,就可以只介绍做法。至于个人工作、学习、生产体会的小结,则着重写自己收获较大或体会较深的问题,不要面面俱到或记"流水账",主要是把思想认识和体会写出来,既不要只叙事不见思想,也不能只讲"理论话",不见具体事例,【例文三】就既有事例,又概括出经验,写出了体会。

3. 结论和意见

这部分可视内容的需要而定,有的可以不写;有的需要明确做出结论的就写明,如【例文二】,通过对试验结果的分析,就对他在开头提出的关于试验目的的问题,得出了明确结论;有的则可针对存在的问题,提出解决的办法,或根据形势发展的需要或新的任务的要求,提出今后的打算和努力的方向,这部分要求写得简明扼要。

（三）具名和时间

单位名称已经在标题出现的就不再具名，需要具名的可写在标题下面或正文右下方。随公文报送的总结不写日期，需要写的则写在正文右下方。

这里，附带讲一下专题总结与调查报告的异同。它们的共同点是：都必须依据党的方针政策来总结经验，反映事物的基本面貌和发展过程，概括出规律性的东西，指导今后的实践，具有较强的思想性和政策性；在写作上都要使用叙议结合的综合表达方式，叙和议的要求和方法也相同。它们的主要区别有：

1. 应用范围不同

调查报告应用范围较广，可以涉及现状、历史，反映当前有一定意义的社会（自然）现实，揭露问题，评价事物，介绍经验；总结只限于反映本单位、本部门已经完成的工作、任务及其经验教训，因而它一般都着眼于指导总结自身今后的实践活动。

2. 写作时限不同

调查报告一般不受具体的工作进程和时间的严格限制，可根据需要进行调查写作；总结受工作进程和时间限制，一般都是在工作、任务告一段落或全部完成之后写作。

3. 使用人称不同

调查报告往往是上级机关或有关方面的调查组在选点进行调查研究的基础上写成的，一般用第三人称的写法；总结大都是本单位、本部门写的，一般用第一人称的写法。

总结与计划有着密切的、不可分割的关系，它们都是以实践为基础，以指导实践为最终目的的。我们在学习这两种应用文的写作时，要将它们有机结合在一起。从总结的角度来看，总结是计划执行的结果，做总结既要以计划为依据，也要对计划做全面的检查；从计划的角度来看，计划是上阶段总结的发展，订计划要把上阶段的总结作为依据，但它又是对做好下阶段总结的促进。这样，在工作进程中，周而复始，使自己的认识不断提高，推动工作不断前进。

四、写总结的几点要求

（一）要有正确的指导思想，科学地分析整个工作实践活动。要写好总结，必须用正确的观点和党的方针政策作为依据来衡量各项工作，才能给工作以恰当的评价；必须科学地分析整个实践活动，才能总结出经验，并从中找出规律性的东西。如果缺乏正确的指导思想和科学分析，就只是现象罗列，就事论事，甚至写成"流水账"，流于形式，达不到总结的目的。

（二）必须掌握全面情况和整个工作过程，才能统观全面，避免以偏概全、挂一漏万，才能从中找出最能反映工作全局的经验教训。因此，必须深入实际，走群众路线，去获得丰富的、全面的材料。

（三）写总结中，还必须注意以下几个问题：

（1）观点和材料的统一。观点来自材料，但观点形成之后，在总结中必须用材料说明观点，以观点统率材料，保持观点与材料的统一。

（2）面上材料与点上材料相结合。总结中既要有面上的材料，又要有点上的材料，要做到点面结合。面上的材料具有概括性，反映事物的全貌；点上的材料生动具体，用来充实、印证面上的情况，增强说服力。

（3）叙述和议论结合。总结中对情况的叙述是议论的依据，议论又是对叙述的综合分析和提高，两者反映观点和材料的关系，必须有机结合。

（4）综述和分说交替。一篇总结对工作实践的反映，必须总分有序，层次清楚，条理分明。先总述再分述，最后归纳是总结常见的结构形式。综述是对全局或整个事情的总体概括和介绍；

分说是对局部或某项做法、经验的阐述；归纳是综合分析和提高。

【例文一】

半年生产　全年供应（节录）
沈阳市人民政府

阅读提示

这篇介绍经验的专题总结，能从错综复杂的材料中概括出规律，做到观点鲜明，材料充实，体现了经验总结的典型性和指导性。

沈阳市是北方地区的重工业城市，无霜期短，复种指数低，在蔬菜产销上存在着半年生产、全年吃菜的矛盾。去年，我们根据以放为主、放管统一的指导思想，初步探索出蔬菜半年生产、全年供应的途径。实现了淡季人日均吃菜250克以上，秋大白菜人均供应31千克，收购价格比去年提高8.46%，国营商业的销售价只比上年增长0.086%。回顾过去的一年，我们主要有以下体会：

第一点体会是：要保证半年生产、全年供应，就必须在稳定蔬菜面积的同时，积极建二线菜田，发展保护地生产，以解决菜源问题。

要解决全年均衡供应，必须首先解决菜源问题。近两年来，特别是去年，我们采取了四项措施抓菜源。一是在稳定16万亩蔬菜基地的同时，在远郊县区发展二线菜田，作为基地面积的补充。从1986年开始，我们在与沈阳接壤的新民县大民屯……新建二线菜田262万亩，共投资110万元。二是发展保护地生产……每建一亩大棚给1 000元、一亩温室给1 500元额度的贴息。1986、1987两年拿出2 000万元额度的贴息贷款，保护地面积发展到4.2万亩。

第二点体会是：要保证半年生产、全年供应，就必须在控制物价指数的同时，发挥价值规律的调节作用，以引导生产和经营。

一是提高前期蔬菜购价，稳定中期价，保护后期价，引导农民提早延晚，排开市场。二是重新规定批零差率，实行价格补贴的办法。对批发价在0.80元以下的执行30%～35%的批零差率，0.80元以上的执行25%～30%的批零差率。为了保证淡季供应，让零售商店享受批发待遇，进1千克芸豆补贴0.20元，1千克青椒补贴0.10元，1千克黄瓜补贴0.10元……

第三点体会是：要保证半年生产、全年供应，就必须在发挥国营商业主导作用的同时，发挥农贸市场的补充作用。

一是通过引进帮销，引导其减少盲目性，增强计划性。引进环节采取四条措施。1. 建立信息网，及时为本市与外地的贩运户提供需求、价格与信息。2. 建立固定的供应关系，按市场需要组织货源。3. 建立贩运管理小组，指导贩运活动。4. 派人外出引进，开辟货源。

第四点体会是：要保证半年生产、全年供应，必须在市场管理上发挥作用，市、区共同负责，保证市场的繁荣。

具体做法是承担一个责任，下放两个权力，承包三项任务，达到四个目标……

（引自《中国经济体制改革》，
1988年第7期，有删节。）

【思考与练习】

一、专题经验总结对工作的成败往往不就事论事，而要依事议理,即对已完成的工作进行分析研究,上升为理性认识,概括规律性的东西,这样才能起到既源于实践,又高于实践、指导实践的作用。试说说这篇总结概括出哪些规律性的东西?这些规律有什么典型意义和指导作用?

二、观点与材料统一是应用文写作中的基本要求之一,分析这篇总结是怎样做到观点统率材料,材料说明观点的?

【例文二】

除草膜对棉田除草的效果试验总结[①]

阅读提示

这份试验总结,首先从生产中存在的问题引出试验目的,接着介绍试验的材料与方法,并从分析中引出观点,最后做出结论。文章条理清楚,语言简明,注意在阅读中学习这类总结的写法。

我省棉花地膜覆盖面积迅速扩大,在提高棉花生产量上发挥了重要的作用。但由于地膜覆盖提高了早春地温,引起杂草旺盛生长,撑破地膜;遇阴雨低温年份,杂草推迟灼伤期或长期不死,影响棉花的正常生长。为此,我们于1984年进行了本试验,探索除草膜在棉花栽培中的除草、增产效果及对后作小麦出苗生长的影响。

一、材料与方法

除草膜是宝鸡塑料厂以农用薄膜加配除草剂——扑草净制成的,厚度0.015毫米,供试作物为棉花和小麦。以长沙塑料三厂

---

① 选自全国中等农业学校《语文》第三册,原文载《陕西农业科学》1984年第2期,有改动。

同样厚度的普通地膜为对照。

4月21日播种盖膜,采用对比法排列,小区面积0.055亩,重复两次,每亩5 000株。于播后20天、50天、60天,分别调查杂草种类和生长情况,并对棉株进行生育期记载,最后采拾统计产量。后作小麦分两期播种,小区面积4平方尺,重复两次,调查出苗率。

二、结果分析

1. 除草效果。除草膜中含有的除草剂,通过膜上的水蒸气,一部分淋溶在土壤中,一部分附着在膜上,被杂草根、叶吸收,抑制了叶绿体的光合作用活性,阻止醣类形成,使杂草"饥饿死亡"。经过5月10日、6月8日、6月17日三次调查和7月底的一次观察,除草效果为99.78%～100%,在多雨、气温低、草量大的1984年除草效果极为明显。而覆盖普通膜的棉田杂草丛生,5～6月的三次调查每平方米分别有草1 804株、940株、824株。杂草种类有以唐、狗尾草、苦苣菜、马齿苋、龙葵、藜、苘麻、小蓟和莎草等九种。除草膜能除灭上述大多数杂草,只对莎草无效。棉田杂草危害主要在封行之前,即5～6月,除草膜覆盖的棉田到7月底仍无杂草,可见除草膜的残效期很长,可使棉花在生长期内免受杂草之害。

2. 促进棉花生长发育的效果。由于除草膜有明显的抑制杂草作用,因而减少了杂草对土壤营养、水分的消耗,使棉花的营养生长和生殖生长加快,生育期缩短。通过6月8日和7月2日两次调查看出,除草膜覆盖的棉株较普通地膜棉覆盖的分别高出1.7厘米和6.5厘米,真叶分别多0.9片和0.2片,果枝多0.8个,茎粗多0.48毫米,单株苗数多0.6个。证明除草膜对棉花生长有明显的促进作用。

3. 增产效果。经单独采摘计产,除草膜棉比一般地膜棉增产4.5%,如下表。

除草膜棉与一般地膜棉产量比较

处 理	平均每小区子棉产量		亩产（斤）		除草膜棉增产
	克	斤	子棉	皮棉	（%）
除草膜	5 550	11.1	201.9	68.1	4.5
普通地膜	5 295	10.05	182.7	65.1	

注：因插期迟，并遇雨灾，故产量损失较大。

4. 对棉花后作小麦出苗生长的影响。我省目前棉花后作多为小麦。为了解除草膜覆盖的棉田土壤中残留的除草剂对小麦出苗的影响，我们又作了除草膜对后作小麦出苗影响的试验。设除草膜、普通地膜及露地播种三种处理，于当年8月5日及9日两批揭膜播种小麦。8月22日调查，5日播种的除草膜、普通地膜、露地播种三处处理的小麦出苗率分别为74.5%、70%、63.5%；9日播种的出苗率分别为80.5%、77.1%、80%。说明除草膜棉田土壤中残留的除草剂，对小麦出苗无不良影响。

三、小结

除草膜中的扑草净除草剂，除草效能好，毒性很低；故除草膜既能有效地防除杂草，促进棉花的生长发育，提高棉花产量，又不影响下茬作物的出苗生长，故可扩大示范应用。

【思考与练习】

一、这篇总结的开头段写得十分简要，与全文内容联系紧密，试做具体分析。

二、科学实验总结必须完全忠实于客观材料，忠实于实验得出的结果，但在写法上又不能单纯地罗列数据，而要对材料进行认真的整理分析，概括归纳，得出令人信服的结论。因此，归纳证明是这类总结最常用的方法，试分析本文是怎样运用这种方法的。

三、科学实验总结的结论，应回答（或部分回答）试验所要解决的问题，试说说这篇总结的结论与试验目的是如何照应的。

【例文三】

我的自学经验[①]

赵景深

阅读提示

这篇小结用漫谈的形式，把自己的实践和学习体会介绍出来，观点鲜明，内容集中，层次间联系紧密，阅读中注意学习作者的自学经验和这类小结的写法。

我从1930年28岁时起，就在复旦任中文系教授。几十年间，我开设过小说、戏曲、语言、民间文学等方面的几十门课程，也写过各种各样的书几十本，其中有小说、诗歌、散文、文艺理论、戏曲、翻译等各个门类，被人家当作专家、权威，以为我一定是什么名牌大学毕业的或是留过学，吃过洋面包的。实际上，我的最高学历只是读了两年棉业专门学校，只能算个大专"文化程度"。我的学问都是靠自学得来的。这里只谈谈我在中文自学方面的一些经验体会。

自学要有勤奋和苦干的精神。我在小学的时候，就喜欢苦读和勤写。别的小孩子放学后一有空，就到街头弄堂口去滚铜钱、打弹子，我从不参加，只是坐在桌旁看书写东西。1923年，我21岁，到长沙岳云中学教国文，教的是旧制中学三年级，但是很多东西我也没有学过。无法可想，只好"逼上梁山"临时从头

[①] 选自全国中专语文试用教材（应用文）。作者姓名为本书编者后补。

自学,"现炒现卖"。幸好当时我每周只有6节课,自学的时间较多,学校中的条件也比较好。房间宽敞,环境幽静,特别适宜于读书。别的老师上过课以后,或者出去游玩,或者散步聊天,只有我总是躲在房间里拼命读书。同事们问我:"你怎么这样用功,不想出去玩玩呢?"我只好报以苦笑。当时我为了生活,硬着头皮来当国文教员,而腹内空空如也,不努力读书,拿什么给学生呢?所以,我的勤奋和苦干在开始的时候,完全是"逼"出来的,后来,倒也习以为常了,觉得一天不读书,不做事,白白浪费时间很可惜,这时,大概已到了"自觉"的阶段了。

要有好的教师和好的方法。自学最苦的是找不到理想的老师。我当时教中学,觉得自己应该有一点经史子集方面的常识。要读这方面的范文,最好当然是去找几位老师来辅导。现在的青年也许有条件,但我当时不但没有条件,而且也不敢这么想。我的老师就是书本。记得我当时找的"书本老师",子书是《诸子菁华录》以及胡适的《中国哲学史大纲》(上册),集部的是谢无量的《中国大文学史》和曾毅的《中国文学史》。范文则有商务印书馆的《国文评注读本》和《古文评论补正》以及文明书局的《秦汉三国文评注读本》、《南北朝文评注读本》、《唐文评注读本》、《宋元明文评注读本》、《清文评注读本》,史部的就是《史记菁华录》,等等。限于条件,不能读整部的书,只读《菁华录》。要速成,不得不如此。当然,时代不同了,我当时读的书目,今天不值得大家重读,现在可读的好书要多得多了。

对这些书,我的方法是精读,我每天总要读几篇。读的时候,就像准备考试一样认真。不但注重字义,也要注重字音,一个字的意思也不能轻轻放过,一个字的读音也不能含糊过去,一定要逐个交代,把意思和读音弄得像水一样的清澈,才算罢休。一遍不行,就看二三遍或更多。我认为,在打基础的时候,读书不在多,而在精,要融会贯通。打好了底子,再学其他的书,面就可以更广了。中文方面要学的书很多,即使读大学的人,完全靠先生也是不够的,也要靠自学,自学的"诀窍"就在于坚持不懈。假如每天读三十分钟,每年就可以读很多书。一日不多,百日就多,日积月累,全在有恒。俗话说:"天下无难事,只怕有心人"。自学也是如此。

  自学中文,还要边学边练,就是边读边练习写作。在小学的时候,我就喜欢涂抹,有时模仿"商务"的《少年杂志》,自行出版一种手抄的《少年界》,我把它称为"肉版"刊物;有时我还模仿《西游记》、《说岳全传》等,写作《后西游记》、《后岳传》之类;有时我还编报和拟广告等等。我在天津棉业专门学校读书时,就有点"不安本分",把许多时间用来翻译和写作,每月要写三四万字。这些事很吃力,但我尝到了写作的趣味,得到写作的锻炼,巩固了学到的语言、文字、文法、修辞等方面的知识。写作要有自己的心得,题目或范围愈小愈好,这样才可以精深,与其博大而无新见,不如精深而有心得。以后,我写书,都是围绕一个题目去尽可能地博览群书,从中收集有用的资料。这实际上也是一种自学。从某个意义上说,人的一生都是在自学,都要自学,一切没有机会上高等学校的青年,只要自己努力不懈,认准一个目标,总是可以做出自己的贡献的。

【思考与练习】

  一、作者原是一位大专毕业生,由于"自己努力不懈,认准一个目标",终于在治学上取得显著成就,为国家做出了自己的贡献。作者的经验是什么?你读本文之后,有什么感受?

  二、这篇自学经验的介绍,虽用漫谈形式,但层次联系紧密,试给文章划分层次,并概括各层的内容提要和全文的中心思想。

第五节 调查报告

调查报告是根据一定的目的,对某一情况、问题、经验进行系统周密的调查研究后写出的书面报告。系统周密的调查,客观深入的研究,准确完善的表达,是写好调查报告的三个环节。调查研究是报告的基础,报告是调查的反映。

调查报告反映的对象较为广泛,对人们的社会实践有重要的指导作用。概括来说,一是反映情况,总结经验,提示问题,使人们提高认识、掌握规律;二是为领导机关制定政策、措施提供依据。

一、调查报告的特点

调查报告从指导工作着眼,为直接解决工作上的问题服务,它主要通过对丰富的事实材料的概括叙述,分析说明,来表达倾向,引出观点,总结规律。它虽然以叙述为基础,但不像记叙文那样要求形象生动,情节完整,富于感染力;它虽然要分析综合,观点鲜明,以理服人,但不像议论文那样,通过组织论据,进行论证,来阐明观点。

概括来说,调查报告有以下三个特点,是我们在写作时应予注意的。

(一)指导性

调查报告的任务不光是反映客观现实,更重要的是为人们变革现实提供依据和借鉴。它往往是根据党和国家的有关方针、政策,对大量调查材料进行分析和综合,概括出可行的经验和办法并加以推广。因此,要写好调查报告就必须认真学习、掌握党和国家的有关方针政策,不断提高自己的政策水平。

(二)报道性

调查报告要用大量的事实作依据,通过对事实做系统的阐述和本质的分析,及时地反映客观规律。写作时,不要写得像通讯、特写,也不要写成议论文。

(三) 典型性

调查报告的材料必须是典型的,以便从中探索事物的发展规律,寻求解决矛盾的办法,以点带面,给全局的工作提供借鉴。因此,写调查报告时就要考虑,写这篇调查报告的目的是什么?这篇调查报告是否具有典型意义?在现实生活中将起什么作用?

二、调查报告的种类和格式

调查报告可以从不同角度分出许多种类,从内容上分,有反映情况,总结经验,研究问题三种。

(一) 反映情况的调查报告

它是通过比较全面的调查,及时反映现实社会中出现的新情况、新问题,目的是供上级机关或有关部门参考,作为贯彻政策、制定措施的依据。这种调查报告要综合基本情况,进行分析研究,提出明确的观点,使人们正确认识不断发展变化的情况或出现的问题,便于采取切实可行的解决办法。如【例文一】就是这样的调查报告。它综合反映了改革开放中,影响企业发展的一些新问题,起到反映社会舆论,敦促有关部门解决问题的作用。

(二) 总结经验的调查报告

这种调查报告,目的是为贯彻执行党和国家的方针政策提供具体的经验和办法,因而具有普遍的指导意义。它不能只介绍一般的工作过程和业务情况,而要从事物发展的全过程中找出规律性的东西,加以阐发。例如【例文一】通过反映企业负担过重的问题,表明要企业生存、发展,就必须立法,解决企业负担过重的问题。【例文二】告诉人们,一个地区经济要发展,首先要解决好领导班子。

（三）研究问题的调查报告

这类调查报告侧重于对现实生活中出现的新问题、新情况的调查研究，从中探讨、揭示事物发展的规律，借以研究典型，指导一般，它直接为领导机关制定解决某一问题的政策、措施提供依据或参考，具有很强的针对性。【例文二】这篇调查报告，就对同一地区 200 个村经济发展速度的不同做了调查、研究、分析、比较，找出五条原因，"这就对如何发展农村商品经济，做到心中有数"（万里同志评本篇调查报告语），从而用先进地区的经验去推动落后地区的工作。

调查报告是各行各业工作中经常使用的文体之一，内容十分广泛。我们在这里介绍的仅仅是常见的几种。调查报告在格式上没有固定的要求，一般包括以下几个部分。

(1) 标题。标题一般有正题和副题。正题往往点出调查的内容，例如《广州水产市场是怎样搞活的》；也可以揭示主旨，例如《不要让子孙后代埋怨我们》。副题表明调查地点及调查内容，例如"——关于北京河流污染情况的调查"。

(2) 前言。前言的写法灵活多样，可以交代调查的时间、地点、对象、范围、目的，点明基本观点，例如【例文二】；可以概括介绍调查对象的基本情况或基本经验，例如【例文二】；可以概述主要问题，以引出下文，例如【例文一】。

(3) 主体。主体是调查报告的主干，主要写调查的事实和基本经验。一般是先叙述情况，介绍所调查的事物的发生、发展、变化的过程及存在问题，再进行分析研究，从中找出主要矛盾，引出规律，最后得出结论。

主体在结构安排上也较为灵活，可以将调查材料按性质归类，分几个问题来写；可以用对比方法来介绍调查对象，在对比中揭示经验或教训；也可以先摆出调查中了解到的情况，然后进一步分析原则，最后对问题做出结论或对解决问题提出建议。

(4) 结尾。结尾是调查报告分析问题、解决问题的必然结果。写法上有的点明全篇主旨,有的指出问题或展望远景,有的指出方向或提出希望。如果在主体部分已把话说完,就不单独写结尾部分。

三、写调查报告的基本要求

(一) 深入调查,广泛占有材料

调查研究是我们正确认识事物的一种科学方法,也是我们占有材料写好调查报告的先决条件。要做好调查,必须注意:

(1) 从现实需要出发,选好调查题目,明确目的,确定调查对象,拟出调查纲目,制定必要的调查表格。纲目和表格的内容包括:调查的课题,调查的对象,调查的重点和项目等等。

(2) 运用各种调查方法,如开调查会,个别访问,实地考察,调阅档案等书面材料,以及灵活利用调查收集的材料,利用电子计算机等现代化调查手段等。

(3) 多方面占有丰富的材料是写好调查报告的基础,收集材料时要注意材料的真实性、典型性;注意材料的广度和深度。

(二) 认真分析研究,找出规律性的东西

调查研究是一个整体,把调查得来的东西,加以分析综合,上升到理论,就是研究。对材料的研究要在正确的思想指导下,用科学的方法,经过"去粗取精,去伪存真,由此及彼,由表及里"的过程,分清现象与本质,主流与支流,成绩与缺点,主要矛盾与次要矛盾等,并从事物表现的各个方面中,从事物发展的不同阶段中,找出起支配作用的、本质的东西。

(三) 用事实说话,做到观点与材料统一

调查报告主要靠事实反映客观情况,说明问题的实质;用材料说明观点,做到观点从材料中来,观点与材料统一。在写法上,要具体,不要空洞;要有点有面,不要笼统浮泛、以偏概全;要有叙有议,有综合有分析,不要罗列现象,或只发议论。

【例文一】

关于企业负担过重问题的调查
甘肃省酒泉地区供销社　樊守智

去年1月～11月份,我区供销社系统共完成商品销售额19 478万元,比上年同期增长17.33%,而实现利润比上年同期下降4.85%,亏损单位和亏损金额也分别比上年同期增长2倍和69%。造成效益滑坡的原因是多方面的,既有企业管理上的问题,也有外部环境的影响。而费税增加,企业负担过重,也是一个重要因素。据我们最近对酒泉市和金塔县供销社部分企业的初步调查,目前各种名目繁多的费用已使企业处于无法承受的地步。

一是有关部门的各种收费项目繁多。据统计,去年以来新增加的支出项目有:教育集资、控购商品附加费、银行资金验证费、银行信用证评定费、土地勘丈费、土地登记费、税务登记证费、营业执照费、彩电专营证费、烟草专卖证费、酒类专卖费、爆炸商品经营许可证费、卫生许可证费、音像专营证费、营业人员健康证费、法人合格证费、计量合格证费、兽医合格证费、环境监测费、食品费、门前"三包"费、卫生费、档案登记费、汽车交易费以及火车站防火罩租用费等,共达27种之多。收费的部门涉及财政、税务、银行、工商、土地、烟草专卖、酒类专卖、防疫、文化、计量、环保、城建、档案、公安、铁路等15家。不少部门只管收费,不向企业发文件,过期就要罚款,弄得企业不知所措,只好谁要钱就得赶快支付。虽然钱交了,但许多项目的收费是哪一级规定的,收费标准如何,至今也搞不清楚。

二是收费标准普遍提高，范围不断扩大，如营业执照，过去是每个基层供销社办1份，现在要求每个门市部、分销店和代销店都要办1份。金塔县鼎新供销社光是营业执照就"办理了17份"，每份的收费标准由50元提高到330元（不包括营业执照登记费、公告费和工本费）。又如酒泉火车站从去年10月份起，规定载重汽车进货场每个车次收取防火罩租用费3元，仅酒泉综合贸易公司一家已支付7 200元。有的费用标准也不一样，如彩电专营证费，金塔县工业品公司支付217元，鼎新供销社支付310元。

由于有关部门收费项目日益增多，收费标准不断提高，收费范围逐渐扩大，八方伸手，都向企业要钱，使企业的处境很艰难。以金塔县鼎新供销社为例，仅去年1月～11月已经列支的项目计有：营业执照等13种，支出总金额达11 978元，占同期费用总额的8.3%，而该社当年度利润仅4.9万元。

再以酒泉综合贸易公司为例，去年列支的项目计有：银行资金验证费等15种，支出总额合计为12 587.66元。

以上列举的27种仅是各管理部门收费的款项，至于各项直接费用的增加也很突出。例如银行借款利率升高，运杂费和其他社会劳务费收费标准的普遍提高，都使企业难以承受负担。由此可见，制止滥收费，乱提价，减轻企业负担，确实到了非解决不可的时候了。

【例文二】

同一地区的农村经济为什么发展有快有慢？
——廊坊市郊区二百个村的调查①

阅读提示

这是一篇着重研究问题的调查报告，通过对经济发展速度不同的两类典型的调查、分析、比较，揭示农村经济发展的客观规律。文章的材料剪裁精当，丰富而不繁杂，既有广阔的覆盖面，又有典型具体的事例、确凿的数据。通篇用事实说理，以精炼的概括性语言在段首表明段意，有些还用序数标明段落次序，显出清晰的条理性和严密的逻辑性。

最近几年，河北省廊坊市郊区村庄的经济发展有快有慢，拉大了距离。发展快的村人均收入已达千元，慢的只有一二百元，甚至更低。为了弄清原因，实行分类指导，市委办公室组织了近百名干部，对经济发展快的100个村和经济发展慢的100个村进行了调查比较，这200个村庄，有以下几个方面的区别：

经济结构不同。发展快的百村，1983年工副业收入占工农业总收入的42.1%，发展慢的百村只占19.8%，比发展快的百村低22.3%。

劳动结构不同。发展快的百村，务工经商搞服务的劳力占劳力总数的57.1%，发展慢的百村只占21.8%，比发展快的百村低35.3%。

产业结构不同。发展快的百村，大都是农、林、牧、副、

---

① 选自1984年12月15日《人民日报》。编入这本书时，略有改动。

工、商、运、建、服务"十个轮子"一齐转;发展慢的百村,多是较单一地从事种养业。

经济发展速度不同。发展快的百村,1980年—1983年工农业总产值平均递增23.4%,比全市平均速度高7.8%;发展慢的百村递增速度是12.8%,比全市平均速度低2.8%。

群众生活水平不同。发展快的百村,1983年人均收入492元,最高的人均千元以上;发展慢的百村人均收入268元,最低的只有几十元。

为什么拉开了这样的差距?分析起来主要有以下五个不一样:

(一)领导班子的状况不一样。发展快的百村,主要干部有278名,平均年龄42.3岁,比全市农村干部平均年龄低一岁半,其中40岁以下的148人,占干部总数的53%;初中以上文化的134人,占总数的48.2%。他们的思想比较解放,视野比较开阔,敢于开拓。发展慢的百村,264名主要干部平均年龄44.7岁,还有32个村没有初中以上文化水平的,他们中的部分人,至今仍怕"政策变",不敢大胆抓商品生产。

(二)发展乡镇企业的劲头不一样。发展快的百村中有72个村走的是"农业保驾、工业发家"的新路子。这些村办企业是村、联户、个体一齐上,因此发展很快。现已办各类企业4 400多个。今年工副业总收入可达4 000万元,占工农业总收入的58%。他们深有体会地说:农业是"饭碗",搞好了解决温饱问题;副业是"菜篮",搞好了能改善生活;工业是个"钱口袋",搞好了才能真正富起来。

发展慢的百村中,没有村办和联户办企业的"白点村"有41个,1983年企业收入占总收入不足30%的有59个。这些村的乡镇企业为什么这样不景气?除资金、人才、门路等方面存在一些实际困难之外,主要是思想认识有问题。一是满足于手里有些余钱剩米；二是认为工业"玄"，发展乡镇企业怕鸡飞蛋打；三是因为过去批判资本主义时挨过整，或因盲目上马摔过跤，"一朝被蛇咬，十年怕井绳"。

（三）对智力开发的认识和态度不一样。发展快的百村，光从京、津等地请进的技术人才就有近百名，并采取师傅带徒弟的办法，为本地培养技术人员326名。靠这些人，办企业87个，今年新增产值960万元。

发展慢的百村，只有13个村引进外地人才一共11名，其余87个村在引进人才上是"白点村"。

（四）优势发挥得不一样。发展快的百村中，9个村靠城吃城。发展以城市为依托的工商服务业；4个村发挥资源优势，利用荒废土地烧砖制瓦；38个村发挥资金优势，集资办厂，以钱生财。由于各自的优势发挥得好，近百村中有67个成为以一业为主的专业村。

发展慢的百村，不是没有优势，而是没有利用优势。例如24个村的重荒重碱地和坑塘4 600亩，至今利用起来的还不到1 000亩；35个村农民有存款200多万元，未用来兴办各业。

（五）流通领域的状况大不一样。发展快的百村，大胆组织农民进入流通领域。百村共有运输专业户812户，村均8户，拥有汽车63辆，各类拖拉机430多台，大车300多辆；还有推销员、业务员3 200多名。1983年，这些村的推销人员推销了1.2亿元的工业品和农副产品。

发展慢的百村，运输专业户比发展快的百村少一半。推销业务人员不到发展快的百村的六分之一。

在调查分析的基础上，廊坊市委、市政府正认真总结发展快的村的经验，研究帮助发展慢的村加快发展速度，以促进农村经济全面高速发展。

（摘自廊坊市委办公室的调查报告）

【思考与练习】

一、应用文一般采用事务语体，表现在：(1) 大量使用通用词，并根据内容涉及的不同领域，使用术语、行业语，不用语气词、感叹词和富于描绘性、形象性的词语；(2) 句型比较单一，多用陈述句，而极少用疑问句，排斥倒装句、省略句；(3) 用序数对段落或句子进行数序排列，显示出清晰的条理；(4) 用括号把需要说明的意思插在句子中，并不构成独立成分。按以上提示，从例文中举出例子说明。

二、细读下面的材料，按要求完成作业。

1. 给文章拟出标题，填在括号里。

2. 文章的开头、结尾各写了什么，起了什么作用？主体部分四个大段该按怎样的顺序排列，把排列序号填在大段前的括号里。

3. 概括出主体各大段的观点，拟写小标题，分别填在各大段前面的横线上。

文章标题：（　　　　　　）

最近，我在北京市调查了1967年出生的108名优秀学生和106名同龄的失足学生的情况，分析比较了他们思想的发展的过程及规律之后，我认为：不同的家庭教育对他们现存的思想差异和两极分化起着相当大的影响作用。主要表现为：

（　　）————————————

开放改革的社会环境给家庭教育带来了一些新情况。在这一问题上，家长的认识不同，结果也不同。失足学生的家长多是采取两种极端的做法，或者看不到出现的新情况和可能产生的问题，对孩子放任不管；或是想把孩子锁在家里，力图保持一个封闭的教育环境，以防止其受不良影响。结果这两种方法都不能奏效。

优秀学生的家长总是和孩子共同探讨开放改革遇到的新问题，帮助孩子鉴别是非，引导孩子正确理解党的政策，鼓励孩子参加社会活动开阔视野，支持孩子进行有益的社会交往。

( ) ————

失足学生的家长主要使用的教育方法是："严管"——不听就打；或是无力的说教，孩子非常反感，抵触情绪很大。

优秀学生的家长比较注意家庭的民主气氛，以自己的模范行动言传身教，对孩子以表扬鼓励为主，并有针对性地开展批评教育，教育方法比较灵活。

( ) ————

失足学生的家庭有63%是教育孩子"向钱看"，"学习对自己有用的技术"，"找个好工作"等等，完全是出自个人利益的目标。有13%的家庭只要求自己的孩子"不惹事"、"老实学好"、"不偷"、"当个普通人"，提出的是消极的低层次目标。11%的家庭能提出做人朴实、听话、尊敬人等一般的道德要求。只有13%的家庭教育孩子诚实正直，长大为祖国、为人民服务。

相比之下，60%的优秀学生家庭教育孩子有理想，做正直的人，要从小热爱党，热爱人民，关心他人，引导孩子追求高层次的做人目标。其余40%的家庭也以勤劳、朴实、努力学习、讲礼貌等作为教育孩子的基础。

( ) ————

失足学生的家长往往走极端：一种是把孩子完全推给学校，认为教育孩子是学校的事，放弃了家长的职责；另一种是不及时与学校老师交换情况，袒护孩子的缺点错误，不支持老师工作。

优秀学生的家长则十分重视家庭教育与学校教育的配合，经常找老师交换孩子的情况，听取老师的意见，配合老师开展教育工作。

根据以上分析，可以看出一个学生成长为优秀学生或是沦为失足学生，与家庭教育的相关程度非常密切。特别是优秀学生家长中党员多、高中以上文化水平多、干部及知识分子多；而失足学生家庭中党员少、高中以上文化水平少、干部及知识分子少。这种家长素质方面三多三少的现象，不能不引起广大家长的高度重视。人们常说，种瓜得瓜，种豆得豆。在家庭教育中，这可算是再恰当不过的比喻了。希望广大"望子成龙"的家长记住这个道理。

三、从下列题目中选择一题，参照提示的调查内容，拟出调查提纲，在广泛或抽样调查的基础上，对材料做整理分析，写出调查报告。

调查参考题目：

1. 本校（本班）同学消费情况调查（每月支出金额、项目，可分若干个档次进行调查）。

2. 本校（本班）同学课外阅读趋向调查（如书籍、刊物分类、占用时间、兴趣爱好等）。

3. 本校（本班）同学业余爱好调查（可从爱好项目分类，也可从爱好类型分类）。

4. 本班同学对各门学科的学习兴趣、成绩情况调查。

5. 如果本校有在职干部学习班，可向学员调查业务单位对中专毕业生素质的要求。可分若干项目：思想与专业（可分专业强于思想；思想强于专业；思想、专业均一般）、思维类型（可分"有主见"，但不大"听话"；埋头苦干，但缺乏主见；思维、能力均一般）、专业需要（根据本校设置专业列项）等。

6. 调查在同学中引起强烈反响的现实生活中的问题。

第六节 会议记录

一、概述

会议记录是在开会过程中,由专门记录人员把会议的基本情况、研究和讨论的问题、报告和发言的内容、形成的决议和各方面的意见如实记录下来的公文。会议记录是有关会议情况的笔录,是了解会议情况的原始凭证。

会议记录适用于一切会议,只要是正式开会,不论是什么性质的,也不论是什么规模的,都可以做会议记录。但一般多用于比较重要的正式会议,它要求真实地反映会议的面貌。

二、会议记录的格式、内容和写法

会议记录一般分为两部分:

第一部分,会议的基本情况,包括会议的标题、召集部门、时间、地点、出席人、缺席人、列席人、主持人和记录人等。这部分最好在会议正式开始前写好。

标题,即会议的名称,一般由单位名称、会议事由加上"记录"构成,如"××区职教中心全体教研员会会议记录"。

召集部门。召集部门要写明召集会议的单位或机构名称。

时间,即开会时间,如"××××年×月×日×时到×时"。

地点。要写清楚具体地点,如"×会议室"。必要时还要注明所在地址。如:"朝阳区教研中心语文教研室(地址:朝阳区东大桥三角地)"。

出席人。出席人少,要写清楚出席者的姓名、职务;出席人多,可以只写出席人数。重要的会议,为了便于统计人数和日后查考,可另设签到簿,请出席人签署姓名,填写单位、职务、职称等情况。

缺席人。缺席者不多,要写上缺席者的姓名,并注明缺席的原因;缺席人较多,原因又一时难以查清,可只写缺席人数。

列席人,即不属于本次会议的正式成员,但与会议有关的各方面人员。一般要写清列席人员的单位、职称和职务。

主持人。写明主持人的姓名、职务。

记录人。写上记录者的姓名,有几个写几个,必要时注明其职务,以示对所记录的内容负责。

第一部分可印成表格,会前将各项内容填好。

第二部分,会议内容。这是记录的主体。它包括主持人讲话、报告或传达,与会者发言、讨论情况,会议决议等。这一部分是了解会议意图的主要依据,是会议成果的综合反映,是日后备查的重要部分,要着重记录。

【例文】

中国大酒店高级行政会会议记录

日期:1985年7月15日(星期一)

时间:上午10时

出席者:卜格先生　郭·托马斯先生　Q·Z·刘先生
　　　　卢鸿炳先生　元查理先生　李乔治先生
　　　　陈力其先生　冯罗奇先生　何丰其先生

办公:何威廉先生请假:S·Y·梁先生

复印本发至:行政经理及主任

讨论事项

1. 关于电话号码

从7月21日零时起,酒店电话号码改为666888,物业部改为663388。

对此改变，应发信通知酒店及物业部住客。同时，关于住客在办公室所遇到的空调设施的问题，亦应写信解释。

关于广州地区改电话号码，亦将在报纸公布。刘、卢建议，在收集了其他酒店有关这方面的情况后，中国大酒店将出台适当款项（此事由刘先生、卢先生督办）。

2. 传真机直拨电话线

请何先生催办申请在商务中心安装直拨电话事宜。

3. 车队服务

接送美国电报电话公司客人往返广州、深圳的单据扣留，以待下一步指示；并请何先生查找一位在客人面前说话有不当之处的员工。

4. 接收函件之回复

所有人员应记取，从商业礼貌及我酒店的既定方针来说，所有收到函件都应立即回复，而详情可在事后说明。

5. 公寓住户投诉

由李先生负责处理公寓住客关于空调机运转不良问题之投诉；由于空调机的备用部件要由香港供应，因而应与香港建立信用关系，以便在急需要时亦能迅速供货（此事由冯先生督办）。如备用部件由其他地方供应，亦应由香港采购部跟办，以免延误。

6. 保安问题

建议在东方商场前设岗哨，这有助于中国大酒店、东方宾馆、体育馆及交易会的保安防范。可以在上午 10 时～深夜 12 时设岗。

每月的保安费用，由以上四个单位分担。卜格指出，此种安排，应以 6 个月为期的试验性质为基础（此事由卢督办）。

7. 关于不请自来的女人问题

应安排高级保安人员于关键时刻即晚 8～10 时在大堂值班，

以防止不请自来的女人闯入。

8. 高级员工饭堂

从7月16日开始,管理实习生及部门主管可减级在此饭堂用膳。如要在餐厅用膳,则应事先征得部门主管同意。

9. 贵宾待遇

贵宾待遇事宜在会上提出并通过;并请何先生准备好有关政策程序,以便执行。

10. 高级行政人员假期

高级行政人员休假表,应知会前台。

会议在上午11:05时结束。

(中国大酒店副总经理卢鸿炳先生提供)

会议记录往往反映出该单位领导的水平,到会人的素质以及工作效率的高低。《中国大酒店高级行政会会议记录》简明扼要,中心突出,集中反映了酒店重视解决的几个根本问题,如十分重视客人的投诉,总经理亲自过问,主持会议解决,使酒店服务不断完善;十分注意员工礼貌,用良好的服务态度留住顾客;十分重视社会问题对酒店的影响,把酒店办成中国式的而不是资本主义式的;十分重视员工的福利工作等。

记录主要有两种方法,一是摘录要点法,即在原意不变的前提下,只记发言要点和决定事项,如上例;二是详细记录法,即尽量记录原话,把发言全部记下来。还有的是两种记录方法交错使用。究竟采取哪种,应视实际情况而定。

【思考与练习】

一、会议记录的写法有哪几种?各应怎样写?

二、学校或班级开会时,写一篇会议记录。

第七节 规章制度

一、规章制度的性质和作用

规章制度是国家机关、社会团体、企事业单位,为了建立正常的工作、劳动、学习、生活的秩序,依照我国法律、法令、政策而制订的、具有法规性或指导性与约束力的应用文,是各种行政法规、章程、制度、公约的总称。

规章制度的使用范围极为广泛,大至国家机关、社会团体,各个行业、系统,小至单位、部门、班组。它是国家法律、法令、政策的具体化,是人们行动的准则和依据。因此,规章制度对社会经济、科学技术、文化教育事业的发展,对社会公共秩序的维护,有着十分重要的作用。建立和健全规章制度,有利于明确职责,协调工作,统一步伐,严格组织纪律,建立和维护正常秩序;有利于约束行为,规范道德,使社会成员得到教育和自我教育,增强文明建设;有利于企业加强经营管理,保证产品质量,提高服务质量,取得更大的社会效益。

党的十一届三中全会的决议指出:"社会主义现代化建设需要集中统一领导,需要严格执行规章制度和劳动纪律",特别强调了执行规章制度的必要性和重要性。国务院办公厅于1987年4月21日发布《行政法规制定程序暂行条例》,对"条例"、"规定"、"办法"的制定程序做了明确的规定。

二、规章制度的种类和内容

规章制度包括行政法规、章程、制度、公约四大类。不同的类别,反映不同的需要,适用于不同的范围,起着不同的作用。(详见下表)。

表 4-1 规章制度种类表

类别	文种	内容和作用	制发者	举例
行政法规类①	条例	对某一个方面的行政工作做比较全面、系统的规定,具有法律性质的文件	国家最高权力机关、最高行政机关(国务院各部门和地方人民政府制定的规章不得称"条例")	《中华人民共和国道路交通管理条例》《中华人民共和国居民身份证条例》
	规定	对某一项行政工作部分的规定,是法律、政策、方针的具体化形式,处理问题的法则	国务院各部委、各级人民政府及所属机关	国家语言文字工作委员会等七部门《关于出版物上数字用法的试行规定》
	办法	对某一项行政工作做比较具体的规定,包括处理某些问题的具体方法、标准	同上	《广东省普及九年制义务教育实施办法》
	细则	对实施"条例"、"规定"、"办法"做详细、具体或补充的规定,对贯彻方针、政策起具体说明和指导的作用	同上	国家外汇管理局公布的《审批个人外汇申请实施细则》是贯彻《中华人民共和国外汇管理暂行条例》有关条款而制订的详细规定
章程	章程	政党或社会团体用以说明该组织的宗旨、性质、组织原则、机构设置、职责范围等的纲领性文件,具有准则性与约束性的作用	政党、社会团体	《中国共产主义青年团章程》

---

① 本部分内容根据国务院办公厅 1987 年 4 月 21 日发布的《行政法规制定程序暂行条例》的有关规定编写。

续表 4-1

类别	文种	内容和作用	制发者	举 例
制度①	制度	有关单位和部门制定要求所属人员共同遵守的准则。	机关团体、企事业单位及其部门	《石油码头管理制度》、《安全生产制度》
	规则	有关部门为维护劳动纪律和公共利益而制订的要求大家遵守的条规。	同上	《××图书馆借书规则》
	规程	生产单位或科研机构，为了保证质量，使工作、试验、生产按程序进行而制订的一些具体规定。	同上	《××型电子计算机操作规程》
	守则	机关团体、企事业单位要求其成员遵守的行为准则。	同上	《全国职工守则》《汽车驾驶员守则》
	须知	有关单位、部门为了维护正常秩序，搞好某项具体活动，完成某项工作而制订的具有指导性、规定性的守则。	有关单位、部门	《观众须知》《参加演讲辩论会须知》
公约	公约	人民群众或团体经协商决议而订出的共同遵守的准则，对参加协议者有约束力。	人民群众、团体	《首都人民文明公约》《××街卫生公约》

---

① 制度也可以作为规则、守则、规程、须知等的总称，可分两类，一类偏重于对工作的要求，如规则、规程、制度等；一类偏重于工作职守，如守则、准则、规范等。

三、规章制度的格式和写法

根据《行政法规制定程序暂行条例》的规定,"行政法规的内容用条文表达,每条可分为款、项、目,款不冠数字,项和目冠数字。法规条文较多的,可以分章,章下还可以分节。整个法规应该结构严谨,条理清楚,用词准确,文字简明"。这既是对行政法规写作的要求,又适用于各种规章制度的写作。规章制度的一般格式如下:

(一)标题

标题应标明制发机关单位名称、内容和文种名称,如《国务院关于风景名胜区管理暂行条例》。有的只标明内容和文种,如《会计人员职权条例》,机关内部使用的规章制度大都使用这种标题。有的标明制发单位和文种,如规章。如果制定的规章制度是草案或暂行、试行的,则可以在标题内写明。

(二)正文

正文内容多的分为总则、分则、附则。每一部分均可按内容的多少分列若干章节或若干条款。内容少的则不分章节。

总则:可用概述或条文式来表明订立这种规章制度的目的、要求、原则和适用范围;一般制度,往往就一个自然段,段末常用"特制定本办法(规定)"等习惯用语。

分则:这是规章制度的主要内容,也就是要求遵守的事项,要分条具体写明。

附则:写规章制度施行的要求和注意事项,例如它的适用范围、解释权限、生效日期等。

(三)具名和日期

制定和发布规章制度的机关单位名称,如果已在标题中出现,或者已在标题下面注明,就不再具名,日期也同样。由上级机关随公文发送的规章制度,也不具名。

四、制定规章制度的要求

（1）制定规章制度，应当遵循下列原则：①坚持四项基本原则，为改革、开放和搞活社会主义现代化建设服务。②符合宪法和法律，符合党和国家的路线、方针、政策。③从实际出发，实事求是。④贯彻民主集中制，充分发扬民主。

（2）要明确制订的权限。规章制度的制订有明确的权限规定。中央、国务院制订全国性的行政法规。国务院各部、委以及省、市、自治区一级根据中央的方针、政策制订一些部门性、地方性的行政法规。其他机关团体、企事业单位根据自己的实际情况制订本部门、本单位的规章制度。要注意不能超越权限、越级制订，同时也要注意不能同上级已制订的有关规章相抵触。

（3）在写法上，内容要完备规范，切实可行；篇章要条理清楚，款项分明；文字要简练准确，明白无误。对规定的事项，要求做什么，不准做什么，语气要肯定，行文要概括、周密、通俗易懂，便于记忆，要使人明白"必须这样做，不许那样做"。

例文四篇

阅读提示

本单元的四篇例文，性质不同、作用不同、文种也不同。但都用条文式，内容完备规范，条规具体明确，文字准确周密。【例文二】着重从"应该怎样""不应该怎样"来要求人们，简明扼要，切合实际；【例文四】具有规范道德，促进精神文明建设的作用。由于规章制度适用对象的面广，包容的意思比较多，而篇幅又不宜长，所以必须运用高度概括的语言，用整齐对称的句式，使人易于记忆。阅读时注意比较。

【例文一】

中华人民共和国国家标准
GB/T 15835—1995

出版物上数字用法的规定

General rules for writing numerals in publications

1 范围

本标准规定了出版物在涉及数字（表示时间、长度、质量、面积、容积等值和数字代码）时使用汉字和阿拉伯数字的体例。

本标准适用于各级新闻报刊、普及性读物和专业性社会人文科学出版物。

自然科学和工程技术出版物亦应使用本标准，并可制定专业性细则。

本标准不适用于文学书刊和重排古籍。

2 引用标准

下列标准所包含的条文，通过在本标准中引用而构成为本标准的条文。本标准出版时，所示版本均为有效。所有标准都会被修订，使用本标准的各方应探讨使用下列标准最新版本的可能性。

GB/T 7408—94　数据元和交换的格式　信息交换　日期和时间表示法

GB 3100—93　国际单位制及其应用

GB 3101—93　有关量、单位和符号的一般原则

GB 7713—87　科学技术报告、学位论文和学术论文的编写格式

GB 8170—87 数值修约规则

3 定义

本标准采用下列定义。

物理量 physical quantity

用于定量地描述物理现象的量,即科学技术领域里使用的表示长度、质量、时间、电流、热力学温度、物质的量和发光强度的量。使用的单位应是法定计量单位。

非物理量 non-physical quantity

日常生活中使用的量,使用的是一般量词。如30元、45元、67根等。

4 一般原则

4.1 使用阿拉伯数字或是汉字数字,有的情形选择是惟一而确定的。

4.1.1 统计表中的数值,如正负整数、小数、百分比、分数、比例等,必须使用阿拉伯数字。

示例: 48　302　-125.03　34.05%　63%~68%　1/4　2/5　1:500

4.1.2 定型的词、词组、成语、惯用语、缩略语或具有修辞色彩的词语中作为语素的数字,必须使用汉字。

示例: 一律　一方面　十滴水　二倍体　三叶虫　星期五　四氧化三铁　一〇五九(农药内吸磷)　八国联军　二〇九师　二万五千里长征　四书五经　五四运动　九三学社　十月十七日同盟　路易十六　十月革命　"八五"计划　五省一市　五局三胜制　二八年华　二十挂零　零点方案　零岁教育　白发三千丈　七上八下　不管三七二十一　相差十万八千里　第一书记　第二轻工业局　一机部三所　第三季度　第四方面军　十三届四中全会

4.2 使用阿拉伯数字或是汉字数字,有的情形,如年月日、物理量、非物理量、代码、代号中的数字,目前体例尚不统一。对这种情形,要求凡是可以使用阿拉伯数字而且又很得体的地方,即是当所表示的数目比较精确时,均应使用阿拉伯数字。遇特殊情形,或者为避免歧解,可以灵活变通,但全篇体例应相对统一。

5 时间(世纪、年代、年、月、日、时刻)

5.1 要求使用阿拉伯数字的情况

5.1.1 公历世纪、年代、年、月、日

示例:公元前8世纪 20世纪80年代 公元前440年 公元7年 1994年10月1日

5.1.1.1 年份一般不用简写。如:1990年不应简作"九〇年"或"90年"。

5.1.1.2 引文著录、行文注释、表格、索引、年表等,是月日的标记可按GB/T 7408—94 的5.2.1.1中的扩展格式。如:1994年9月30日和1994年10月1日可分别写作1994-09-30和1994-10-01,仍读作1994年9月30日、1994年10月1日。年月日之间使用半字线"-"。当月和日是个位数时,在十位上加"0"。

5.1.2 时、分、秒

示例:4时 15时40分(下午3点40分) 14时12分36秒

注:必要时,可按GB/T 7408—94的5.3.1.1.中的扩展格式。该格式采用每日24小时计时制,时、分、秒的分隔符为冒号":"。

5.2 要求使用汉字的情况

5.2.1 中国干支纪年和夏历月日。

示例:丙寅年十月十五日 腊月二十三日 正月初五 八月

十五中秋节

5.2.2 中国清代和清代以前的历史纪年、各民族的非公历纪年。

这类纪年不应与公历月日混用，并应采用阿拉伯数字括注公历。

示例：秦文公四十四年（公元前722年）　太平天国庚申十年九月二十四日（清咸丰十年九月二十日，公元1860年11月2日）　藏历阳木龙年八月二十六日（1964年10月1日）　日本庆应三年（1867年）

5.2.3 含有月日简称表示事件、节日和其他意义的词组。

如果涉及一月、十一月、十二月，应用间隔号"·"将表示月和日的数字隔开，并外加引号，避免歧义。涉及其他月份时，不用间隔号，是否使用引号，视事件的知名度而定。

示例1："一·二八"事变（1月28日）　"一二·九"运动（12月9日）　"一·一七"批示（1月17日）　"一一·一〇"案件（11月10日）

示例2：五四运动　五卅运动　七七事变　五一国际劳动节　"五二〇"声明　"九一三"事件

6 物理量

物理量量值必须用阿拉伯数字，并正确使用法定计量单位。小学和初中教科书、非专业科技书刊的计量单位可使用中文符号。

示例：8 736.80 km（8 736.80千米）　600 g（600克）　100 kg～150 kg（100千克～150千克）　12.5m^2（12.5平方米）　外形尺寸是400 mm×200 mm×300 mm（400毫米×200毫米×300毫米）　34℃～39℃（34摄氏度～39摄氏度）　0.59A（0.59安〔培〕）

7 非物理量

7.1 一般情况下应使用阿拉伯数字。

示例：21.35 元　45.6 万元　270 美元　290 亿英镑　48 岁　11 个月　1 480 人　4.6 万册　600 幅　550 名

7.2 整数一至十，如果不是出现在具有统计意义的一组数字中，可以用汉字，但要照顾到上下文，求得局部体例上的一致。

示例 1：一个人　三本书　四种产品　六条意见　读了十遍　五个百分点

示例 2：截至 1984 年 9 月，我国高等学校有新闻系 6 个，新闻专业 7 个，新闻班 1 个，新闻教育专职教员 274 人，在校学生 1 561 人。

8 多位整数与小数

8.1 阿拉伯数字书写的多位整数和小数的分节。

8.1.1 专业性科技出版物的分节法：从小数点起，向左和向右每三位数字一组，组间空四分之一个汉字（二分之一个阿拉伯数字）的位置。

示例：2 748 456　3.141 592 65

8.1.2 非专业性科技出版物如排版留四分空有困难，可仍采用传统的以千分撇"，"分节的办法。小数部分不分节。四位以内的整数也可以不分节。

示例：2,748,456　3.1415926　8703

8.2 阿拉伯数字书写的纯小数必须写出小数点前定位的"0"。小数点是齐底线的黑圆点"."。

示例：0.46 不得写成 .46 和 0·46

8.3 尾数有多个"0"的整数数值的写法。

8.3.1 专业性科技出版物根据 GB 8170—87 关于数值修约的规则处理。

8.3.2 非科技出版物中的数值一般可以"万"、"亿"作单位。

示例：三亿四千五百万可写成 345,000,000，也可写成 34,500 万或 3.45 亿，但一般不得写作 3 亿 4 千 5 百万。

8.4 数值巨大的精确数字，为了便于定位读数或移行，作为特例可以同时使用"亿、万"作单位。

示例：我国 1982 年人口普查人数为 10 亿 817 万 5288 人；1990 年人口普查人数为 11 亿 3 368 万 2 501 人。

8.5 一个用阿拉伯数字书写的数值应避免断开移行。

8.6 阿拉伯数字书写的数值在表示数值的范围时，使用浪纹式连接号"~"。

示例：150 千米~200 千米 -36℃~-8℃ 2 500 元~3 000 元

9 概数和约数

9.1 相邻的两个数字并列连用表示概数，必须使用汉字，连用的两个数字之间不得用顿号"、"隔开。

示例：二三米 一两个小时 三五天 三四个月 十三四吨 一二十个 四十五六岁 七八十种 二三百架次 一千七八百元 五六万套

9.2 带有"几"字的数字表示约数，必须使用汉字。

示例：几千年 十几天 一百几十次 几十万分之一

9.3 用"多""余""左右""上下""约"等表示的约数一般用汉字。如果文中出现一组具有统计和比较意义的数字，其中既有精确数字，也有用"多"、"余"等表示的约数时，为保持局部体例上的一致，其约数也可以使用阿拉伯数字。

示例 1：这个协会举行全国性评奖十余次，获奖作品有一千多件。协会吸收了约三千名会员，其中三分之二是有成就的中青年。另外，在三十个省、自治区、直辖市还设有分会。

示例 2：该省从机动财力中拿出 1 900 万元，调拨钢材 3 000

多吨、水泥2万多吨、柴油1 400吨,用于农田水利建设。

10 代号、代码和序号

部队番号、文件编号、证件号码和其他序号,用阿拉伯数字。序数词即使是多位数也不能分节。

示例:84062部队   国家标准GB 2312—80   国办发[1987]9号文件   总3147号   国内统一刊号CN 11-1399 21/22次特别快车 HP-3000型电子计算机   85号汽油   维生素B_{12}

11 引文标注

引文标注中版次、卷次、页码,除古籍应与所据版本一致外,一般均使用阿拉伯数字。

示例1:列宁:《新生的中国》,见《列宁全集》,中文2版,第22卷,208页,北京,人民出版社,1990。

示例2:刘少奇:《论共产党员的修养》,修订2版,76页,北京,人民出版社,1962。

示例3:李四光:《地壳构造与地壳运动》,载《中国科学》,1973(4),400~429页。

示例4:许慎:《说文解字》,影印陈昌治本,126页,北京,中华书局,1963。

示例5:许慎:《说文解字》,四部丛刊本,卷六上,九页。

12 横排标题中的数字

横排标题涉及数字时可以根据版面的实际需要和可能做恰当的处理。

13 竖排文章中的数字

提倡横排。如文中多处涉及物理量,更应横排。竖排文字中涉及的数字除必须保留的阿拉伯数字外,应一律用汉字。必须保留的阿拉伯数字、外文字母和符号均按顺时针方向转90度。

示例一：

雪花牌 BCD188 型家用电冰箱容量是一百八十八升，功率为一百二十五瓦，市场售价两千零五十元，返修率仅为百分之零点一五。

示例二：

海军 J112 号打捞救生船在太平洋上航行了十三天，于一九九〇年八月六日零时三十分返回基地。

14 字体

出版物中的阿拉伯数字，一般应使用正体二分字身，即占半个汉字位置。

【例文二】

中华人民共和国卫生部、
商业部食品加工、销售，
饮食业卫生五、四制

一、由原料到食品实行"四不制度"：采购员不买腐烂变质的原料；保管验收员不收腐烂变质的原料；加工人员（厨师）不用腐烂变质的原料；营业员（服务员）不卖腐烂变质的食品（零售单位不收进腐烂变质的食品；不出售腐烂变质的食品；不用手拿食品；不用废纸污物包装食品）。

二、成品（食物）存放实行"四隔离"：生与熟隔离；成品与半成品隔离；食品与食物、药品隔离；食品与天然水隔离。

三、用（食）具实行"四过关"：一洗、二刷、三冲、四消毒（蒸气或煮沸）。

四、环境卫生采取"四定"办法：定人、定物、定时间、定质量。划片分工，包干负责。

五、个人卫生做到"四勤"：勤洗手剪指甲；勤洗澡理发；勤洗衣服被褥；勤换工作服。

【例文三】

登高作业安全技术规程[①]

一、不懂登高安全常识的人不准登高。登高作业必须使用安全带或采取其他安全措施，并经部门负责人检查，确认安全才能进行。

二、患高血压、低血压、眩晕症、癫痫症、心脏病和其他禁忌登高症者，不得进行登高作业。

三、遇大雾、六级以上大风、暴雨、打雷等天气，应暂停室外登高作业。

四、登高作业应避开架空电线，如达不到安全距离时，必须采取安全措施。

五、禁止在石棉瓦的房顶上工作或通行，必须工作或通行时，要采取安全措施。

六、脚手板架和安全用具使用前必须详细检查，有损缺的不得使用。

七、梯子使用前要检查，梯子横档儿和梯帮松动、短缺、断

---

① 选自济南第三棉纺织厂《安全操作规程》，有删改，题目是编者加的。

裂、腐朽，或用绳子捆扎等，都不准使用，不准将两张梯子连接使用。

八、单梯与地面的夹角为60°左右。在光滑的地面上支梯时，必须有防滑装置，并要有专人扶梯或将梯子上端固定扎稳。

九、梯子顶端的支点必须牢靠，靠在管子或横梁上时，上端必须有挂钩勾住或用绳索扎稳。禁止在不牢固的物体上搭放梯子。

十、上下梯子不准手提工具、材料等物品，要面里背外循级上下；不准两人同时登梯。

十一、在梯子上工作时，要注意身体重心和保持平衡，防止坠落或蹬倒梯子；站立的位置距顶端支点不得少于1米。

十二、梯子上有人时，禁止挪动梯子。

十三、人字梯夹角应在45°左右；固定开度必须用铁钩，不准用绳子。

十四、登高作业禁止用抛、掷等办法传递工具、材料。

【例文四】

首都人民文明公约

一、热爱祖国，热爱中国共产党，热爱社会主义制度，热爱首都，热爱本职工作，同心同德建设"两个文明"。

二、文明礼貌，敬老爱幼，邻里和睦，不说脏话，不耍态度。

三、讲究卫生，消灭害虫，不随地吐痰，不乱扔脏物。

四、遵纪守法，维护公共秩序，不起哄，不打架，不赌博，不酗酒。

五、爱护公共财物、山水林木、文物古迹、珍禽益鸟，种树栽花,美化首都。

六、勤俭节约,婚丧简办,晚恋晚婚,计划生育。

七、开展健康的文体活动,抵制淫秽书、画、录音、录像,反对资本主义思想腐蚀。

八、对待外国友人,热情友好,不卑不亢,落落大方。

本公约公布后,首都人民要共同遵守,互相监督,自觉执行。

19××年×月

【思考与练习】

一、规章制度的四大类在性质和作用上有哪些不同?试结合例文说明。

二、规章制度一般都用条文式,条款清楚。条文顺序的安排要根据内容表达的需要来确定,有的先总后分,有的从主到次,有的按事物发展的顺序,有的按操作的程序。根据以上提示,分析各篇例文是按什么顺序安排条文的。

三、规章制度是人们行为的准则和依据,语言明白、准确特别重要。例文的事务语体特征(准确、简约、规范)是十分鲜明的,试以【例文一】为例分析、说明。

四、阅读并改写下面文字。①说说它具体属于哪一类事务文书。②填补完整并按内容排列前后顺序,分条书写成文。

考生对试题有疑难时,不得向监考人员询问,但涉及试题内容,如遇试题分发错误和字迹模糊等问题,可举手询问。迟到15分钟不得进入考场,考试30分钟后方可交卷出场。除在试卷规定地方填写姓名、准考证号、座号外,不得做其他任何标记。考试终了时间一到,考生立即停止答卷,待监考人员回收试卷后方可退场,不准将试卷和草稿纸带走。考生必须严格遵守考场纪律,答卷时不准交头接耳、左顾右看,不准偷看他人试卷。考生进入考场,不得携带书籍、报纸和稿纸。只准带必须的文具,如钢笔、圆珠笔、铅笔、圆规、三角板等,但不准带计算尺、计算器。考生在每科考前15分钟入场,凭准考证对号入座,并将准考证放在课桌左上角,以便查对。考试铃响后,才能开始答卷。考生答卷一律用蓝、黑色钢笔或圆珠笔书写,字迹要工整、清楚。考生在考场打小抄、抄袭他人答卷、夹带书籍、小抄均视为违纪,互换试卷或冒名顶替均视为舞弊。违纪和舞弊的学生按学籍管理规定处理。考生在考场内必须保持安静,不准吸烟,交卷后不得在考场附近逗留、谈论。

第八节 述职报告

一、述职报告的涵义与作用

述职报告是单位工作人员向上级主管领导、组织部门、人事部门、专家评委或本单位的职工群体等报告自己在一定时期内履行岗位职责情况的自我评述性文件。随着我国人事体制的改革,大多数单位实行岗位责任制和聘任制,因此使用述职报告也愈来愈广泛。

述职报告的作用:(1)述职报告既是组织考核述职者任职业绩和能力的重要依据,可以全面了解和掌握情况,使干部和专业技术人员的考核、任用、晋升工作走向制度化、规范化和科学化,又是述职者主动展示自己,争取让组织更好地了解自己的途径之一。(2)定期对照岗位职责和目标检查、反省、总结自己,能促进述职人员不断提高履行职责的能力素质。(3)述职者通过述职形式,把自己置于群众监督之下,有利于加强干群联系。

二、述职报告的特点和分类

（一）特点

1. 总结性

这是述职者对自身一个阶段任职实践的回顾、反思、总结为基础进行的自我评估。

2. 陈述性

述职报告的内容是根据某一职位或职称的职责范围与考核标准，汇报个人是否胜任某职、履行职责的能力如何的文件，重点在于陈述"做了什么"。

3. 真实性

述职报告涉及的人、事、时、地必须真实准确；陈述时实事求是，恰如其分，不夸大，不缩小。

（二）分类

从时间上分，有任期述职报告（任现职以来的总体情况汇报）、年度述职报告（本年度履行职务情况的报告）、临时性述职报告（担任某项临时职务的报告）；从内容上分，有综合述职报告、专题述职报告；从表达形式上分，有书面述职报告和口头述职报告。

三、述职报告的结构和写法

1. 标题

常见的写法有四种：一是只写文种名称，如"述职报告"；二是"任职期限＋担任职务＋文种"，如"1998年2月至2002年2月担任校长职务的述职报告"；三是"年度＋文种"，如"2002年度述职报告"；四是概括全文主旨，如"开拓进取　勇于创新"，并用副标题加以补充说明。

2. 称谓

是对接受或听取述职报告的对象的称呼，如"××人事部"、

"××领导"、"各位评委"等。若受文对象的种类较多，则要根据不同的情况分别做不同的称呼。

3. 正文

（1）前言。主要为任职概况和述职评估，包括担任何职、任职的时间、岗位职责的目标任务及对任职的总体自我评价，用以确定述职的范围和基调。前言要开门见山，简明扼要，并常用"现将本人任职期间的情况报告如下"等形式过渡到下文。如：

"我于2001年7月被聘为局办公室主任，一年来，在局领导的直接领导和全体同志的大力支持下，根据办公室和办公室主任的职责，开展了各项工作。现做述职报告如下。"

（2）主体。一般是围绕岗位职责的目标和任务，具体地有层次地陈述自己履行职责的情况。内容上包括任职以来的工作成绩、体会和存在的问题，其中成绩和体会是核心。一般要从思想政治素质、业务实绩两方面展开。

思想素质方面包括任职期间贯彻执行党的方针政策情况、廉洁自律情况、敬业爱业精神、工作作风等；业务实绩方面包括任职期间做了哪些工作，取得了哪些成果，业务水平怎样，社会效益和经济效益如何，有无开拓创新精神，得到过哪些专家、领导和其他人员的肯定与赞扬等。

在重点陈述业绩的基础上，可以适当指出在履行职责时的某些不足，以及如何改进的设想。

外在结构最好按材料的性质分成几个部分，用序码带小标题的形式来安排，边叙边议，如某轻工局局长的年度述职报告的主体结构就分为四个方面："一、一年来的主要的政绩"、"二、扭转局面的几项措施"、"三、几点体会"、"四、尚存问题的改进设想。"

（3）结语。结语可以呼应开头，总结全文。它也常用"述职完毕，请批评指正"、"以上述职，请予审查"、"我的述职完毕，谢谢大家"等惯用语作结。

4. 落款

在正文之下第三行右侧写上述职者的姓名,姓名下方写述职日期。姓名也可以写在标题下。

四、写作述职报告应注意的问题

(一)材料典型、有力,内容真实、具体

述职报告是对过去一定时间段内自身工作的回顾、评估,要表明自己做了哪些事情,有哪些能力,是否胜任这一岗位,因此选材要选最能反映自己实力、实绩、有说服力的材料;其次,这些材料要客观、真实、具体、充分,表达时不夸大、不缩小、不粉饰,叙述成绩时尽可能用事实说话,少用评价性和结论性的语言。

(二)条理清楚,重点突出

实际工作纷繁复杂,写作时不能面面俱到记流水账,而要根据结构的要求,突出重点。

(三)有个性,有特点

不同的实践者有不同的个性、不同的实践过程,述职报告是用第一人称写的,要充分展示自己的个性,突出特色,不要写得套话连篇,千人一面。

【例文】

述职报告
××机械厂销售处处长×××

各位领导、各位代表:

我自去年一月担任销售处处长至今,已经一年多了。任职期间能认真履行职责,领导全处 25 名职工圆满地完成全年销售计划。现将一年来的工作述职如下：

一、基本职责（略）

二、主要工作

1. 计划指标完成情况

1997年，厂下达销售指标12 680万元。较1996年的10 283.4万元增长了23.3%，实际完成14 556.2万，完成全年计划的114.7%，较上年实际增长41.5%。主产品农用摩托车计划销售8 000万元，实际销售10 520万元。

2. 职工队伍建设情况

我于去年初通过竞争上岗后，即实施了销售员公开招聘方案，在厂长、分管副厂长及厂人事处的支持下，在全厂范围内招聘了25名销售人员，其中原销售处人员15名，占60%，业务科室人员4名，占16%，工人5名，占20%。销售处原12名职工落聘后由厂人事处另行安排了工作。1月15日，25名同志正式上岗，从1月16日开始至春节前，处里集中进行了业务培训，培训内容为市场动态、主要竞争对手的有关情况、本厂让利销售规定、销售人员奖罚条例等。培训取得了预期效果，全处人员工作热情高涨。

3. 销售网络建设情况

我厂原销售网点集中分布于重庆、成都、昆明、贵阳、西安、武汉、南宁等12个中心城市，根据市场变化的实际，我们对销售网进行了调整完善，主要措施有三点：（略）

4. 销售人员岗位责任制实施情况

去年我们对销售人员岗位责任制进行了修改，重点加强了定额考核和按销售额奖惩两方面。销售人员每人全年基本销售额为450万元，低于400万元者调离岗位；销售人员收入与销售额、销售成本挂钩，上不封顶，下不保底，具体办法为：（略）

截至年底，超额完成任务15人，基本完成任务7人，低于

400万元的3人。职工收入最低为0.95万元，最高为20.12万元。

5. 市场信息反馈情况

为了配合工厂的产品开发和生产质量控制，我处把市场信息反馈作为工作重点之一，要求销售人员每月书面报告当地市场状况，本厂产品的市场信息，同类产品的销售信息及市场要求信息，有价值的畅销产品信息，与本厂有关联的产品开发生产销售信息等，重要信息必须立即用电话或电传等反馈。处里每月定期书面汇总报告工厂领导和有关部门，重要信息及时上报。销售处全年共书面报告市场信息28次，其中的若干重要信息已被有关部门采用。

6. 关心职工、爱护职工、教育职工

针对销售人员独挡一面、全年驻外、接触广泛、责任重大、辛苦劳累的特点，我注意关心、爱护职工，对他们的工作、生活、家庭诸多方面，千方百计予以帮助，同时教育职工要加强政治、法制和业务学习，加强自我思想修养，在努力完成任务的同时，从严约束自己，防止发生经济差错及其他违法的问题，特别是不能出现重大的违法乱纪行为。

三、存在的问题及改进措施

1. 少数销售人员因多种因素，未完成任务，拟按规定调整岗位。

2. 个别销售点出现了少量货款（23万元）回收不及时问题，除已责成责任人限期追回外，拟制定更严格的回款措施。

3. 部分销售人员因市场限制销售额超额较少，收入偏低，拟实行分类（分区）划分定额的办法予以微调。

4. 管理中仍存在若干薄弱的环节，拟有针对性地加强。

以上述职，请予批评指正。

1998年2月3日

【思考与练习】

1. 什么是述职报告？述职报告有什么作用？
2. 述职报告有哪些特点？
3. 述职报告的结构由哪几部分构成？核心是哪一部分？核心部分一般应写哪几个方面的内容？
4. 写述职报告应注意什么问题？
5. 如果你是学生干部，请向全班同学做一次述职报告，而后全班同学就述职报告展开评析。

第五章　财经类应用文

第一节　经济活动分析报告

一、概述

经济活动分析报告是以马列主义经济理论为指导，以党的路线、方针、政策为依据，对某一部门、某一单位的计划指标、会计核算、统计资料以及通过调查研究所获得的其他有关经济资料，进行系统的分析比较，给以正确的评价，从中总结经验，揭露矛盾，提出建议，借以指导工作，改进经营管理，以提高经济效益的一种陈述性的书面报告。

这种报告对企业大量的分散的经济现象进行分析，用简明的语言反映和说明企业经济活动的状况，揭示经济活动的规律，对改善经营管理和提高经济效益有重大的作用。经常利用经济活动分析报告，可以使企业领导及有关方面掌握行情，了解本部门、本单位的生产情况、计划完成情况、库存情况、资金周转情况、供销情况以及利润情况等,从而充分挖掘内部潜力,有效地调动企业内部人力、物力、财力,不断提高企业的经营管理水平,使产品在市场上有更大竞争能力,为提高经济效益服务。经常使用经济活动分析报告,可以客观地把企业经济管理中存在的问题揭示出来。提出改进的合理建议和措施,做好企业领导的参谋,使企业领导能更好地认识并按照客观经济规律办事,把企业经济搞得更活、更好。经济活动分析报告是一个总的概念,还可具体分为:财务分析报告、统计分析报告、市场情况分析报告、产销分析报告、计划执行分析报告等。

写经济活动分析报告要做好写作前的准备工作,这主要是指占有资料和分析资料。一般要做好如下工作。

(一)制定分析计划,明确分析的目的和要求

有了简单易行的计划或提纲,进而依照它有目的地收集和使用各种分析资料,以便分步骤地开展分析工作。分析计划或提纲,一般包括:分析目的、内容和要求,分析的时间和地点,以及组织分工等。

(二)收集资料,掌握数据

从生产经营的客观实际出发,周密了解所要分析的问题,收集整理数据资料并了解其他情况。只有在占有大量的、准确的资料的基础上,才能进行分析工作。

可供分析的资料有:

(1)计划资料:能反映经济活动各个方面的计划指标,以及实现这些指标的相应措施。

(2)统计资料:对计划指标实际执行情况的统计,包括能反映企业或部门完成各项任务的情况。

(3)会计核算资料:反映企业或部门的资金、成本、利润等任务完成的情况。

(4)其他资料:一些不能从报表中反映出来的原始记录以及

有关生产技术方面的资料等。为了便于对比分析，还要收集有关定额资料，上年同期资料，历史上最高水平的资料，同类先进典型的资料等。对收集的资料，要进行必要的审查核实，以确保其准确无误。

(三) 计算经济效果，进行分析研究

在掌握足够资料的基础上，要针对研究的问题，计算经济效益和各项经济指标的计划完成情况，从中反映经营成果的好坏。

经济活动分析报告按目的和分析内容，可分为三类：

1. 综合分析报告（又叫全面分析或系统分析报告）

综合分析报告是对某一部门或单位在某一个时期的经济活动进行比较全面、系统的分析研究而写成的书面报告。这种分析报告重在抓生产经营中带普遍性和关键性的问题。时间长度多为一个季度或一个年度。报告不仅总结上一阶段生产经营等方面的工作，而且可以作为下一阶段企业经营管理的可靠依据。

2. 专题分析报告（又叫专项或单项分析报告）

专题分析报告是对某一单项专门问题进行比较深入的分析后写成的书面报告。这种分析报告，一般是结合当前的中心工作，或就某个行业的某项工作，或就某一行业的经济活动中存在的薄弱环节，或就某项新政策所引起的变化等，进行单项分析。要内容集中，重点突出，一事一题，针对性强，分析透彻，反映及时，使企业领导既能找到生产经营中产生问题的原因，又能看到企业发展的趋势，从而更好地加强经营管理工作。

3. 简要分析报告（也叫部门分析报告）

简要分析报告一般是基层单位（如车间）在一定时间内（如一个月）对本单位、本部门的生产、财务、计划、供销、质量等情况及经济活动的发展趋势进行分析而写成的报告。这种简要分析报告往往随表格附以文字说明。

它和专题分析报告不同的是：

（1）专题分析报告是不定期的，而简要分析报告一般是定期的。

（2）专题分析报告的问题比较集中，分析说明比较深透，针对性强，而简要分析报告不做过多的分析，只做一些简要的说明。

（3）在形式上简要分析报告不很严格，一般以表格为主，而专题分析报告则用文字分析说明的较多。

二、经济活动分析报告的格式、内容和写法

由于内容和写作目的不同，经济活动分析报告的格式并不固定；一般的情况，都要有数据，有分析，有针对性意见。格式上一般分为标题、开头、正文和结尾四个部分。

（一）标题

经济活动分析报告的标题，不像公文标题那样严格。它一般只写该文的中心内容（即"摘由"）再加上"分析"二字，而省去"报告"字样，如"阜兴丝绸厂1988年一季度经济活动分析"，"包钢流动资金占用现状的初步分析"；有的分析报告在结尾部分具了名，标题中就可省去单位名称，只写时间和分析内容，如"1986年主要经济指标完成情况分析"；也有的分析报告用分析报告的基本观点或主要内容作为标题，如"实现方针目标，效益扭降回升"。一般的专题分析报告采用这种标题的较多。

（二）开头（也称前言、导言、导语）

一般是用数据和简明的语言概括地介绍产销形势，针对分析的问题说明一些基本情况，其目的是提出问题和进行经济活动分析的。

（三）正文

这是经济活动分析报告的主要内容，是经济活动分析的重心。写作顺序大致是：先介绍情况。主要介绍分析对象的情况，包括基本情况的文字说明和具体数字说明，如指标、百分比、有

关数据等。这些情况说明，要准确、完整、真实可靠。其次，进行分析。进行分析就是要依据国家的政策和经济规律，对有关数据进行数学运算推导，或对有关情况进行综合分析研究，运用对比、综合、归纳等方法，表明经验、成绩，找出存在的问题，提出改进的建议和措施。有时由于分析的目的不尽相同，内容上可各有侧重。有的以分析取得成绩的原因，总结经验为主；有的则以分析存在的问题，找出解决的办法，从而改进工作，提高经济效益为主。尽管分析目的不相同，内容各有侧重，但都要实事求是，一切从实际情况、具体问题出发。在这样的基础上提出看法，对经济活动做出总的评价。

（四）结尾

这一部分一般是根据主体部分的分析结果，对企业在生产经营和管理工作等方面取得的成绩或存在的问题做出评价，提出改进意见，供企业领导参考。所提措施或建议要有针对性，要中肯，切实可行。

全文写完后，空一行，在右下方具名，写上单位名称，并在单位名称下面写上年、月、日。如果单位名称已在标题上写了，就不必再写，只要在右下方写明年、月、日即可。

以上所说的格式，只是经济活动分析报告的一般写法。在实际运用经济活动分析报告中，有的没有开头部分，先在前头列表说明基本情况，然后用简要的文字来说明；有的将开头这一部分安插到主体中去；有的在开头部分用文字简要说明，在主体部分先列出表格数字，然后做详细的分析说明；也有的在文字分析说明中插入表格数字等。但不论采用什么写法，都要做到有情况、有数字、有分析、有结论、有措施，这样才是一篇好的、有说服力的经济分析报告。

除了掌握经济活动分析报告的格式之外，还要注意掌握这种报告的分析方法。写经济活动分析报告经常用的分析方法有对比分析法和动态分析法等。

（一）对比分析法

这种分析法又叫比较法，是写经济活动分析报告最常用的方法。它是将在同一基础上（时间、内容、项目、条件等）的两个或两个以上可比的数字资料进行比较分析，根据比较分析的结果来研究经济活动的情况和原因的一种方法。量的对比，一般用绝对数（倍数）、相对数（百分数、千分数）来表示其差异程度。一般的比较法，有以下几方面：

比计划：以本期实际指标与计划指标相比，从而说明执行计划的情况，并确定进一步分析的主要方面，以便找出原因，挖掘潜力。

比历史：以本期实际指标与上期或上年同期指标相比较，或与本单位历史最高水平相比较，用以反映企业经济活动的发展变化趋势。

比先进：以本期实际指标与客观条件大致相同而又成为先进单位的实际指标相比较，进一步发现本单位在经营管理中存在的问题和薄弱环节，为赶超先进提供依据。

（二）因素分析法

因素分析法又叫连锁分析法。在经济活动中，实际指标与计划指标如果产生了差异，那么产生这个差异的原因必然包含各种因素。因素分析法，就是用来研究分析事物变动中各个因素的影响程度，从而找出主要矛盾的一种方法。这种方法的特点，是在经济现象内部几个互相联系的因素中按顺序地把其中一个因素当做可变因素，而暂时把其他因素当做不变因素，然后逐个进行替换计算，来测定各个因素对事物的影响程度。

（三）动态分析法

通过动态分析，可以看出经济活动的过程及其规律。如通过对历年商品零售额的增长分析，来预测市场发展趋势；通过对历年来某种费用的最高水平、平均水平的考察、分析,来研究影响消费水平的各种因素和主客观原因。

【例文一】

阜兴丝绸厂
1988年一季度经济活动分析

一季度已经结束,为了更好地开展二季度的工作,现对一季度的生产、经营、成本、利润和资金等情况做如下分析。

一、利润分析

1. 一季度销售收入为59.43万元,其中丝为24.35万元,绸为35.08万元,付染费4.44万元,销售利润为9.44万元,再减去退休工人的工资、福利等,实际盈利0.68万元。

2. 全年利润计划6万元,一季度计划0.65万元,实际盈利0.68万元,完成季度计划的104.6%,完成本年年度计划的11.33%,比去年同期增长51.11%,增长幅度比较大。

3. 一季度利润计划偏低,原因是新增加的60台立缫车尚未形成生产能力,无经济效益;而且新学员培训开销很大,还需负担工资等。估计二季度以后形势会好些。

二、成本分析

白厂丝成本计划比上年度的平均水平下降2%,一季度比上年度的平均水平上升1.6%,但比上年度的同期下降3.3%。其主要原因如下:

1. 原料和燃料的消耗指标完成得比较好。茧耗计划3 600公斤/吨丝,实际为3419公斤/吨丝,比计划下降5%,比去年下降6.7%。煤耗计划18.14吨/吨丝,实际为17.1吨/吨丝,比计划下降5.7%，比去年同期下降14.9%。

2. 成本比上年度平均水平高，其原因：

（1）生产费用比上年高，每吨丝比上年增加1266元，增加2.2%，其中工资增加1万元，利息支出增加0.22万元。工资增加主要是因为166个新工人进厂。

（2）机物料消耗每吨丝比上年同期上升1%。

（3）电耗计划每吨丝2990度，实际耗电3299度，比计划超10%，但比去年同期下降9%。虽比去年下降，但也是成本计划中较高的一个因素。

3. 存在亏损品种。绸一季度生产9个品种，其中旗纺和人丝羽纱亏损，主要问题是效率太低，人丝羽纱一台车半个月产196米，用工同样多，产量减少一半。

三、资金分析

本季度共花去总成本的52.61万元，再加上税款6.70万元和染费4.44万元，合计支出63.75万元，但产品销售后资金回笼的只有59.43万元，还有4.3万元积压。主要原因是：

1. 白厂丝生产9吨，销售7.07吨，还有1.93吨未销售，增大库存，合计5.8万元。

2. 华呢生产2.7万米，销售2.5万米；旗纺生产2万米，销售1.2万米；美丽绸生产0.67万米，销售0.21万米；合计占用资金3.3万元。其他品种销售量还是比较好的。如：人丝羽纱生产0.05万米，销售1.2万米；人丝花线绨生产0.83万米，销售0.96万米。实际减少占用资金1.4万元。

资金周转131天，比去年平均水平加快17天，比去年同期加快64天，加快32.8%。

加快的主要原因：

1. 原材料库存28.52万元，比年初下降14.6万元，下降33.85%，低于我们核定数，是比较好的。

2. 车间的再产品及半制品 12.37 万元，也比年初下降 18.32 万元，下降 59.69%，也低于核定数，也是比较好的。

另一方面，资金周转还未达到理想的要求。主要问题是：产成品占用的资金不但没有比年初下降，而且还增加 7.552 万元，增加 18.7%。主要原因：

1. 白厂丝库存比年初增加 1.9 吨，多占用资金 6 万元。财务上是有责任的，主要是没有催促车间及时报出，车间也没有重视这个问题。这既有仓库方面的问题，又有销售方面的问题，按归口应属供销科负责。

2. 绸原来库存就大，今年一季度销售形势还比较好，生产 9.13 万米，销售 9.94 万米，销售大于生产，但库存仍然不小（达 40 万元，大于定额核定的 21.26 万元）。

四、今后采取以下措施

1. 抓车台的运转率和开车效率，千方百计地提高产量。产量增加，成本就会降低，用较小的费用可办较多的事。这是提高经济效益的基本点。

2. 抓费用定额的考核，明确经济责任，应奖则奖，该罚则罚，奖罚分明。

3. 白厂丝凡成档的要及时整理好，后缫在 25 号前全部报出（除零担丝），如超过时间，追查有关人员责任，酌情处理。

4. 抓紧坯绸的染色、加工和色绸的销售，减少库存，加快资金周转。

【思考与练习】

一、什么是经济活动分析？为什么要进行经济活动分析？

二、经济活动分析报告分析部分的主要任务是什么？试举例加以说明。

三、比较分析法通常是从哪几个方面进行比较？试举例加以说明。

四、运用因素分析法要特别突出对什么因素的分析，试举例加以说明。

五、课外自找一份经济活动分析报告，对它加以评析。

第二节 市场调查报告

市场调查报告是以市场为对象，对市场经济活动的事实和现象进行调查研究后写成的书面报告。

随着改革开放进一步的深化发展，要避免生产经营的盲目性，要掌握市场需求变化的客观规律，市场调查报告就显得越来越重要了。

一、市场调查报告的主要特点

市场调查报告具备一般调查报告的特点，而它固有的主要特点是：以市场为对象，正确表述经济规律，体现出市场的实际效益，符合经济活动的客观要求，运用经济规律宣传党和国家的经济方针和政策。

二、市场调查报告的分类

按内容分，有市场销售情况的调查报告、市场购买力情况的调查报告、市场竞争情况的调查报告、市场商品质量的调查报告等。

按性质分，有专题性的市场调查报告、综合性的市场调查报告。

按区域分，有国内市场调查报告、国外市场调查报告。

按时间分，有近期市场调查报告、中期市场调查报告、远期市场调查报告。

三、市场调查报告的格式

市场调查报告的格式往往有标题、前言、主体、结尾几部分。

(一) 标题

市场调查报告常见的标题，有以概括、简练的文字，揭示文章内容的，如《疲软不是我国消费市场的主流》、《靠"用户至上"赢得市场》；有以揭示文章市场调查范围的，如《国内家电市场调查》；有突出产品名称和调查内容的，如《关于广东今日(集团)有限公司"生命核能"的市场需求调查》等。

(二) 前言

前言一般简要说明市场调查的缘起、目的、对象、范围、方式方法等，给读者以概括性的了解。

(三) 主体

主体是市场调查报告的主要内容，要正确如实地反映调查的经济事实与现象，列出典型数据、图表等，做出中肯的分析和评价，并采用纵式叙述法、横式叙述法加以阐明。由于市场宽广，内容繁多，所以市场调查涉及的面相当大。写主体部分一定要突出重点，切不可主次不分。

(四) 结尾

有的市场调查报告在主体之后，或者进一步深化主旨，提出建议、要求，或者概括总结全文，展望未来。有的市场调查报告没有结尾，主体写完全文即结束。

【例文一】

自我损害的消费误区
——畸形消费面面观

本报特约记者　于慧彬

消费，本是根据生活需要而支出的费用，而今却出现了令人不解的现象，某些人支出昂贵的费用，得到的不是生活上的满足而是自我损害。据调查，这种畸形消费正严重地危害着人们的身心健康，同时也造成一些消费者心理上的扭曲。

儿童消费过量、超档次消费的现象很普遍。一些家长尤其是独生子女家长，为了使自己的孩子更健康，往往忽略了营养适量，除了一日三餐，还让孩子服用大量的各种保健品。据卫生部门提供的资料，一些儿童由于经常服用一些保健药品而出现性早熟现象。另外，饮食超量引起儿童过于肥胖，几乎有10%的孩子体重超过标准，所以应运而生的减肥学校大受欢迎。

封建迷信消费越来越严重，修坟、修庙、祭天地成风。去年辽宁新建庙宇48座，达到新中国成立以来最高峰。多次发生有病不求医，求神拜佛，耽误治疗而造成病者丧生的事件。大修坟墓最严重的要数温州，修坟墓费用有的比住房造价都贵，有花几万元的，也有花几十万元的；过去是给死人、老人修坟，现在竟发展到青年结婚时要看自己的墓地，小孩办满月也要到墓地去庆贺。一些人的结婚费用支出已经超过了自己的支付能力，甚至借债。青年结婚租用高级轿车，组成豪华车队已司空见惯。据说租用一辆豪华轿车要800～1 000元钱，有人结婚仅租豪华车一次就花去二三万元。

吸毒被人们称为死亡消费，现在在一些地方又死灰复燃。沈阳市沈河区一个普通的居民区,不到一年死亡两位吸毒者,一个27岁,一个29岁。人们说:"他们的血管里流淌着两三辆桑塔纳轿车。"一位个体女老板染上吸毒恶习后,每天需吸毒费用最低300元,最高达2 000元钱,往返于戒毒所四五回仍恶习难改。去年她已经将百万家产挥霍一空,最后丈夫只好抱着孩子离她而去。

这些自我损害式的消费实在令人不解。中国消费者协会负责人在剖析这个问题时说:"这种消费原始而又野蛮,最缺少文化修养,是精神空虚的表现。"

(《市场报》1994年5月30日)

评析:这是一篇专题性市场调查报告。这篇市场调查报告反映了国内畸形消费的基本动态,着重分析出现畸形消费的重要原因。此文标题新颖,观点鲜明,材料翔实,层次分明,行文简明,要言不烦。

【例文二】

充气玩具为何如此热销

塑料薄膜充气玩具,是目前市场上比较热销的品种。据××店玩具柜统计,今年每月平均销售2万多只,最多的一天销了近1 500只。

为什么充气玩具会如此受欢迎呢?这是因为:

(一)色彩鲜艳,造型生动,形象逼真,品种较多。充气玩具有各种娃娃、红金鱼、卡通猫、长颈鹿、白天鹅、小花狗等,既受小朋友喜爱,又可用于美化家庭环境。充气塑料游泳圈、各种运动球,还可供儿童游泳、玩耍,具有一定的实用价值。

(二)价格适中。一个普通玩具布娃娃要×元左右;一辆惯性玩具汽车,小的要×元多,大的要××元以上。而充气玩具小的只有几角钱,平均价格只有×元左右。

(三)安全卫生。目前市场上的儿童玩具多数用铁皮、木材制成,小朋友容易碰痛或划破手指出血,又不易洗涤消毒。而充气玩具既安全又卫生,发现漏气,只要粘合一下即可使用。

由于上述三大优点,近年来它的销售量不断上升。建议工厂不仅要增产充气玩具的新品种,更可以从中得到启示,为儿童多设计和生产一些价廉物美的玩具。

简评:这也是专题市场调查报告。文章材料具体,中心突出,结构完整,言之有序,用语简明、贴切。要认真学习其写法。

【思考与练习】

一、比较市场调查报告和一般调查报告的同和异。

二、"知己知彼,百战百胜。"联系今天的社会主义市场经济情况下的实际生产和销售方面,谈谈进行市场调查的必要性和现实意义。

三、请你先对市场普遍观察,当你发现了某种倾向时就深入调查广泛搜集有关资料,反复分析、综合,然后写一篇专题的市场调查报告。

第三节 经济预测报告

一、经济预测报告的涵义与作用

经济预测是在预测学和经济理论的指导下,对未来的经济趋势做出推测和表述,力求把某一未来经济事实的不确定性或模糊性缩小到最低程度,并对这一事实的结果提出具体的评价和设想。反映和描述经济预测的分析研究过程及其结果的文书叫经济预测报告。

凡事预则立,不预则废。首先,对于最高决策者,经济预测报告是其制定国家方针政策的基础;其次,对于基层决策者,经济预测报告是企业编制经济计划的依据;最后,在企业内部,经济预测报告是现代企业强化管理,提高效率的重要工具。是否重视市场信息,搞好经济预测,是衡量一个企业的经营机制是否健全有效的重要标志之一。

二、经济预测的种类和特点

(一) 种类

经济预测报告的种类很多。按范围分,有宏观经济预测报告和微观经济预测报告;按预测方法分,有定性预测报告和定量预测报告;按时间分,有长期(5~10年以上)、中期(2~5年内)、短期(1年左右)经济预测报告;按性质分,有专项预测报告和综合预测报告。企业常用的多为专项预测报告。主要有:

1. 市场预测报告

它是预测企业产品市场需求量的报告,是企业制定产销计划,进行经营决策的重要依据。

2. 销售预测报告

它是预测企业产品的市场占有率、竞争力等的报告,是企业改善经营管理、扩大销售量、增强竞争意识的重要依据。

3. 技改预测报告

它是预测同行业新技术、新产品对市场的影响的报告,是企业制定更新技术计划的依据。

4. 资源预测报告

它是预测企业生产所需原料、能源来源和供应保证程度的报告,是企业制定生产计划和物资供应计划的重要依据。

5. 成本预测报告

它是预测企业产品在一定时期内的成本水平的报告,是企业有计划地降低成本、加强经济核算、确定市场价格、争取获得经济效益的重要依据。

6. 产量预测报告

它是预测生产能力以及改建和扩建后的生产效益、各种产品的年产量等内容的报告,是企业制定经营管理计划的依据。

(二) 特点

经济预测报告的特点是科学性、针对性、预见性。

1. 科学性

预测报告必须具有充分的客观依据,能够揭示经济活动的客观规律,反映未来的发展趋势。这就要求在预测过程中要认真调查研究,充分搜集各种真实可靠的数据资料,运用适宜的科学预测方法,找出预测对象的客观运行规律,得出符合实际的结论,不得带有个人的好恶和偏见。

2. 针对性

经济活动范围很广,每次预测,只能对某类(种)产品或某类经济活动的某种前景做出科学预计,不可能面面俱到,囊括所有方面。这就要求在预测前,必须准确确定预测目标,选定预测对象,采取适合的预测方法,才能得出有针对性的预测结论。

3. 预见性

预测结果必须反映对象的客观运行规律和未来发展趋势。这就要求充分运用以往的事实材料,采用正确的预测方法,对预测对象的未来发展趋势和状况做出科学的分析和表述,并尽量将预测事件的不确定性极小化,使预测结果和实际之间的偏差达到最小。

三、经济预测的程序和方法

(一) 一般程序

1. 确定预测目标

这是整个预测工作的前提,应根据企业发展的需要而确定,目标越明确具体,预测的价值就越大。

2. 收集资料

根据已定的预测目标所限定的范围收集各种资料,包括本企业和同类企业的文字数据材料,以及其他方面对预测目标已经产生的研究成果等。

3. 整理资料

分类归纳整理所收集的资料,然后分析研究,剔除具有偶然性的内容,以免影响预测的科学性。

4. 选择预测方法

立足占有资料及预测目标的要求,选用适当的预测方法。最好是综合运用若干种预测方法,取长补短,以提高经济预测的准确性。

5. 预测技术处理

根据选用的预测的方法,利用数学、电脑等工具求得预测的定量结果。

6. 预测结果评估

经济预测的结果与日后应验的客观实际之间难免会有误差,可通过对这种误差的研究,来评估预测结果的准确性,评估的过程就是修正错误的过程。

(二) 常用方法

1. 直观型预测

这种预测方法就是根据人的感觉、经验、知识和综合分析能力,对直接接触到的客观事物进行预测。

2. 探索型预测

这种预测方法就是按客观事物发展的规律,从现状推测未来。

3. 规范型预测

这种预测方法就是依据社会发展需要,设置未来的模式,然后再从这个未来的模式回溯到现在,预测从现在到实现设想的模式所需要的时间、方式和条件。

4. 反馈型预测

这种预测方法就是根据信息反馈来预测未来。

以上四种是最常用的预测方法，此外还有管理人员评判意见、销售人员估计、用户调查等预测方法。

四、经济预测报告的写作

（一）标题

1. 四项式标题

它包括预测区域、预测期限、预测目标和文种，这也称完整式标题，如《2002年全国汽车产量预测报告》；还有不具备四项式的标题，如《成都市住宅电话发展目标预测》、《木材供应形势将趋紧》。

2. 新闻式标题

此类标题显示预测的内容，但不标明预测文种，如《十种工业产品将进行重大调整》、《"生态时装"将成"大众情人"》。

（二）前言

前言又称导语。这部分应简明扼要地介绍预测的时间、地点、范围、对象、目的，说明预测的主旨和采用的方法，也可介绍全文的主要内容。

（三）正文

一般包括现状、预测、建议三部分。

1. 现状

这部分内容要利用资料和数据，通过横向和纵向的比较，对经济活动的历史和现状做简要的回顾和说明。这是进行预测的重要基础。其主要内容有：市场需求状况、商品资源状况、市场行情状况、同类企业经营状况、本企业生产能力和设备状况等等，写作时围绕预测目标，通过对预测对象的分析研究，找出影响事物发生、发展、变化的前因后果，以求合乎逻辑的结论。

2. 预测

这是预测报告的核心部分,通过对数据、资料的科学(定量、定性)分析,预测经济活动的发展趋势和前景。要评价一份预测报告的质量高低,预测部分是关键。要写好这部分,必须做到分析全面深入,推断有理有据。

3. 建议

根据预测分析,提出切合实际的建议或措施,这也是预测报告的目的。这部分可采用条文式写法,将建议或措施逐条明确写出。

4. 结尾

用简明的文字强调观点,重申结论。

5. 落款

在行文的右下方署名制文单位名称或作者姓名;并在下面注明制文的年、月、日。

【例文】

1997年我国消费品市场展望

1997年我国经济仍保持适度快速增长的趋势,国民经济增长速度将略快于1996年。从目前的发展趋势上看,财政金融紧缩政策有所松动,1997年固定资产增长将略快于1996年。受此影响,1997年消费需求的增长也将略快于1996年的增长速度,但不会出现过快的增长。1997年全年消费品零售总额仍将以平稳增长为主要特点,消费品市场不会出现大的波动。主要变化趋势判断如下:

1. 尽管新的消费热点没有形成,难以刺激社会消费品零售总额的大幅度增长,但由于小的消费热点仍将不断出现,可以支持社会消费品零售总额的稳定增长,全年消费品市场以平稳变化为主,稳中有旺。

2. 1997年物价将保持较低的上涨幅度，而在较低的物价涨幅的条件下，社会消费品零售总额难以出现超常的增长的情况。

1997年商品零售涨价幅度将保持在6%左右，略低于1996年，这为1997年社会消费品零售总额的大幅度增长带来了相当大的困难。从历史上看，自从1984年工业改革以来，只有在物价涨幅超过8%并且GDP增长幅度超过10%的年份，社会消费品零售总额才会出现25%以上的超常增长。因此，1997年在物价涨幅均为6%左右的情况下，社会消费品零售总额不会出现超常增长。但鉴于1997年的GDP增长速度仍保持稳定增长状态，增长幅度将接近20%的水平。

3. 城镇居民收入增长减缓，影响到城镇居民的消费增长速度。

由于微观经济运行中存在诸多尚未解决的矛盾，企业生产经营困难、经济效益低下的现象在1997年难以改变。企业破产、停工或半停工的数量增加，导致企业职工失业或半失业的人数进一步增长；离退休职工工资增长缓慢甚至停滞不前或下降的局面仍将持续下去；银行利率的下调也将使居民的储蓄收入相对减少。这些因素将影响城镇居民收入增长的减缓，从而在一定程度上影响城镇居民消费的增长速度。

4. 由于国家加强了经济运行中的法制管理特别是税收管理，控制了社会上一些非法收入的过快增长，经济活动中出现暴发户的机会明显减少，消费中的挥金如土、不正当攀比等现象的不良示范作用和影响作用减弱，在一定程度上也将抑制非正常消费的增长。

尽管1997年社会消费品零售总额不会出现过快增长的情况，但较快增长的国民经济、稳定增长的居民收入、有效供给的不断增加以及人们对物质生活水平提高的强烈追求等因素仍将是社会消费品零售总额稳定增长的牢固基础。

根据如上分析，预测1997年社会消费品零售总额将比1996年增长20%左右，其中城市消费品总额的增长将快于县及县以下农村消费品总额的增长；在各种所有制经济中，国有经济消费品零售额的增长仍将是最慢的，其次为集体经济，而私营经济消费品零售额还将保持最快的增长速度，但各种所有制经济消费品零售总额增长幅的差距将有所缩小。

对发展1997年消费品市场的政策建议：

1. 要重视居民消费增长在国民经济增长中的位置和作用。

在社会经济发展中，消费增长与经济增长是相辅相成的关系（略）……在目前产销衔接不好、企业生产经营困难、经济效益低下的情况下，应适当采取刺激居民消费的政策，促进消费品市场销售，帮助企业扭转目前的困难局面。

2. 应根据收入水平、收入差距调整商品结构，满足不同收入层次居民的消费需求。（略）

3. 近期的消费热点，仍是以电子产品为主的高附加值商品，因此应加强高质量、高档次的电子产品的生产供应。（略）

（原载《消费经济》1997年1期。限于篇幅有所节略）

【思考与练习】

1. 简述经济预测报告的涵义和作用？
2. 宏观经济预测和微观经济预测各指什么？
3. 经济预测与市场调查有何区别？
4. 简述经济预测的程序和方法。
5. 经济预测报告的正文一般由哪三个部分构成？关键是哪部分？这部分应当怎样写？
6. 写作经济预测报告应注意什么问题？
7. 选择任何一种自己比较熟悉的商品，通过广泛收集资料，深入分析研究，然后写出一份关于该商品的短期预测报告。

第四节 可行性论证报告

一、可行性论证报告的涵义和作用

可行性论证,是指在某一项目实施之前,由有关部门或专家组通过全面的调查研究,分析各种有关信息,以及做出必要的测算,对其初步可行性、投资机会和技术经济可行性诸方面进行论证,从而确定一个最佳技术经济方案,为决策提供科学依据的一种活动。反映这一活动的内容和结果的文书,就是可行性论证报告。

可行性论证是经济活动和其他活动决策科学化、民主化,投资管理规范化、标准化的重要体现,也是国家基本建设、企业技术改造常用的决策程序和手段。国家计委《关于建设项目进行可行性研究的试行管理办法》明确规定,各项基本建设、技术改造都要事先做可行性研究、论证。可行性论证报告可以作为编制计划任务书和项目设计书的依据,也是计划管理部门审批、银行贷款或国内外投资者签订协议的依据。运用它可以帮助选择、确定"技术上合理,经济上合算"的最佳方案,提高投资效益,减少和避免决策的失误。因此,它不仅普遍用于大中型项目,用于重要政策的制订和新体制的推行,而且日益广泛地用于小型项目,乃至确定某一科研课题,组织产品销售等。

二、可行性报告的特点

可行性报告的主要特点是:

1. 论辩性

即要对某一立案项目的可行性从多方面进行论证,使可行的结论令人心悦诚服。它除了要对立案项目的原因、目的及必要性、效益性、技术上的合理性进行论证外,还要就人们对立项可能提出的质疑进行论辩。如《关于三峡工程必要与可行的论证》中就对水库泥沙淤积、诱发地震、大坝的战争防护、生态环境、移民等人们易产生疑虑的问题进行了论辩,从而消除疑虑,接受可行的观点。

2. 科学性

首先要围绕影响该项目的诸因素进行全面系统的分析,既要做宏观的分析,又要做微观的分析。有些项目,从局部看是有利的,从全局看是不合算的;反之,有些项目,从局部看不合算,从全局看是有利的;还有些项目,经济效益好而社会效益差;也有些项目,经济效益差而社会效益好,等等。因此,要结合实际,对多种方案进行比较,选出最优方案。其次,可行性研究报告不仅要阐明拟建项目在技术上和经济上所依据的理论、原理,说明其科学性,还要运用大量的数字、资料从多方面来论证其是否可行。在论证的过程中,需要介绍、分类、比较、图表、数字等说明方法。

3. 超前性

任何可行性论证都是在决策之前、项目实施之前进行的。它将对项目实施的可行性及其可能遇到的问题,运用科学的理论、方法和手段做出科学的预测和估量。

三、可行性报告的基本内容及写法

(一)标题

标题一般由项目名称和文种构成,有时还于项目名称后加上"方案"二字,如《新建华升公司可行性论证报告》、《济南市推行住房商品化改革方案的可行性研究(分析)报告》。另外还有一般文章式的标题,如《股份制是深化改革的产物》。标题正下方署明报告作者。

(二)主送单位

这是指该报告所呈上级领导机关或主管部门。

（三）正文

正文一般有前言、主体、结论和结束语。

1. 前言

也称开头。它主要介绍项目的总体情况，包括提出项目的理由、目的、意义以及预想的经济效益和社会效益，交代项目名称、主办单位及负责人、可行性论证工作、主要技术和经济负责人名单、项目建议书的审批文件以及可行性论证报告的范围、依据，项目的历史与现状等，最后可概述结论要点。

在实际写作中，上述内容可有针对性地选写，并非项项俱全。

2. 主体

（1）定性定量分析。这是可行性论证报告最基本最重要的部分：

①分析项目的前景。主要是对目标、效益、产品方案、发展方向和竞争力等的分析，有的分析还包括论证项目落实后对国民经济的宏观效果及社会影响。

②分析项目的建设条件。主要是对原材料供应条件、公共设施条件、建设规模的条件和资金筹措可能性等的分析。

③分析项目的实施方案。主要是对项目地址、技术工艺和主要设备的选择，项目规模、时间、进度以及全项目布置，企业组织、机构、劳动定员、人员培训、工资福利的设想，主要单项工程、协作配套工程、公用辅助设施、环境保护、资金筹措等方案的分析。

④定量分析。主要是对市场调查和预测、产品质量预测和销售价格预测、原材料成本估算、主要生产设备数量、运输费用估算、固定资产投资估算、流动资金估算等的分析。

⑤财务评价。在国家现行财税制度和现行价格体系的前提下，分析和评价项目投产后的盈利能力、债务清偿能力和创汇能

力。总之，定性分析与定量分析交替进行，不能分割。定性分析的同时，要做必要的数量估算。

(2) 不确定性分析。为了使项目具有较强的适应环境变化的能力和承受风险的能力，必须分析不确定性因素对项目评价指标的影响，它包括市场需求、生产能力、产品价格、主要原料、动力价格、建设工期、贷款利率等可能变化的因素。

3. 结论

结论是可行性论证报告的最终部分、成果部分。它要对项目备选方案进行评价、对比和择优，得出最终的最满意的方案，或做出可行性、非可行性、弥补性判断，并可适当地提出建议，供决策者参考。

(四) 附件

将调查研究所涉及的重要资料和文件，以附图、附表等形式列出，附于报告之后，以备查考。

四、开展可行性论证及撰写报告应注意的问题

(一) 要组织科学合理、有能力的论证班子

论证班子中应包括工程技术人员、经济和管理人员等专业人员，并由精通业务、有组织能力和威望的人担任负责人。该论证班子负责有计划地全面深入地开展调查研究工作。

(二) 要有严肃认真的科学态度和客观公正的工作作风

以一定的可比性为前提条件，科学地公正地做多方案比较，评价真实，反映客观情况。反对为争项目、争投资而违背科学、客观原则的坏作风。

(三) 要运用系统论的方法

要把项目看成一个系统，做全方位、系统化的综合研究。既从整体的角度去分析局部的作用，又从各要素去强化整体，努力优化项目的内部结构，最大限度地发挥系统的整体结构功能。

(四) 要充分论证并直观清晰地表达

要运用多种论证方法，使论证有力，推论合理。在用语言文字表达的同时，要尽量使用图表，使内容表达准确、简洁、直观、清晰。

【例文】

关于天津海河治理建议方案的可行性论证

××××：

海河为扇形流域，历史上各河系的洪水都是通过海河干流下泄，过洪能力上大下小，矛盾十分突出。1939年和1963年洪水均造成大面积灾害，此后，逐步扩建和新建了永定新河、独流减河、子牙新河、漳卫新河和潮白新河等入海通道，形成了各主要水系分头流入的局面。

天津市海河治理主要包括海河干流、独流减河和永定新河三条入海通道，主要排泄永定河和大清河的洪水。设计洪水为大清河50年一遇，经东淀出流4 000 m^3/s和永定河50年一遇，由永定河泛区出流1 800 m^3/s，共计5 800m^3/s。海河流域规划安排海河干流泄洪1 200m^3/s，永定新河泄洪1 400m^3/s，独流减河泄洪3 200m^3/s。随着国民经济建设的发展，流域用水量大大增加，从海河干流出海的水量由1958年以前的100亿立方米减少到80年代的1.7亿立方米，因而河口发生严重淤堵，加之超量抽取地下水造成地面沉降，从而大大降低了河道的泄洪能力。1993年初步选定的治理方案认为：海河干流的河底高程较永定新河、独流减河的河底低4 m~6 m，应该承担排泄中、小泄水及滞洪区退水；又因3条河的泄洪能力均降低很多，故从指导思想上仍然把海河干流作为骨干行洪河道看待，安排海河干流泄洪800m^3/s，独流减河泄洪3 600m^3/s，永定新河泄量不变。此方案有下列不利因素：

1. 海河干流泄洪 800m³/s，洪水位高于地面在天津市区最大达 1.5 米，塘沽市区最大达 2.5 米，平均高出地面 0.8 米。在天津中心市区要修 1.5 m～2.0 m 高的防洪堤，使金钢桥至光华桥 9 公里河段两岸的带状公园丧失公园的功能，不但破坏了天津市自然美好的生态环境，而且形成洪水威胁的势态，还可能引起自流排水口倒灌，这对天津市的开发建设和人们的休闲娱乐都非常不利。

2. 施工困难，干扰大。

3. 河道曲折弯转，流路长，比降小。

4. 桥梁多，阻水严重，行洪 800m³/s，阻水最厉害的 3 座桥必须改建。

5. 由于河口淤堵等原因降低的泄洪能力最多。

6. 天津市区和塘沽市区的地面沉降量大于郊区。

7. 不利于海河通航。

为此，我认为应取如下建议方案：

一、指导思想

尽管历史上海河干流是一条骨干行洪河道，但现今的条件已有很大变化：

1. 下泄入海的径流量减少了 98%。

2. 河口淤堵，地面沉降，使河道的泄洪能力减少 75%。

3. 天津城市建设的发展对海河干流提出了新的要求。

4. 海河干流承担的泄洪任务占洪水总量的比例已经较小。

独流减河和永定新河的修建，创造了改变海河干流功能的条件，因而从指导思想上应该把海河干流当作为天津人民谋福利、创造财富的重要资源来加以利用和保护。泄洪任务主要由独流减河和永定新河承担，海河干流在天津中心市区平槽水位（大约相应于泄流 400 m³/s) 以下，能泄多少，就分给多少，以对天津市，对海河干流本身最有利为原则，尽量不修堤。根据这个指导思想，海河干流的治理方向应在确保天津市防洪安全的前提下，发挥蓄淡供水，除涝排泄，改善航运，美化环境，净化水源，缓解河口淤堵萎缩，有利于人民生产生活、休闲娱乐和发展旅游事业等综合效能。放弃把海河干流作为骨干行洪河道的要求。

二、技术措施

海河下游流经平原洼地，比降平缓，并具有近于平行的多条入海通道。为使独流减河增加 800 m³/s 泄量（包括 1993 年治理方案要求增加的 400 m³/s 和本建议要求再增加的 400 m³/s)，可将这些洼地和入海通道连接成一个能相互调节、统一调度的系统，以利于泄洪、排涝、除害兴利，应研究采取以下工程措施：

1. 在独流减河洪流闸旁增建一泄量为 800 m³/s 的进洪闸（暂名为独新闸），闸底板高程与西河闸相同，以利独流减河排涝。

2. 工农兵闸旁增建一泄量为 800 m³/s 的防潮闸（暂名工新闸），闸底板高程按东淀排涝要求流量确定。

3. 在独流减河河床中挖一深槽，槽底高程与海河干流底相近，槽宽按增泄 800 m³/s 流量确定。

4. 在子牙河与北运河汇合口下游建一双向流节制闸（暂名三道闸），并将屈家店闸与西河闸改建成双向流闸。

5. 对西河闸至屈家店闸之间河段的河底及堤防高程进行适当调整，使其适应双向过流。

这些工程实施后，就可以把永定河泛区、永定河、海河干流、东淀和独流减河作为一个整体进行联合调度调节。历史上西、北系洪水一般均不遭遇（1993 年主要是北系洪水，而 1963 年主要是西系洪水），因此，当北系发生大洪水而西系水不大时，可以将北系的部分洪水调入东淀蓄存或由独流减河下泄；反之，可将西系的部分洪水调永定河泛区蓄存或由永定新河下泄。至于海河干流，则按照对天津市、对海河干流本身最有利的要求分给下泄流量。这样调度，不但有利于泄洪，而且有利于缓解各河口的淤堵萎缩，因为河口的淤堵萎缩是由于缺少下泄径流所致。采用联合调度，可以把西、北系中任一水系的大洪水分给3条河口下泄，故可使各河口均发生冲刷恢复。当排涝时，可将三道闸、西河闸、独新闸、工新闸及海河闸全部开启，使独流减河与海河干流连通排涝。由于独流减河的泄流能力远大于海河干流，故可大大加快排涝速度，降低排涝水位，有利于滞洪区及涝区恢复生产。当海河干流发生大涝时，独流减河还可以帮助排泄海河干流的涝水。两河联合调度在美国密西西比河与红河已有成功的经验。

三、建议方案比原方案具有的优势

1. 可确保天津市的防洪安全。由于天津市中心市区的海河洪水位低于地面高程，而独流河、永定新河靠近天津一岸的堤防比对岸的堤防高1.0米，因而确保天津市的防洪安全是可信的。同时，还可提高整体的防洪标准。

2. 可提高排涝标准，加快排涝速度。

3. 可保持天津市有利的生态环境，促进开发建设，发展旅游事业及有利于人民休闲娱乐。

4. 有利于海河通航。

5. 有利于缓解河口的淤堵萎缩。

6. 在独流减河挖出的泥土可用于加固堤防或堆筑平台等综合利用，而又施工方便。

7. 经济比较：不考虑联合调度，粗估建议方案可比原方案节省投资。若考虑联合调度，则须进行细致的计算比较。

综合以上优势效益所形成的无形资产可能达数十亿元以上。目前，与建议方案相违的工程尚未修改，望有关单位能支持建议方案的具体研究工作，争取早日付诸实现。

199×年×月×日

【思考与练习】

一、简述可行性论证报告的涵义、作用和特点。

二、可行性论证报告的基本内容一般包括哪五个方面？主体部分一般要写哪些主要内容？

三、开展可行性论证及撰写报告应该注意哪些问题？

四、自找项目（内容）开展可行性论证，并写出报告来。

第五节 查账报告与审计报告

一、查账报告

（一）查账报告的涵义和作用

查账报告是查账员通过对被查企业会计核算资料的检查分析，确认其财务状况的正确性、真实性而向被查单位或委托查账单位报告查账经过和结果的书面文件。查账报告在维护财经纪律、监督经营活动、加强财务管理中发挥着重要的作用，也是税务机关征收所得税的重要依据。它还可以使企业内部获得可靠的财务信息，以便评价经营活动，改进管理，提高效率。

（二）查账报告的分类

1. 查账报告

查账报告也称为查账验证报告，它是注册会计师完成对会计报表验证之后出具的报告。

注册会计师根据查账验证的结果和编报单位对有关问题的处理情况，要编制和出具无保留意见、保留意见、反对意见或拒绝表示意见四种类型之一的标准查账报告。

2. 查账说明书

这是查账员通过对被查企业会计核算资料的检查分析，确认其财务状况或正确、真实或存在问题所出具的证明文件。

(三) 查账报告的结构与写作

1. 标题

一般包括单位名称、事由、文种，如《关于汽运 2 站运费收款员何××贪污案查账报告》；有时也只标注查账内容和文件。

2. 正文

查账报告的正文可分为三层：

(1) 前言（引言）。说明实施查账的依据、目的、范围、基本作法，简介被查单位的概况以及检查的基本结论。

(2) 主体，即把验证查明后所获得的具体事实按其性质梳理成"辫子"，分项分析归纳，以说明企业经营管理状况、财务状况。具体写作时，应首先注明检查验证的各主要会计报表和财务资料的名称、期限和编制日期，然后对各主要会计报表和资料检查验证做出具体说明；同时阐明对所检查的会计报表和资料的意见以及所持意见的理由。主体内容较多时，可列出小标题分述。

(3) 结尾。针对被查单位存在的问题，表明对检查结果的看法；如实反映被检查者对存在问题的态度，并做出具体评价和结论。最后可提出改进的意见或建议。

3. 附件名称

一般有"资金平衡表"、"利润表"、"统计表"等附件。如有附件应在报告正文之后逐一注明名称，写明份数，并附上有关资料。

4. 落款

包括查账员姓名、查账单位名称和报告书的撰写时间，并加盖查账单位和查账员印章。

(四) 写作查账报告应注意的问题

(1) 查账应以财务会计资料为基础，材料翔实可靠，意见实事求是。

(2) 报告完稿之后,应经业务负责人全面复核,并将复核意见记录于有关底稿中。

(3) 各种附件应齐全。一般包括:完成检查验证的主要会计表或调整后的会计报表;对会计事项和会计报表项目的调整说明;查账验证过程中发现的不便在查账报告中说明的问题;提出的建议;委托人要求随附的资料等。

【例文一】

查账报告

×××:

本注册会计师根据你单位同意的××字××号委托书要求,对贵航振华公司1993年11月28日的资产负债表和到该日截止的本年度利润表、财务状况变动表进行了检查验证,对资产负债中的期初数和利润表中的上期数等资料进行了比较,并由王中华注册会计师检查验证。在检查验证中,我们根据有关法律、财务会计制度以及有关行政法规,结合贵航振华公司的具体情况,对该公司内部财务管理制度情况和数据记录的真实情况等实施了必要的查账验证程序。

上述会计报表中的资产负债表,没有反映应交利润项目,会计在处理中,把应上交利润854万元直接转入了自筹资金项目;该公司为了处理固定资产无形损耗对企业固定资产值的影响,不适当的采取了新的折旧方法,以加快其固定资产折旧速度,这种处理方式,未经有关部门的批准,在计算应纳所得税额时,又未做相应调整。由于折旧方法的变动,成本增加320万元,利润减少80万元。同时由于本期应核销低值易耗品20万元未做核销处理,致使少计成本而虚增利润59万元。

以上会计项目处理方法,违反了本市财政局有关财会项目处理方法的第三条和国家会计制度的第八条规定,我们提出调整意见,贵航振华公司不予接受。

我们认为,以上问题造成的严重影响,致使被查单位的会计报表,不符合《中华人民共和国工业企业会计制度》的规定,不能恰当地反映本年度财政状况及本年度经营成果和资金变动情况。

附件:
1. 资产负债表2份;
2. 年度利润表2份;
3. 统计报表2份。

查账员×××(印)
××会计师事务所(印)
1993年12月15日

【例文二】

关于××厂违反财经纪律的查账报告

××公司董事会:

遵照董事会决定,由公司财务部门与监察部门抽调力量组成查账组,于1996年12月5日至12月10日,对公司所属××厂的财务会计工作进行了检查,着重检查了该厂1990年度的财务账目、会计报表的凭据。检查发现,该厂存在着违反财经纪律的问题。

一、发现的主要问题

(一)挪用流动资金1.5万元购买非生产用品。其中:×月×日购买组合音响一套,支付6800元。(以下事例略)

(二)公款私存,总金额达6.5万元。(具体事例略)

(三)打"白条"报销××材料费,共6张单据。支付现金

3万元。(具体事例略)

(四)招待费开支过多,超过公司规定额度达1.5万元。(略)

二、处理意见

(一)责成该财务室对上述违纪问题写出书面检查。

(二)公款私存全部金额及利息应立即退交,存入该厂银行账户。

(三)建议公司加派力量对该厂财务会计活动特别是现金收支情况做进一步检查,待检查结束后根据事实对有关责任人员做出处理。

××公司查账小组

负责人:×××

1996年12月12日

二、审计报告

(一)审计报告的涵义和作用

审计报告是审计单位根据国家的会计制度、开支标准、财经政策和财经纪律,对一个企业或单位的经济活动等方面的情况进行审查后,实事求是、客观公正地向交办或承办机关提出的书面报告。其作用:

1. 经济公证作用

审计报告的编写人员是独立的第三者,他们处于客观公正的地位,撰写的审计报告具有经济公证的性质和合法的公证效力。

2. 依据作用

审计报告以简明的文字说明被审计单位财务收支和经济活动的状况及存在的问题,是审计机关对被审计单位的财经活动情况做出结论的依据,也是有关部门对存在问题,包括违法乱纪行为做出处理的依据。

3. 促进作用

审计报告实事求是地、较全面地反映了被审计单位的管理方法和经济状况，包括存在的问题等，有助于被审单位改善经营管理，取得更好的效益。

4. 总结作用

审计报告的完成，可说是审计人员对被审计单位有关工作的总结，也是对审计过程及其结果的一次全面总结，这对完全发挥审计工作监督职能有重要的意义。

(二) 审计报告的特点和种类

审计报告的特点是：总结性、答复性、公证性。

审计报告的种类：从审计工作的内容看，可分为财政财务审计报告、成本高低审计报告、财经法纪审计报告、经济效益审计报告。

从表现形式分，可分为叙述式、条文式、表格式、综合式。

从审计范围分，可分为综合性审计报告、专题性审计报告。

按审计人员的身分，可分为外部审计报告和内部审计报告。外部审计报告一般是国家审计机关和社会上独立开业的会计师事务所、审计师事务所的人员开展审计活动后所写的审计报告；内部审计报告则是机关、企事业单位内部的审计人员进行审计后所写的报告。

(三) 审计报告的写作步骤

(1) 对审计中占有的资料进行归类整理和审核。为了保证资料的真实性、可靠性，要对选取的资料做进一步的核实查对，包括事实、数字、法规、引文以及专用名词等，都要认真核对。

(2) 进行分析研究。特别要对发现的问题进行剖析、揭露问题的危害性、严重影响，并找出问题的原因。

(3) 审计报告草拟后要先经审计组讨论修改，然后再送审计组所在机构的负责人审查。

(4) 写出的报告初稿，特别是问题部分，要送被审单位征求意见；对被审单位提出的疑问要进一步调查、落实，报告中不全面、不准确的地方应加以修正、补充。

(四) 审计报告的写作

1. 标题

标题一般采用公文式标题，即由审计机关名称、被审计单位名称和审计内容、文种构成，如《江北市审计局关于对江南船舶公司江南造船厂1995年度财务决算的审计报告》，也可以省略审计机关名称。还有的由审计机关名称和文种组成，如《××审计局审计报告》。

2. 主送机关

主送机关即审计工作的交办或委办单位。

3. 正文

(1) 前言。介绍被审单位的基本情况，说明审计任务、审计范围、审计时间的起讫。有时也对审计结果的总评价做简要说明。

(2) 主体。这是审计报告最关键的部分。主要写两方面的内容：审计中发现的问题、审计机关对被审计单位或被审项目的评估和意见。

写这部分时，要以事实为主，有分析、有见解，做到观点和材料结合。如出现"严重违反财经纪律"的结论，就必须用具体的材料证明"严重"的程度，要把有关财务指标和有关项目有实质性影响的差错金额都列出，体现实事求是的原则。同时对性质较严重的问题、事项做出详细的说明。在分析事实时，要分析产生问题的主客观原因及后果，这样，所做的评语和决定，才具说服力。

审计机关做出的结论性意见，要实事求是，客观公正，态度鲜明；要依照国家财政法规恰如其分地提出处理意见，让阅读审计报告的人能明确审计机关肯定或否定的事实、问题，以及处理办法。

(3) 建议。针对主体问题分析，提出有针对性的建议性意见。大致包括：

①加强内部规章制度建设的建议；

②关于改进核算工作的建议；

③如何解决和处理有关违反财经纪律的建议及防止以后再发生此类问题的建议；

④对已查明贪污舞弊的处理的参考性意见；

⑤需要专题审计的其他问题的建议。

结束语一般都为："以上意见当否，请审批"，或"以上意见如认为可行，请批转××公司（或工厂等被审单位）"。

4. 落款

在落款处签上审计人员的名字，并签章，同时应注明审计人员的职务或职称。写明审计报告成文的年、月、日。

如有材料，应在落款的上面一行空两格起头，标出附件的名称和份数。

（五）写作审计报告应注意的问题

1. 树立法制观念，坚持实事求是

在审计工作中，无论是处理问题还是撰写报告，都要做到符合有关法律法规和有关方针政策的要求，符合实际情况。

2. 内容全面完整，数据真实可靠

内容全面完整，是指审计工作的全过程和全部问题，特别是与审计目标有关的主要问题不能遗漏。引用的数据要经过核实，确保真实可靠。

3. 表达准确明晰，语言简洁得体

审计报告叙事要简约明白，议论要恰到好处，结论要准确无误；态度语气既要庄重严肃，又要平和允当，切忌使用偏激甚至尖刻讽刺的语调。

下面是中国注册会计师协会颁发的"审计报告"范式。

【范式一】无保留意见审计报告范式

审计报告

ABC（股份）有限（责任）公司董事会（全体股东）：

（范围段例式）

我们接受委托，审计了贵公司××××年12月31日的资产负债表及××××年度损益表和财务状况变动表。这些会计报表由贵公司负责，我们的责任是对这些会计报表发表审计意见。我们的审计是依据《中国注册会计师独立审计准则》进行的。在审计过程中，我们结合贵公司实际情况，实施了包括抽查会计记录等，我们认为必要的审计程序。

（意见段例式）

我们认为，上述会计报表符合《企业会计准则》和《××企业会计制度》的有关规定，在所有重大方面公允地反映了贵公司××××年12月31日的财务状况及××××年度经营成果和资金变动情况，会计处理方法的选用遵循了一贯性原则。

××会计师事务所（盖章） 中国注册会计师：（签名、盖章）

中国　　　北京

××××年×月×日

【范式二】否定意见审计报告范式

审计报告

ABC（股份）有限（责任）公司董事会（全体股东）：

（范围段例式）

我们接受贵公司委托，审计了贵公司××××年12月31日的资产负债表及××××年度损益表和财务状况变动表。这些会计报表由贵公司负责,我们的责任是对这些会计报表发表审计意见。我们的审计是依据《中国注册会计师独立审计准则》进行的。在审计过程中,我们结合贵公司实际情况,实施了包括抽查会计记录等,我们认为必要的审计程序。

(说明段例式)

附注××所载的存货计价方法及附注××所载的固定资产计价方法,均未能遵循历史成本原则。这种对会计准则的背离,导致上述报表日存货价值减少了××元,固定资产原值增加了××元,同时对损益计算的正确性产生了重大的影响。

(意见段例式)

我们认为,由于上述问题造成的重大影响,上述会计报表不符合《企业会计准则》和《××企业会计制度》的有关规定,未能公允地反映贵公司××××年12月31日的财务状况及××××年度的经营成果和资金变动情况。

××会计师事务所(盖章)　中国注册会计师:(签名、盖章)

中国　　　北京

××××年×月×日

【例文】

关于××市钢铁厂199×年度
财务收支的审计报告

××市审计局:

根据省审计局《关于对大中型企业实行经常性审计的通知》精神和我局今年的审计工作计划,我们从199×年1月10日至25日对××市钢铁厂199×年度财务收支的真实性、合规性、合

法性,并199×年度承包经营合同规定的几项主要经济指标的完成情况,进行了就地审计,现将审计情况报告如下:

一、企业的基本情况

该厂隶属市机械工业局,是以生产各种规格的焊管和镀锌管为主的中型企业,现有职工1 283人。该厂下设四个车间和一个经济独立核算的综合厂。年生产能力为××万吨钢管。现有固定资产原值×××万元,净值×××万元;流动资金××××万元,其中定额流动资金×××万元;国家流动资金××万元,企业流动资金×××万元;流动资金借款×××万元,专项资金××××万元,专用借款×××万元,专项基金××××万元(包括专用基金×××万元)。

199×年,该厂工业总产值完成×××万元,比承包经营合同规定×××万元指标增长7%;实现利润1 162万元,比承包经营合同规定增长16.2%;上交利润、完成承包经营合同规定指标的100%;归还专用借款456万元,比承包合同规定指标还多46万元。审计情况表明,该厂已全面完成×××年度承包经营合同规定的几项主要经济指标。但在审计过程中,也发现了一些违反财经纪律的问题,反映了财务管理和财务核算方面的一些漏洞。

二、审计中发现的问题和处理意见

(一)199×年10月,企业将流动资金贷款逾期罚息15万元,随同正常贷款利息一起进入企业管理费,违反了《国营企业成本管理条例》(国发〔1984〕34号)第十三条"与本企业生产活动无关的其他费用","不得列入生产、销售成本"的规定精神,确属挤占成本。根据《国务院关于违反财政法规处分暂行规定》(1987年6月16日发布)第六条规定,应处以违纪额15万元的20%罚款,罚款金额为3万元,需如期上缴地方财政。

(二)199×年7月,未经批准擅自购买高级组合乐器一套,用企业福利费开支2.5万元,根据《关于违反控制社会集团购买力规定的处理暂行办法》,应处以没收或变价上缴财政。

(三)企业在10月末就完成了全年承包经营利润指标,对11和12两个月销售的废钢板边50吨收入40万元,未冲减成本,记在其他应付款账户,目的是列入明年收入,为完成明年利润指标创造条件。这种做法,违反了财务制度的有关规定,应调整账目,体现199×利润,并补交能源交通重点建设基金6万元,补交预算调节基金4万元。

三、评议及建议

通过对该厂199×年度财务收支的审计,总的认为该厂的改革在深入,形势比较好。199×年该厂实行了全员风险抵押基金制度,使企业兴衰与职工切身利益紧密联系在一起,并推行了全员承包经营责任制,调动了全厂干部和职工的积极性,克服了市场疲软,原料涨价的种种困难,超额完成了199×年度承包经营合同规定的各项经济指标,反映了该厂领导、职工改革意识强、经营管理基础好。但企业经营思想还不够端正,存在"留后手"思想;对有的财政法规执行得还不够认真,存在乱挤成本的问题,导致企业当年利润不够真实。

针对企业存在问题,提出如下建议:

1. 企业领导进一步端正经营思想,克服"短期行为",正确处理好国家、企业和职工三者利益之间的关系。

2. 该厂财会人员业务素质较高,五名财会人员都具有大专以上学历,其中高级会计师一名,会计师二名。从该厂查出的违纪问题看,不是因为财会人员业务素质差或由于政策、法规不清所造成的,而是财会人员明知故犯。因此,建议厂领导要加强对财会人员的教育和管理,提高其认真执行财政法规的自觉性,如今后再发生类似的违纪问题,将严肃处理。

附录:证明材料

审计组组长：×××（签字）
审计组成员：×××、×××（签字）
199×年1月30日

【思考与练习】

一、简述题
1. 简述查账报告与审计报告的涵义和作用。
2. 简述查账报告的主体部分的写作。
3. 简述审计报告的主体部分的写作。
4. 查账报告与审计报告的写作注意事项。
5. 简述查账报告和审计报告的异同。

二、判断题
1. 查账报告不仅局限于对财务报表的分析、判断，还可以从宏观的角度考核被审单位财经工作的效果。（　　）
2. 审计报告可以为领导机关的决策提供相关依据，为政策法规的完善提供相应的参照系数。（　　）
3. 审计报告的主体主要是写审计中发现的问题和对被审单位或项目的评估、意见。（　　）
4. 查账报告是查账验证报告的简称。（　　）

三、改错题
下面是一篇内部审计报告，请用正确的写作格式加以修改。

××机械厂内部审计报告

受厂办公会议委托，对厂职工食堂1986年4月至1987年4月期间的伙食账进行了审计。我们已于1987年9月15日至10月17日核算完毕。

经核算食堂购主副食品发票6 493张，其中白条13张，经过验收的有40张，无人验收的有6 440张。库存现金短少

430.70元，粮票短少3 402公斤，油票短少52.5公斤。移交粮本时短少粮3 275.5公斤。1987年10月购糠280公斤，未见报销发票，不知属于食堂购买还是私人购买，采购员说不清楚。

第六节　广告文

一、广告和广告文

广告，顾名思义，就是广泛告知的意思。它是一种宣传形式，内容多种多样。人们常说的广告，指经济广告，是公正而广泛地向人们介绍商品、劳务等方面信息的一种传播方式。它借助一定的媒介物作为宣传手段，以扩大销售为目的。它是商品经济的产物，并随着商品经济的发展而发展。

随着我国改革、开放方针的贯彻，商品经济不断发展，市场活跃，经济广告已成为推销商品、宣传劳务的最有效方法，成为沟通生产者、经营者、消费者之间的桥梁，在传播信息，指导消费，刺激需求，密切产销关系，加速商品流通，推动企业竞争，促进经营管理，发展对外贸易以及丰富人民的物质、文化生活等方面，发挥了积极的作用。

常见的经济广告，从内容来看，有商品广告、企业广告、劳务广告等；从广告所利用的媒介来看，有报刊广告、音响广告、电视广告、牌匾广告、灯光广告、交通广告、橱窗广告、展销广告、馈赠广告和包装广告等。采用什么方式，以什么作广告的媒介，要根据商品或劳务的特点，以及宣传对象等情况来决定。但无论采用何种形式，都离不开用语言文字来展示广告的主题和创意。因此，广告中的广告文（即用以展示广告宗旨的语言文字，不包括绘画、照片等）质量的优劣，就直接决定广告宣传效果的好坏。

优秀的广告文应能起到以下的作用:

(一) 引起注意

人们一般是不愿花费精力自动去收听或观看广告的。因此,广告文要有特殊的感染力,能在瞬间引起视听者的注意,并能吸引人听下去或看下去。有人说:"能够引起人们注意的广告,就成功了一半。"这话有一定的道理。

(二) 刺激需求

广告文不但告知人们有关商品、劳务的信息,更重要的是通过信息的传播,引起消费者的购买兴趣,诱发购买欲望。因此,广告文不仅要使视听者获得正确充分的理解,而且要适应消费者的心理特点,刺激其心理需求。

(三) 维持印象

广告是通过宣传提示和潜移默化来起到促销作用的;消费者的购买往往是在接受广告、形成印象之后实现的。因此,广告文应能使消费者确立信念,维持印象,保持记忆。

(四) 促成购买

广告的最终目的,是促成消费者购买。因此,广告文要有强烈的感召力,能促使顾客购买。

二、撰写广告文的基本要求

广告类型不同,广告文的写作要求也不同。但不论采用何种广告形式,撰写广告文,首先必须遵照国务院发布的《广告管理条例》第三条的规定:"广告内容必须真实、健康、清晰、明白,不得以任何形式欺骗用户和消费者。"这是写作广告文的最基本的要求。要写好一则广告文,必须注意以下几点。

(一) 要实事求是

广告文只有忠实、负责地向消费者介绍商品或劳务,不说假话,不放空炮,才能建立商品、企业的信誉。在行文中,一定限度的艺术渲染和艺术夸张是允许的,但必须以事实为基础,不能脱离事实。美国著名的《欧吉沛广告准则》的第一条就提出："绝对不要制作不愿让自己的妻子、儿女看的广告"，因为"诸位大概不会有欺骗自己家人的念头，当然也不能欺骗别的家人"。可见，实事求是，不说假话，是所有广告制作者必须遵循的。

（二）要有明确的诉求重点

广告文由于受传播媒介等条件的限制，必须从众多的宣传信息中选取最能体现商品、劳务的功用，最能突出表现商品、劳务特殊个性的"核心点"来作为诉求重点。如【例文一】田七牙膏的诉求重点是"田七精制"，及田七的功用能防病抗癌。在确定诉求重点时，还必须注意商品是在进入市场的引入期、成长期，还是成熟期、饱和期或衰落期。在引入期和成长期，诉求重点是商品的名称和性能，以激发消费者的兴趣和关注；在商品的成熟期和饱和期，诉求重点是商品性能的改良和商品的信誉；在商品的衰落期，诉求重点是商品的新技术、新用途，以争取新用户，开辟新市场。例如有一种"AR3240"型的打字机，用不同的广告文来突出不同的诉求重点："AR3240的魅力，三十天内见分晓"——突出质量的可靠，出售30天内，用户如不喜欢，保证原银奉还；"外行看热闹，内行看门道"——突出性能特别优良；"好汉不提当年勇"——突出比已经深受用户欢迎的该厂另一型号打字机更胜一筹；"三秒钟告诉你一个好消息"——突出最新研制成功的高速打印头。

（三）要抓准顾客的消费心理要求

所谓消费心理要求，就是消费者的兴趣、需要、动机、情感、态度等心理因素。广告文一定要针对顾客的消费心理，善于根据不同地区、不同消费对象的消费特点，做到"有的放矢"。例如南方或北方、沿海或内地、城市或农村、国内或国外，情况不同，需求不同；消费者的年龄、性别、职业不同，需求也不一样。这样，广告文就要因地制宜、因人制宜。同是服装的广告文,在内地农村,要着重宣传商品质地的优良;在沿海城市,则要突出款式的新颖。又如,当前化妆品的广告大多数在追求健康和美丽上做文章,但有一则广告却这样写:"我要他注意我,而不知道我化妆"(标题),然后介绍××牌化妆品以使人典雅素美取胜。这则广告深究了用化妆品的人常有的那种追求自然美,不满人工雕凿美的心理,突出宣传商品素雅品质,因而容易取得消费者的好感。

(四)语言文字要有感染力

广告文的语言文字是否具有感染力,是衡量广告优劣的重要标志。它可以采用各种体裁,可以叙述、说明、议论、描写、抒情兼用。但语言文字要准确、精练、鲜明、生动,既要通俗易懂,朗朗上口,易于记忆,又要活泼风趣,富于高尚的情调。例如一则推销眼镜的广告这样写:"眼睛是心灵的窗子,为了爱护您的眼睛,请给窗子装上玻璃吧!"这样以委婉的劝诱的口吻向人们诉说爱护眼睛的重要性,表述生动感人。广告文不能采用庸俗低级的不健康的语言。

三、广告文的构成和写法

广告文的构成和写法,因广告媒介的不同和宣传内容的需要而不同,它既没有统一的结构形式,也没有固定的写作方法。一般来说,广告文包括标题、正文、随文及广告标语。这四项都齐全的广告文,多见于报刊上的印刷广告;单纯用广告标语,或标题、标语与正文合一的多见于灯箱、标牌、交通等广告;用标语、标题与画面配合的多见于电视广告。

(一)标题

广告文的标题即广告的题目,它标明广告的主旨,又是区分不同广告内容的标志。标题给人以第一印象,"题好一半文",好的标题富于感召力,使人"一目了然","一见钟情","一听难忘",并引人读(听)下去。标题要能高度概括主旨,具体突出诉求重点；要有新颖引人的创意，生动简洁的文字。从标题揭示内容的方式来看，可分为直接标题和间接标题；从标题的组合形式来看，有引题、正题、副题。

直接标题是用简明的文字表明广告的主要内容，使人一目了然。例如："四月份新影片预告"，"教师节新书介绍"等。报刊上的"分类广告"多用这样的标题。

间接标题，不直接点明广告主旨，而用耐人寻味的词句来作标题，以诱人转读正文或看广告图片。这种标题富有情趣，以引人注目、诱发兴趣为主要目的。例如某橡胶厂推销汽车轮胎的广告标题："只花几十元，再跑八万里"用数字对比概括了产品的价廉耐用；国外某公司用"本公司的产品维修人员，是全世界最闲的人"来作广告标题，突出产品质量的优良。间接标题多采用比喻、比拟等修辞手法，用成语、熟语、富于哲理或生活情趣的名言，使人历久不忘。如某打字机公司的广告标题："不打不相识"，它准确、贴切、生动，使人一听难忘。

引题、正题、副题，这是采用新闻的标题形式，具体用法与新闻相同。引题用来说明信息意义或交代背景，正题用来点明广告的主要内容，副题是对正题内容的补充。如"开拓前进，走向世界"，这是引题，交代背景，引出正题"汕头海洋音像总公司汕头海洋音像出版社"，点明这则企业广告的主要内容；"以音像出版制作、磁记录材料工业、高分子合成工业为企业三大支柱，形成专业化、多功能生产经营体系，系列产品配套成龙"，是副题，对正题做补充。

（二）正文

正文是广告文的中心部分，是广告的主旨和主要内容所在，它包括广告主办单位和商品或劳务名称，商品的规格、花色、性能、功效，使用保养方式、出售方式、接洽方式等。

撰写正文要注意：

1. 重点突出

一则广告要有明确的主题,这个主题就是广告的诉求重点。正文就应突出这个重点,忌头绪纷纭,杂乱无章,什么都摆上去,显示不出商品或企业个性和主要优点。如【例文一】"田七牙膏"的广告文,就突出了它对防治牙病的作用。

2. 简明易懂

广告正文要写得简明扼要,浅显通俗,具体明白,切忌拖沓晦涩。一般日用品广告,商品性能是众所周知的,宜简短;高档生活用品以及生产资料,为便于消费者了解,宜详细。此外,还要考虑媒体的特点。用于报刊的印刷广告,可详细;而广播、电视、灯光、牌匾、交通等广告,则应简短,尽量口语化,避免用抽象空洞的词句,以使各种文化程度的消费者都易读爱听。

3. 有趣引人

广告正文不但要有概括性,言简意赅,而且要有文艺性,富于人情味,使消费者感到亲切,乐于接受。例如天美牌化妆品的广告文是"心思思,有件事,遇疑难,话你知——为什么会少年白发呢?"然后介绍人们产生白发的原因以及如何防治,最后才引出"天美牌化妆品教你打扮"。在表现方式上,可用独白式、对话式以及诗歌、相声、故事等文艺形式。

4. 有号召力

广告的号召力,关键在于真实性,在于商品、劳务的高质量和企业优良的经营作风。但要使消费者知晓和信任,还要借助于令人信服的有号召力的广告文。常见的写法有引用权威人士、社会名流、消费者等评价和推荐的话,或利用权威部门颁发的证书、奖状来证明。例如【例文一】、【例文二】就分别用"部优"、"省优"的证明;【例文一】还用了科研部门的证明。

(三)随文

随文也称附告,是在正文之后的必要说明,即附带告诉人们的一些内容,包括广告单位的名称、地址、电话号码、电报挂号、邮政编码、银行账号、购买手续等,对消费者起购买指南的作用。

(四)广告标语

广告标语又叫广告口号,它是广告者从长远销售利益出发的,在一定时期内反复使用的特定宣传语句。它的作用在于使消费者加深对企业的经营特点,对商品、劳务的独特优良个性的理解和记忆,以形成深刻强烈的印象。而这个印象,往往在无形中成为人们购买商品或选择劳务时的依据,所以,广告标语是现代广告文中常用的重要形式。

广告标语按其内容和心理效应,可分为赞扬式、号召式、情感式、综合式等等。

赞扬式,就是运用直接陈述的方法,强调商品或劳务的优点,使消费者容易鉴别和牢记。例如有一种咖啡的广告标语:"滴滴香浓,意犹未尽。"

号召式,就是运用鼓动性词句,直接动员消费者购买。例如洁龈牙膏的"要将牙病防,洁龈帮你忙"。

情感式,就是使用富于人情味的、引人联想的言词来显示商品、劳务或企业的特点。例如白云山制药厂的"白云山、白云山,爱心满人间";又如金狮牌自行车的"家有金狮,吉祥如意"。

综合式 就是综合上述各种形式,融合为一。例如神州牌热水器的广告标语:"款款'神州'领先潮流,随心所'浴',现代享受"。

广告标题的撰写要求与标题的拟写基本相同,但它的鼓动性更强。因此,要突出特点,富于号召力;要押韵动听,简单易记。

【例文一】

　　　　　神州无凡草　田七药中宝
　　　　　广西有名产　牙膏人赞好

田七牙膏　田七精制
荣获 1983 年轻工部重大科技成果奖
荣获 1985 年全国轻工业优秀新产品奖
荣获 1988 年全国轻工业优秀出口产品银质奖

　　经广州中山医科大学口腔系、广西人民医院口腔科临床验证，确认田七药物牙膏对防治虚火牙痛、牙质过敏、红肿出血、牙龈炎、口腔炎、口臭等疗效显著，无副作用。

话说田七　　防癌抗癌

　　据新华社东京专电，日本广岛大学医学系的研究小组，把从田七中提取的多糖类物质，用在移植了皮癌的小白鼠中进行实验，五周后，癌症消除或显著减轻。这说明从田七中提炼的多糖类物质确有抗癌作用。

　　另据中山医科大学附属肿瘤医院报道，服用田七，配合放射治疗鼻咽癌原发病灶观察，做双育试验，在 69 例分三组的试验中，服田七两组原发病灶消失平均为 93.88%。说明田七粉有加速癌肿消退作用。

广西梧州日用化工厂　厂址：梧州市工厂路 57 号
　　　　　　　　　　电话：29187　电挂：3550

【例文二】

长城电扇　电扇长城

制造生产"长城牌"电扇的苏州电扇总厂，是国家和轻工业部电扇生产的重点骨干企业，已有20多年的专业生产历史，是江苏省第一家电扇厂和电扇出口厂。"长城牌"电扇近年来获得的主要荣誉有：

江苏省优秀产品证书；

轻工业部优秀产品证书；

国家经委优秀产品证书；

全国家用电器"消费者信誉奖"；

全国首届名优电扇质量跟踪评比总分第一名。

企业近年获得的主要荣誉有：

江苏省轻工业厅国家二级企业；

全国轻工业优秀出口新产品（金牌奖）；

被江苏省经贸委列为自营进出口经营权企业；

（下略）

【例文三】

西湖牌电视机

西湖——

春的美丽，请你悄悄陶醉；

夏的风采，请你紧紧追寻；

秋光里，请你欣赏色彩的绚丽；

冬季中，请你品味自然的深情；

西湖牌电视机邀请你身临其境。（下略）

【例文四】

唐杰忠：老马，您在等谁呀？

马季：我的那个"嘉陵"。

唐杰忠：嘉陵是您爱人吗？

马季：我太爱"嘉陵"了，风度潇洒……它有许多优点，容貌长得盖世无双！

唐杰忠：什么，姑娘们向您"求爱"？

马季：什么呀！您瞧，它来了。

唐杰忠：啊，原来是"嘉陵摩托车"啊！

【思考与练习】

一、广告文要有明确的诉求重点，还要抓准顾客的消费心理要求。试分析【例文一】、【例文二】各自的诉求重点是什么，又是怎样针对顾客的心理要求来写的。

二、广告标语是经济广告的常用形式，试从电视广告或牌匾广告中举出数例，分析这些广告标语在刺激需求、维持印象、促成购买中所起的作用。

三、阅读下面一则茶叶包装广告，请指出其中的毛病，并做改写。

茶为中国之特产，生长石岩，受山岳之正气，吸日月之精英，经四季之雨露，富于叶绿素。本庄专营茶叶历史悠久，选购名茶加工焙制，气味芬芳，常饮可生津止渴，增进健康，诚为饮料之佳品。

四、阅读下面的材料，并为它写一则广告词，要有广告标语和正文。

××护肤用品厂生产的施娜牌黑发宝、雀斑粉刺露和梁氏防皱霜均是著名老中医、××中医学院教授梁××授方、监制的，用地道的名贵中药及鼎湖山地区稀有草药制成。梁教授经数十年实践，研究出这些药物有较显著的护肤、生发、黑发、防脱发、养颜、祛粉刺作用。上述产品经省卫生防疫站检验，证明对人体无害。产品远销东南亚、欧美7个国家和地区。

该厂和香港××行（海外施娜牌黑发宝总经销）现联合向社会公开征集施娜牌黑发宝广告词。广告词要求突出黑发宝四大特殊功效：黑发与生发显著；防止脱发功效较大；能解决少年白发的烦恼；可护发去头屑止发痒。广告词要求朗朗上口，通俗易懂。

五、根据下面的内容，为茅台酒厂拟写一份刊登在报上的介绍茅台酒的文字广告。

茅台酒产于贵州省仁怀县茅台镇茅台酒厂，已有近三百年历史。因为酒质优良，风味独特，所以深受国内外消费者欢迎。1915年曾获得巴拿马国际博览会奖章和奖状。在全国第一、二届评酒会上均被评为全国名酒。这种酒酿造时用曲量大、用辅料少，经过八次蒸粮蒸酒（一般白酒只经过一次蒸粮蒸酒），再入库储存三年，才准许出厂。酒度55度。产品以酱香为主体香。味醇厚，回味悠长，饮后的空杯，留香浓郁，经久不散。

第七节 合　同

一、合同的含义和作用

合同是自然人、法人、组织之间设立、变更、终止民事权利义务关系的协议。

依法成立的合同，对当事人具有法律的约束力，并受法律的保护。

随着我国社会主义事业的发展，生产社会化程度不断提高，社会分工越来越细,社会协作也就更重要,更普遍。因此,合同具有以下主要作用:保护合同当事人的合法权益;维护社会经济秩序;促进社会主义现代化建设。

二、合同的种类

按照1999年3月15日第九届全国人民代表大会第二次会议通过的《中华人民共和国合同法》规定,合同可分为15种。

1. 买卖合同

买卖合同是出卖人转移标的物的所有权于买受人,买受人支付价款的合同。

2. 供用电、水、气、热力合同

供电合同是供电人向用电人供电,用电人支付电费的合同。供水、气、热力合同与供电合同相同。

3. 赠与合同

赠与合同是赠与人将自己的财产无偿给予受赠人,受赠人表示接受赠与的合同。

4. 借款合同

借款合同是借款人向贷款人借款,到期返还借款并支付利息的合同。

5. 租赁合同

租赁合同是出租人将租赁物交付承租人使用、收益,承租人支付租金的合同。

6. 融资租赁合同

融资租赁合同是出租人根据承租人对出卖人、租赁物的选择,向出卖人购买租赁物,提供给承租人使用,承租人支付租金的合同。

7. 承揽合同

承揽合同是承揽人按照定作人的要求完成工作,交付工作成果,定作人给付报酬的合同。它包括加工、定作、修理、复制、测试、检验等工作。

8. 建设工程合同

建设工程合同是承包人进行工程建设,发包人支付价款的合同。它包括工程勘察、设计、施工等。

9. 运输合同

运输合同是承运人将旅客或者货物从起运地点运到约定地点,旅客、托运人或者收货人支付票款或者运输费用的合同。

10. 技术合同

技术合同是当事人就技术开发、转让、咨询或者服务订立的确立相互之间的权利和义务的合同。

11. 保管合同

保管合同是保管人保管寄存人交付的保管物,并返还该物的合同。

12. 仓储合同

仓储合同是保管人储存存货人交付的仓储物,存储人支付仓储费的合同。

13. 委托合同

委托合同是委托人和受委托人约定,由受委托人处理事务的合同。

14. 经纪合同

经纪合同是经纪人以自己的名义为委托人从事贸易活动,委托人支付报酬的合同。

15. 居间合同

居间合同是居间人向委托人报告订立合同的机会或者提供订立合同的媒介服务,委托人支付报酬的合同。

三、合同的格式、内容和写法

(一) 签订合同的步骤

订立合同,采取要约、承诺方式。要约是提出具体条件希望他人订立合同的意思表示，受要约人如果在确定的期限内表示愿意接受这些条件签约，叫承诺。承诺的内容应当与要约的内容一致。受要约的人对要约的内容做出实质性变更的，为新要约。经过反复要约，直到受要约人对要约内容不再做出实质性的变更，双方意见一致，可称为承诺有效。多数合同的签订，要经过"要约——新要约——再新要约——……——承诺"的过程。当事人订立合同，应当具有相应的民事权利能力和民事行为能力，也可依法委托代理人签订合同。

合同的内容必须是合法的，任何违反国家法律、政策、计划的合同，或采取欺诈、胁迫手段所签订的合同，以及代理人超越权限所签订的合同，违反国家利益和公共利益的合同，都是无效的合同。

（二）合同的格式、内容和写法

《合同法》规定，合同有书面形式、口头形式和其他形式。书面形式的合同是指合同书、信件、数据电文（包括电报、电传、传真、电子数据交换和电子邮件）等。这里主要讲合同书。

合同书的形式一般比较固定，大致分为表格式、条款式两类：表格式大都用于比较简单的买卖、信贷、保险、定货等方面；条款式大都用于比较复杂的建设工程承包、联产承包、财产租赁等方面。实际中也有表格式加条款式的。各类合同，其写法都相对地有固定的格式，一般分为五个部分。

1. 标题

标题写在第一页顶部正中，字体较条款文字大些。如"购销合同"、"××联产承包合同"、"建筑合同"等，一般都从大的性质标示，让人一看便知合同的性质。

2. 立合同人

在标题左下方顶格书写"立合同人"，下一行开头空两格并列双方名称（全称），后以括号注明双方简称，或谓甲乙、或谓买卖、或谓供需。也有省掉"立合同人",直接标供需、买卖、借款贷款等双方,加冒号,再标出双方名称的;还有些合同把这一部分纳入"目的和根据(引言)"部分的开头。

3. 目的和根据(引言)

一般采用"为了……(根据……)双方协商一致,订立如下合同,以资共同信守。"的格式。即写明为什么要订立此合同,其根据是什么,是否经过双方平等、充分协商,要写得简单扼要,言简意赅。

4. 正文

合同的内容由合同当事人双方约定,写明各方所承担的法律责任和应享受的权利。一般包括以下条款:

(1) 标的。标的是指合同当事人的权利义务所共同指向的对象,即共同的具体目标物。各种合同,各有其具体的标的。如购销合同,是卖方交付的出卖物;租赁合同,是出租人交付的租赁物;借贷合同的标的是实物、货币;建筑工程承包合同,是指工程项目;工作合同、雇工合同,应指劳务。《合同法》中的15种合同,多数是以一定的财产关系即物质利益关系为其内容的,标的都应写得明确具体,完整严密,否则就无法执行。

(2) 数量和质量。数量是标的的具体指标,是确定权利与义务大小的尺码,是确定合同的具体条件之一,所以必须规定得明确具体,不但数字要准确,计量单位也必须精确,如度量衡中的公制与市制等。此外,一般在标明实际的准确交易数量的同时,还应标明可允许的损耗率。

质量是合同的基本条件之一,往往起到标的的保证作用。质量不保证,则对方的权利会受到根本的损害,因此必须规定得明确、具体,从使用材料、质地、性能、用途、甚至保质期等各方面都要详细约定。对工业产品的质量,须订出何时的国家标准,或行业标准;若是按照通常标准或者符合合同目的的特定标准,应另附协议书和提交样品,否则其权利义务的大小,责任的轻重程度就难以确定。

(3) 价款或酬金。价款、酬金是标的的价值。购销合同为价款,加工承揽、货物运输、工作、雇工等为酬金,即取得对方产品、接受对方劳务所支付的代价。价款、酬金一般都以货币的数量来表示。价款中单位价格和总和价款、酬金的单价标准和计算方法要明确、具体。执行的是政府价格(定价或指导价),还是议定价格要写清楚;在合同执行期内遇到价格上涨或下降的处理办法,要规定得明确、具体。表格式合同用阿拉伯字码写单价,用大写汉字写总计款;条款式则用统一数字。

(4) 履约期限、地点和方式。期限是双方履行义务的时间界限,双方都必须严格按议定的时间执行。如是购销合同,其期限表现为供方的交货时间,需方的付款时间。若是租赁合同,则为租赁的起止时间。一般说,履行期限宜定实一些,不要笼统含糊,如果不是实际日期的,其界定应用"以前"、"以内",而不能用"以后",也不能用"尽可能在",否则会招致很大损失。履行地点是指当事人完成所承担义务的地点,如交货、运货、承建等地点,必须写清楚。履行方式是当事人以什么方式来履行义务,如购销合同中,供方是分批交货还是一次交货,是供方送货还是需方提货,是用什么方式运输,运费谁负担,如何包装,包装费谁负责,付款是分期还是一次付清,以现款还是转账、汇款交付等。

(5) 违约责任。这是对不履行合同义务时的制裁措施。双方的义务虽然有所不同,但处罚是对等的。在正常情况下,双方都有毁约的可能,比如有迟交迟付的可能,但相对来说,供方、承建方等的违约情况又会多些,如质量不合格、数量不足、规格不符、包装不妥善等等。按照前四项主要内容,确定双方违反某一项的罚则,其轻重该是相同的,如迟交货,为每天罚 0.03% 的滞罚金，则迟付款的滞罚金也应是每天0.03%，拒不交货则罚货款的20%，那么拒不收货的处罚也同样应是20%。订违约责任应细、应全、应实，按主要内容逐一估计其可能发生的事，考虑得越周全越好，罚则应明确、实在，不要笼统、含糊，不能说"处以罚金"、"以上"、"以内"，否则难以执罚。此外，还应考虑到如遇特殊情况的处理方法。

一般还应写合同的份数、保管及有效期。

有的合同还有表格、图纸、实样等附件，一般在条款之后隔一行空两格写"附件"字样，然后写明附件名称和份数，也可以在条款中说明。

5. 尾部

落款有甲方、乙方横排并列的，也有靠右依序纵排的，要写明双方单位（全称）和代表姓名；如需要双方上级单位鉴证或公证机关公证，也应跟订立合同单位和代表并列具名。所有具名都需签名盖章。为了联系方便，还应写上合同当事人的地址、邮政编码、电话、电报挂号以及开户银行、账号等。签名右下方写明签订合同的年、月、日。

四、签订合同必须遵循的原则和要求

（一）签订合同应遵循的原则

1. 合法原则

合法原则的具体含义包括主体合法、内容合法、程序和形式合法。签约双方应当是具有相应的民事权利能力和民事行为能力的自然人、法人或其他组织。合同内容必须符合国家法律和政策的要求。订立合同必须符合法律和习惯程序。如果忽视合法性，忽视对方的行为能力和承担责任的能力，就会给国家造成不应有的损失。

2. 平等互利原则

平等互利，是指当事人在签订合同时应处于平等的法律地位,平等地享有权利和平等地承担义务。采取欺诈、胁迫等手段签订的合同是无效合同。

3. 等价有偿原则

等价有偿,是指当事人的权利和义务是对等的,要符合等价交换的原则。任何一方都无权要求对方无偿地给自己提供产(商)品、劳务或别的什么。

(二)撰写合同的基本要求

1. 格式的规范性

合同格式的规范性,指合同的内容要完整、合理,条款要完备,各项内容都要符合《合同法》规定的要求,不可简化、疏漏。

2. 条文的科学性

合同条款的科学性体现在合同条款的逻辑性和严密性上。合同内容不能前后矛盾、相互冲突,而应相互关联照应。条文的安排要做到不漏、不错、不乱。权利、义务的规定必须具体、切实。如果合同条款写得不全、不细、不当、不明,就会给合同的履行留下隐患,造成损失。

3. 文字表达的准确性

合同内容的合法性、格式的规范性和条文的科学性,都有赖于文字表达的准确性。合同的字句要反复推敲,做到概念明确特别是关键性的词语更要谨慎,以免发生歧义。凡意思抽象、语句含糊不清的合同都将会给合同的履行造成不必要的麻烦,字迹要清楚,标点符号要正确。要用较好的纸张,用墨笔或钢笔书写,关键的数目字要大写。

4. 法律的严肃性

依法成立的合同,一经签订就产生法律的约束力,双方都应维护合同的严肃性。任何一方都不能从自己的利益出发,对已签订的合同擅自进行取舍或涂改。如果签订的合同有错漏,或者内容要改正,必须经双方协商同意,有的还要经主管部门和有关鉴证机关同意备案方为有效。

五、意向书、协议书、合同书

意向书、协议书、合同书三者之间有联系,也有区别。意向书是双方就某项工程的确立、投资等意见趋于一致时,为了表明双方设想、兴趣、态度、观点而签订的书面文件。意向书比协议更为原则,一般都由较高级的有决策权力的人参加讨论,并经双方负责人签字盖章,它是签订协议、合同的基础文件。

协议和合同的性质相同,但合同往往比协议具体,协议可以拟得原则一些。协议对签约双方既有约束作用(在原则性问题方面),又有一定的机动余地。因此,有些协议往往在签订合同以前签订,但用协议代替合同也是常见的,因为二者的性质相同。

意向书多采用会议纪要的形式,协议可采用合同的写法。

【例文一】

农业联产承包合同

签订合同单位:

××乡××村居民委员会(以下简称甲方)

承包户×××(全家五口,三个劳力)(以下简称乙方)

为了进一步完善以家庭经济为基础的承包制,加快农业生产发展,达到增产增收增贡献的目的,经甲、乙双方商定,特签订如下合同,以资共同遵守。

一、甲方做到如下五点:

(一)继续将乙方原承包的田地0.66公顷交乙方使用,所有权属集体。

(二)督促乙方,按照合同规定完成国家的粮食合同定购任务、集体提留和其他必要的社会负担。

(三)负责协助乙方及时购买所需的化肥、农药等生产资料。

（四）认真做好"统"的工作（如农田灌溉，翻耕等），及时处理生产中出现的矛盾，支持生产发展。

（五）根据农业基本建设的需要和可能，按政策规定，有权统一调配劳力，合理分摊国家分配的各项公差勤务等任务。

二、乙方做到如下五点：

（一）积极完成承包合同规定的各项生产任务，有权因地制宜种植，合理安排作物茬口，甲方不得以任何借口加以干涉。

（二）按照合同规定，交纳公积金、公益金、管理费和其他社会负担，共壹佰贰拾元。

（三）认真种好承包土地，不得弃耕荒芜，注意增施有机肥料，培养地力；承包地、自留地不得买卖、出租、建房和转作其他非生产用地。

（四）在水利管理使用上，服从甲方统一安排。

（五）有权监督甲方对公共积累和各种上交经费的使用，发现有贪污、挪用和其他不轨行为时，有权向各级领导机关检举揭发。

三、如遇不可抗拒的自然灾害而减产时，需经双方核实灾情，并报乡政府批准，核减乙方集体提留等任务。在不能完成粮食合同定购的数量时，须按照规定，在秋收前办理修改手续。

四、本合同自签订之日起生效。

五、本合同期限壹年，甲、乙方和公证单位各执一份。

××乡××村村民委员会
（公章）
代表×××（签名）
承包户×××（签名）
公证单位（公章）
19××年×月×日

【例文二】

购销合同

合同编号：——————
签订日期：——————

需方：_____
供方：_____

根据《中华人民共和国合同法》有关规定，经双方协商签订本合同，以资共同信守。

一、货号、品名、规格、单位、数量、金额：

货号	品名	规格	单位	数量	单价（ ）	金额
合计						

合计金额（大写）：_____

二、交货日期：_____

三、产品质量标准：_____
_____

四、包装要求及费用负担：_____

五、运输方式及费用负担：_____

六、交（提）货方法、地点（代办运输应注明到货地点、站

名）：_____

七、验收方法：1. 销方仓库验收；2. 货到对方后验收（如货到后超过七天再提出品质规格方面的意见，销方不负责）。

八、货款结算方式：_____

九、违约负责：供方不能按合同交货或需方中途退货的，应向对方偿付不能交货或退货部分货款总值10%的违约金；其余按《合同法》和有关条例规定执行。

十、其他：_____

十一、本合同依法订立，即具有法律效力，双方必须全面履行，任何一方不得擅自变更或解除。因故需要变更或解除时，应按《合同法》有关规定办理。

十二、当事人一方因故不能履行合同时，应及时向对方通报理由。在取得有关主管机关的证明后，可根据情况，部分或全部免于承担违约责任。

十三、本合同共四联。

十四、本合同有效期：自19××年×月×日起至19××年×月×日止。

需方单位：（盖章）	供方单位：（盖章）	鉴证机关：（盖章）
法人代表：	法人代表：	
地址：	地址：	
邮政编码：	邮政编码：	
电话：	电话：	
电挂：	电挂：	
开户银行：	开户银行：	鉴字第　　　号
账号：	账号：	19××年×月×日

【例文三】

劳动合同

订立合同双方：

招聘方：_____（甲方）

受聘方：_____（乙方）

甲方招聘合同制职工，按有关规定，已报请_____批准。甲方向乙方如实介绍涉及合同的有关情况；乙方已向甲方表示愿意受聘。甲乙双方本着自愿、平等的原则，经协商一致，特签订本合同，以资共同遵守。

一、合同期限

合同期限为____年，从19__年__月__日起至19__年__月__日止。

（附注：没有一定期限的合同或以完成一项工作的时间为期限的合同，应注明"本合同无一定期限"或"本合同以____工作完成为已满期限"。）

二、试用期限（略）

三、职务（或工种）

甲方聘请乙方担任_____职务（或从事_____工程的工作）

四、工作时间（略）

五、劳动报酬（略）

六、生活福利待遇（略）

七、劳动保护（略）

（附注：按国家的有关规定执行。）

八、乙方患病、伤残、生育等待遇以及养老保险等办法。

（附注：国家有规定的，按规定执行；无规定的，由双方约定。)

九、政治待遇和劳动纪律要求

十、教育与培训（略）

十一、违约责任

（一）甲方无故辞退乙方，依法除应发给辞退补助费和路费外，还应偿付给乙方的违约金_____元。

（二）甲方违反劳动安全和劳保规定，以致发生事故，损害了乙方利益，应依法补偿乙方损失。

（三）乙方擅自解除合同，应依法赔偿甲方为其支付的职业技术培训费，并偿付给甲方违约金_____元。

（四）乙方违反劳动纪律或操作规程，给甲方造成经济损失的，甲方有权按处理固定职工的规定予以处理。

十二、其他事项

本合同从19___年___月___日起生效。执行中如有未尽事宜，须经双方协商，做出补充规定。补充规定与本合同具有同等效力。合同执行中如发生纠纷，双方应协商解决；协商不成时，任何一方均可向单位主管机关或劳动合同的主管机关请求处理，也可依法申请仲裁或向法院起诉。

本合同正本一式二份，甲乙双方各执一份，副本一式三份，报主管机关、劳动合同管理机关、公证处等单位各存一份。

甲方：_____（公章）　　乙方：_____（章）
代表人：_____（章）

19___年___月___日订

【例文四】

修订经济合同协议书样式

　　原于19　年　月　　日签订的　　　　　鉴字第　号　　　合同,现因　　　　　　　　　　　　　　　　经签约双方协商同意将其中条款　　　　　　　　　　修订为　　　　　　　　。
　　因修订给　方造成损失计　　元,由　方负责赔偿,自　年　月　日起至　年　月　日止分　次还清。
　　特此协议。
　　本协议书一式　份,合同各方各执一份,送合同管理机关　份,业务主管部门　份。
　　需方:　　　　　　供方:　　　　　　合同管理机关
　　代表:　　　　　　代表:
　　　　　　　　　　　　　　　　　　　　　年　月　日

又:

解除经济合同协议书样式

　　原于19　年　月　　日签订的　　　　　鉴字第　号　　　　　合同,现因经签约双方协商同意于19　　年　月　　日予以解除。
　　因解除合同给　　方造成损失计　　元,由　方负责赔偿,赔金自　年　月　日起至　年　月　日止,分　次还清。赔金、罚金如逾期不交,则每日按缓交赔

罚金总数的百分之　　递增。

本协议书一式　份，合同各方各执一份，送合同管理机　关　份，送业务主管部门　份。

需方：　　　　　　供方：　　　　　　合同管理机关
代表：　　　　　　代表：
　　　　　　　　　　　　　　　　　　年　　月　　日

【思考与练习】

一、对比分析各【例文】在写法上的不同之处，并指出它们具有哪些共同的要点。

二、合同通常应用在经济往来，或与经济有关的往来事项上。但当前它的使用已扩展到社会生活的各个方面。请你从生活实际中举出一些例子。

三、结合所学专业的实际，由两位同学分别代表甲方、乙方签订一项合同。

四、改错题

1. 下面这份购销合同所列条款有哪些缺陷？请你一一指出，并将它修改成完备的合同。

购销合同

供方：新兴服装厂（乙方）

代表人：赵林（供销科长）

需方：虹光百货商店（甲方）

法定代表人：陈志（支部书记）

甲乙双方经协商，由甲方供给乙方一批上海式滑雪衫，质量上乘，实行"三包"，价格按此类服装价格计算。交货时间，预计今年第二季度左右，乙方收货后付款。

虹光百货商店（盖章）　　　　新兴服装厂（盖章）
法定代表人：赵林（签字）　法定代表人：陈志（签字）
　　　　　　　　　　　　　　1990年11月27日

2. 下面这份"临时劳动协议书"所列条款，有哪些缺漏？请你指出，并修改。

临时劳动协议书

甲方：北京市新源副食基层商店

乙方：戴业菁

经甲方同意，乙方到甲方劳动，双方特签订本协议，以资共同遵守。

一、甲方提供劳动场所，乙方服从分配，并遵守甲方的一切规章制度。

二、乙方按时参加劳动。每天劳动八小时左右。劳动期限三个月左右。乙方要求解除协议，终止劳动时，须提前通知甲方。

三、甲方按月付给乙方一定的劳动报酬。

四、甲方有责任向乙方进行安全劳动教育。

五、如劳动期需要延长，甲乙双方另议。

六、本协议一式叁份，甲、乙方各一份，报公司一份。

甲方：北京新源副食基层商店（盖章）　　　乙方：戴业菁
　　　　　　　　　　　　　　　　　　　　　　　（私章）
　　　　　　　　　　　　　　　　　　　　1990年2月10日

3. 指出下面一份经济合同中存在的问题，并改正。

承制奶粉包装袋合同

委托者（甲方）××奶制品厂

承制者（乙方）××塑料制品厂

甲方委托乙方承制奶粉塑料包装袋80万只。双方经协商，订合同如下：

一、奶粉包装袋的原料，由甲方提供，按每千只损耗×克计；一次性提供×吨原料，并送至乙方单位。其原料运输费甲方负担70%，乙方负担30%。

二、乙方将生产的奶粉塑料袋千只为一包，简易包装，运至甲方单位。其运输费乙方负担70%，甲方负担30%。

三、乙方向甲方提供奶粉包装袋，采取抽样检验的办法，每千包抽样10包，尺寸、规格符合标准，袋面图案字样清楚、色泽鲜艳为合格。不合格率不得超过1%，超过1%，甲方有权拒收，退还乙方处理。运输费由乙方负担。

四、交货日期分三批：第一批自签订合同的一个月后，第二批为第一批的三个月后，第三批为第二批的两个月后，三批交清，共80万只。乙方将产品运至甲方单位。

五、甲方收到乙方的产品，验收合格，必须在7天内将货款汇至乙方所在银行的账户内。如违约，乙方有权终止供货。

第八节　催款书

【例文一】

请协助催促、清理货款联系单

编号＿＿＿＿＿＿

中国人民银行上海市××区办事处信贷科：
　　你行开户单位＿＿＿＿＿＿＿（账号＿＿＿＿＿＿＿）
　　结欠我行开户单位＿＿＿＿＿＿＿（账号＿＿＿＿＿＿＿）

货款＿＿＿＿＿＿＿笔，金额＿＿＿＿＿＿＿＿元（详见下列清单），迄今尚未划付。为了加速资金周转，支持生产发展，请你行协助，根据有关结算法，督促其迅速划付清理，并请见复。如有其他情况，请函告为荷。

  顺致

敬礼

中国人民银行上海市××区办事处信贷科
1996年7月16日

  附：清单（略）

【例文二】

催款通知

＿＿＿＿＿＿厂财务科负责同志：

  你单位于＿＿＿＿＿年＿＿＿＿＿月＿＿＿＿＿日向我厂加工定购＿＿＿＿＿件，货款计金额＿＿＿＿＿元，发票编号为＿＿＿＿＿，该货款至今未解入我厂，影响我厂资金周转。接到本通知后，请即解行（账号＿＿＿＿＿）结算，逾期按银行规定，加收千分之二的罚金。如有特殊情况，请及时与我厂财务科×××同志联系。我厂电话＿＿＿＿＿，地址：＿＿＿＿＿。

×××厂财务科
19××年×月×日

第九节　产品使用说明书

一、概述

产品使用说明书，是以方便消费者或用户使用为目的，用浅显、简明、准确的语言，介绍产品的性能及使用方法的应用文。

产品使用说明书，按其内容侧重，可分为简介用法的产品使用说明书，详细介绍安装、调试及操作方法的产品使用说明书和强调安全的产品使用说明书。

简介用法的产品使用说明书，适用于介绍结构简单、使用容易的产品，例如《耐热玻璃煮壶使用说明书》。

像电视机、录像机、摄像机、全自动洗衣机等较为复杂的电器产品，有许多的按键、旋钮，不易辨识，而且对机器的安装调试也有具体的要求。这就需要产品使用说明书将安装调试的步骤，各控制键钮的功能，具体的操作方法等详细地交代清楚，例如《VC—A62DT型录像机使用说明书》。

另有一类产品，本身在使用上并不太复杂，但是如果使用不当会发生危险，于是其说明书就更侧重于在使用中如何确保安全，例如《民用液化石油气安全使用须知》。

二、产品使用说明书的内容和写法

产品使用说明书，视产品的复杂程序，全部或部分具有以下几项内容：

（一）产品特点

简介产品的性能、规格、材料、结构、用途、使用范围等，让消费者或用户对该产品有一个全面的了解，以便在使用时能做到心中有数。同时这部分文字还可以起到广告宣传的作用。例如

《××牌电风扇产品使用说明书》的第一部分：

××牌各种规格的电风扇，具有结构紧凑，外形美观，装拆方便，轻巧实用的特点。每台电风扇出厂前均按部颁标准，经过严格检验，保证质量，安全可靠，能连续运行5000小时无故障。××牌电风扇适合企事业单位、部队、学校、公共场所及家庭防暑降温之用。

（二）注意事项

说明与安全使用有关的各项事宜，避免因消费者或用户使用不当而缩短产品寿命或发生故障，是为了确保安全，杜绝事故的发生。例如《××型彩色电视机使用说明书》的"注意事项"部分：

●为了防止火灾和电击的危险，千万不要将电视机淋雨和置于过分潮湿的地方。

●电视机内电压很高，后盖拆去之后，人和动物可能因接近高压而发生生命危险，因此千万不要拆去后盖。

●电视机不用时请将电源插头拔出，这样可以延长使用有效期。

●为了防止电子部件出故障，必须有充分的通风，同时要避免将电视机置于日光照射之下。

（三）使用或操作方法

这部分是产品使用说明书的核心，其作用是指导消费者或用户正确使用该产品。内容安排要讲究次序，说明顺序应与操作步骤相吻合，文字务必准确，绝不能产生歧义。例如《耐热玻璃煮壶使用说明书》的"使用方法"部分：

- 加热前应将壶外表面的水擦干净。
- 加热前应先放好水或饮料再置于加热炉上进行加热。
- 须煮沸水或饮料时,液面应低于金属卡圈2厘米。
- 煮沸时宜将壶盖打开。
- 壶底应放在火焰正中,以免烤焦塑料手把。
- 使用煤气炉、酒精炉等明火加热时,应注意调整火焰,火力不要过猛,火焰不得自壶底周围喷出。
- 用电炉加热时,电炉功率不宜大于600瓦。

(四)维护方法

正确的维护方法可以保证产品一直处于良好的使用状态,延长产品的使用寿命,从而保证产品的信誉。例如《××牌电冰箱使用说明书》的"清洁与维护"部分:

(1) 外壳先用柔软的布及中性洗涤剂擦净,也可用上光蜡。

(2) 内部及附件用浸有温水或中性洗涤剂的软布擦拭。内外表面禁止用热开水或苯、汽油、稀料等有机溶剂擦洗塑料零件,也不可用水直接冲洗。

(3) 冷凝器、压缩机表面保持清洁,经常清除上面的灰尘。

(4) 冰箱长期停用,应擦净晾干,放置在清洁干燥通风的室内。

(5) 搬动冰箱时,要拿起底部慢慢搬动,不可拿住把手或冷凝器,当搬移路程较远时要细心包装。

(6) 贮存和移动时千万不可倒置。

此外,结构复杂的产品还应当介绍其主要的结构与功用;安装的方法与步骤;操作键的位置、功能及使用;一般故障的确认与排除；主要数据或有关知识等。内容较多的产品使用说明书前面往往还有一个目录，以便用时查阅。

为了便于并非内行的使用者看懂内容，它常使用浅显、简明、准确的语言。同时还配有详细的图示。

【例文一】

×××牌压力锅

产品使用说明书

目　录
结构
性能特点
使用方法
注意事项
烹调时间

结构

此压力锅采用了特制无味胶圈密封，使锅内的蒸汽不外泄。因而在加热过程中，锅内的气压得以逐渐升高。为把气压限制在一定的范围内，装置了限压阀。为确保压力锅的安全使用，又设置了安全塞。

主要组成部分：

1. 小手柄　2. 密封胶圈　3. 安全塞　4. 蒸笼　5. 支架　6. 阀座　7. 限压阀　8. 锅盖　9. 锅身　10. 上手柄　11. 下手柄　12. 手柄座　13. 手柄螺钉

（注：附图略）

性能特点

压力锅是一种先进的炊事用具,适用于煤气炉、煤火炉、电炉等各种火源。在结构上和使用效果方面,比普通锅有显著的改进和提高。

1. 蒸气压力为 1.0 ± 0.5 kg/cm^2。(表计压力)

2. 锅内最高温度能达到 120℃ 左右。

3. 最大容量:20 cm 3.2 升、22 cm 4.6 升、24 cm 5.8 升、26 cm 7.4 升

4. 锅底厚、锅壁薄、受热快、坚固耐用。如果限压阀、安全塞都失灵时只是胶圈损坏,不损坏锅身。

5. 节省燃料:做米饭比普通锅节省 30% 左右,炖牛肉可节省 50% 左右。

6. 节省时间:做米饭比普通锅节省 1/3,炖牛肉可节省 2/3。

7. 用途广泛:既适合家庭使用,又可用于医疗消毒。特别是在高原低气压地区,压力锅更是必备的炊事用具。

使用方法

1. 食物和作料不得超过锅身高度的 4/5。(蒸煮豆类、海带等易膨胀食品不得超过 2/3。)

2. 合盖前要检查阀座孔是否畅通。然后按锅上箭头所示"关"的方向转动(即顺时针方向)直到两手把柄完全重合为止。

3. 合盖后,见有少量蒸汽从阀座孔排出时,再将限压阀扣在阀座上。

4. 当限压阀因放气抬起时,应减小火力,保持限压阀在似起非起的状态,直到食物熟了为止;但如烹调易熟物,此时可将锅移出火外,保温到所需时间。

5. 开盖前，应进行冷却降压。可以自然冷却，也可用凉水冲浇强制冷却。

6. 取下降压阀后，确认阀座不再排气时，再按锅上箭头所示"开"的方向（即逆时针方向）转动手柄，打开锅盖。

注意事项：
1. 要认真遵守上述使用方法操作使用。
2. 使用前要认真检查阀座孔是否畅通。
3. 在限压阀上不得添加其他重物，更不能用其他东西代替。
4. 安全塞孔洞要保持清洁。当安全塞孔内的易熔金属脱掉时，应另行更换，绝对不能用其他东西代替。安全塞内堵丝（六角螺丝）要用扳手拧紧，避免脱落。
5. 做稀饭时，当限压阀因放气抬起，应立即将锅移出火外，防止喷出饭汤。
6. 使用后随时洗净擦干，锅盖应反置于锅身上而不要和锅身合在一起，以防封圈变形漏气。
7. 锅内不宜长时间盛放盐、碱、酱油等，以防腐蚀。
8. 糊饭和残余食物粘在锅体上，可用温水浸泡刷洗，切勿用炉灰砂石等物擦洗。
9. 锅盖、锅身及限压阀要妥善保管，严防磕碰，以免损坏锅的密封，失去作用。
10. 新锅第一次使用，应在压牙处涂少量食物油，减少摩擦力以利合口。

烹调时间

烹调时间表（仅供平原地区参考）

品种	食物量（公斤）	水量（公斤）	水开时间（分）	烹调时间（分）	熟的程度
炖当年鸡	1	1	按火源大小确定	8	肉脱骨
炖老公鸡	1	1.5		20	肉脱骨
炖黄花鱼	1	0.5		10	骨酥
炖猪肘子	1.5	1.5		20	肉烂
炖猪排骨		1		15	肉烂
炖牛肉	1	1		20	肉烂
焖大米饭	1.5	1		5	熟
煮马铃薯	1.5			10	熟
炖猪肉块	1	1		15	肉烂
蒸馒头	蒸馒头时不扣限压阀，13分钟即熟				
蒸饺子	饺子放入锅内合盖后5分钟即熟				

注：烹调时间从限压阀第一次（开始）排气时算起。

【思考与练习】

一、留心实际生活中，各种产品的"产品说明书"和"产品使用说明书"。分析它们的结构和特点。

二、为你熟悉的一种用具写一篇使用说明书。

第六章 法律类应用文

第一节 诉讼类应用文

一、刑事诉状的格式、内容和写法

被害人或者他的法定代理人直接向人民法院起诉，提请审判的刑事案件，称自诉案件。

刑事自诉案件的自诉人，根据事实和法律直接向人民法院控告被告人侵犯自身权益，要求追究刑事责任的书状，被称为刑事诉状。

刑事自诉案件，自诉的一方称自诉人，被起诉的一方称被告人，自诉人在诉讼活动中依法享有诉讼权利和承担诉讼义务。

刑事诉状与人民检察院提起公诉的起诉书，在法律上具有相同的性质和作用，只不过前者是以个人名义向人民法院提起诉讼的书状，后者是以国家名义向人民法院提起诉讼的文书。

刑事案件的自诉人，可自写诉状，也可由法定代理人或者委托诉讼代理人写诉状。

刑事诉状主要由四部分组成。

(一) 首部

这部分应写明下列事项：

(1) 标题。写明"刑事诉状"字样。

(2) 在原告人栏内，写明自诉人的姓名、性别、年龄、民族、籍贯、职业、工作单位、住址。

(3) 在被告人栏内，写明被告人的姓名、性别、年龄、民族、籍贯、职业、工作单位、住址。

(二) 请求事项

这一项主要写明，控告被告人侵犯自身权益的犯罪行为的罪名和要求人民法院依法判决的请求事项。例如，控告被告人×××犯暴力干涉他人婚姻自由罪，请求依法判决。

写作要求：

(1) 被告人犯了什么罪要写得明确、具体，要有法律依据。

(2) 有关道德品质、思想作风问题和轻微违法行为，不能作为请求处理事项写入。

(3) 文字应概括、扼要。

(三) 事实和理由

这部分是刑事诉状的主要内容，是请求法院受理案件的重要依据。事实和理由可以分开写。

事实部分，主要应写明被告人对自诉人（受害人）犯罪行为的具体事实：行为的时间、地点、动机、目的、方式（或手段）、行为过程和后果等。特别是应把当事人双方的关系和犯罪原因及案件的关键问题写清楚，以便法院调查研究。

事实写清楚后，还应写明能证明所控事实的证据（包括证人、证言、物证、书证等），证人的姓名、职业、住址和交验的具体证物等。证据可在叙述事实经过时写明，也可在所写事实之后列举。

理由部分，主要是根据事实和法律对被告人行为性质和罪名的分析认定。叙述事实和理由的要求是：

(1) 实事求是，不夸大、不虚饰，如实反映情况。

(2) 突出主要情节，写明因果关系，少写过程，与案情关系不大的枝节问题不必写入。

(3) 举证有力，说理中肯，援引法律恰当。

(4) 结构严谨，层次清楚，表述确切，语言简练、质朴。

这部分写完，正文即结束。以下行文的格式为：

"综上所述，被告人＿＿＿＿＿＿＿＿＿＿，为此，根据××法律之规定，特向你院起诉，请依法判决。此致 ××人民法院"。其右下方为具状人签名或盖章，注明具状年、月、日。

（四）附项

这部分按规定应写明下列事项：

(1) 本状副本×份；

(2) 证物×件；

(3) 书证×件。

【例文一】

刑事诉状

自诉人：王××，男，51岁，汉族，××专业户，住××县××乡××村。

被告人：常××，男，52岁，汉族，农民，住所同上。

案由：毁坏私人财物和要求赔偿。

事实及理由：

控告人在1984年9月花97元钱买了一头小猪（种公猪），现已140公斤，每天给外户人家的猪配种收入10多元钱。被告人家也有一头种猪，平时他看到控告人家的猪比他家的猪长势好，收入多，看着眼红。他的四女儿和五女儿曾向王××说："我二叔（指控告人）家的猪这么好，不是把我家的猪顶了吗？"1985年4月25日晚10点钟左右，控告人听到外面有狗咬的声音，向外看时未见有人。次日早去喂猪时，猪不吃食（过二三个小时即死掉了），并在猪圈内发现有两张图画纸和一张水泥纸的纸包，包内尚存面饼子碎末和灰色药面。当即报到村政府，村政府报请××派出所破案，并将纸包交到派出所。派出所和村兽医何××检验，灰色药面是硫化锌。据调查核实，包药用的两张图画纸是八村林××之女儿林×的，林×证明说："今年2月间和常××（被告人的七女儿）、郑××等同学在一起学习时，用我的图画纸背面验算数学题后被常××揣起来了。"

请求目的：

一、按中华人民共和国刑法第156条规定，追究被告人故意毁坏私人财物的刑事责任。

二、自诉人的种公猪为他人家的猪配种，每天收入十几元钱。被告人应赔偿一年的损失1 500元钱，并赔偿种猪的价款700元，共计2 200元钱。

此致
××县人民法院

自诉人：王××
1985年6月3日
××市律师事务所律师：王×代书

二、民事诉状的格式、内容和写法

民事案件原告，为维护自己的民事权益，就有关民事权利义务的争议（或者纠纷）向人民法院提起诉讼的书状，称民事诉状。

民事原告是指对案件有直接利害关系的个人、企业事业单位、机关、团体，他们都可以依法向人民法院提起民事诉讼，书写诉状。无诉讼行为能力的，可以由其法定代理人或者法院指定的代理人代为提起诉讼。民事原告可自写诉状，也可由法定代理人或者委托代理人代写诉状。

民事诉状主要由四部分组成。

(一) 首部

标题为"民事诉状"。但企业事业单位、机关、团体作为民事诉讼当事人提起诉讼的，应写明它们的名称、所在地址和法定代理人的姓名、职务。

(二) 请求事项

这一项主要写明请求法院依法解决原告一方要求的有关民事权益争议的具体问题。如要求损害赔偿、债务清偿、履行合同，以及要求与被告离婚、给付赡养费、继承遗产，等等。

写作这一项的要求：

(1) 请求目的应明确、具体。例如：请求保护所有权，应写清楚是请求确认所有权，还是请求返还原物、原产业或赔偿损失等。

(2) 请求应合情合理，切实可行。

(三) 事实和理由

这是诉状的主要内容，是请求人民法院裁决当事人之间权益纠纷或者争议的重要依据。

事实部分，主要是写明被告侵犯原告民事权益的具体事实，或者当事人双方权益发生争议的具体内容，以及被告一方所应承担的责任。发生争议的时间、地点、原因、情节及事实经过等应具体写明。要着重把被告侵权行为所造成的后果和应承担的责任或者当事人双方争议的焦点和实质性分歧写清楚。如果原告在纠纷中有一定过错而应负一定责任，亦应实事求是地写明，以便法院全面了解事态真相，分清是非，依法判处。

事实写清楚后，接着提供能证明所控告事实的证据，包括证人、证言、物证、书证等，以及证据的来源，证人的姓名、职业、住址和交验的物证、书证等。

理由部分，主要写明两点：

(1) 根据事实和证据，写明认定被告侵权行为或与之发生争议的权益的性质、所造成的后果以及应承担的责任，并阐明理由。

(2) 写明提出请求的法律依据。

写事实和理由的要求是：

(1) 以双方争议的焦点和实质性的分歧为重点，事态过程应概述，与争议或纠纷无关的情节不写入。

(2) 陈述理由、分析问题必须有理有据，观点明确，论据充分。

(3) 援引法律应准确、适当。

(4) 行文简明，层次清楚，语言通顺。

这部分写完，正文即结束。接下去行文格式为：

"据上所述，要求_____，请依法判决。此致××人民法院。"或者：

"为此，特向你院起诉，请依法判决。此致 ××法院。"右下方是具状人签名盖章，注明具状年、月、日。

（四）附项

这部分按规定写明下列事项：(1) 本状副本×份；(2) 证物×件；(3) 书证×件。

【例文二】

民事诉状

原告：××市运输公司外事运输站。

代表人：支××，男，24岁，外事运输站业务员，住本市

××路1号。

代表人：曹××，男，30岁，外事运输站业务员，住本市××区××坊12号。

被告：××市××区××乡×××木材加工厂。

代表人：刘××，男，50岁，×××木材加工厂业务员，住×××村。

代表人：张××，男，40岁，职务不明，住本市×××区××× 坊15号。

案由：劳动报酬纠纷。

事实和理由：

原、被告之间以往一直有业务关系。被告自1981年4月起，拖欠原告下列运费：

一、1981年4月20日，被告一方由代表人张××、刘××经手，由通县载人到葛渠去看货，租用原告一方的面包车一部，计运费44.80元，至今未付。

二、1981年4月29日，被告一方由代表人刘××经手，由通县徐庄至河北省××县综合加工厂运送木材，租用原告解放牌半挂车一部，运费345.80元，至今未付。

三、1981年5月8日和同年5月12日，张××代表×××木材加工厂给河北省××县食品公司运送木材，租用原告解放牌半挂车两部，北京牌130型车一部，计运费325.70元，至今未付。

以上三项共计拖欠原告运费716.30元。经多次催付，被告代表人刘××、张××虽然不否认上述事实，但找种种借口，无理拖延，现已拖欠达11个月之久，造成原告待结率提高，直接影响经济收入和职工福利。被告代表人张××、刘××与原告代表人曹××口头约定：如在1982年1月不付清运费，即按每月5%实行罚款，但直至今日仍分文未付。为此，特向你院起诉。

请求事项:

一、被告限期清偿原告运输费716.30元;

二、被告按约定交付原告罚款390元,以及由此所造成的其他经济损失。

此致
××市××区人民法院

代表人 支××
曹××

1982年3月15日

三、刑事上诉状的格式、内容和写法

刑事诉讼当事人或者他们的法定代理人,不服地方各级人民法院第一审的刑事判决或者裁定,依照法定程序从接到判决书起10日内向上一级人民法院上诉,请求撤销、变更原审裁判或者重新审理而提出的诉讼文书,称刑事上诉状。

刑事上诉状主要由四部分组成。

(一) 首部

这部分应写明下列事项:

(1) 标题。写明"刑事上诉状"字样。

(2) 在上诉人栏内,写明上诉人的姓名、性别、年龄、民族、籍贯、职业、工作单位、住址。

(3) 在被上诉人栏内,写明被上诉人的姓名、性别、年龄、民族、籍贯、职业、工作单位、住址。

(4) 原审人民法院的名称、案件的编号。

(5) 案由,写明不服原审判决(或者裁定)的理由。可按如下格式行文:

"上诉人因××(罪名)一案,不服××人民法院×月×日×字第×号×刑事判决(或裁定),现提出上诉,上诉的请求和理由如下:"

(二)上诉的请求

这部分主要写明上诉人不服原审裁判,要求二审法院撤销、变更原审裁判,或者请求重新审理。对于"不服",应写明是全部不服还是部分不服原审裁判。

写这一项的要求是:

(1) 应有针对性,内容明确、具体,不要含糊其词。

(2) 上诉请求,主要是针对原审裁判的不当,而不是针对对方当事人(反诉除外)。

(3) 概括扼要,不需详述案情。

(三)上诉理由

这部分主要针对原审裁判不当,写明上诉的理由。写这一项的要求是:

(1) 要有针对性,认为原审裁判哪一部分有问题,就对哪一部分提出请求纠正的理由。若是全部有错,则提出全部否定的理由,切忌笼统、含糊。

(2) 要善于运用证据,发挥证据的力量,力求无懈可击。

(3) 要以事实为根据,以法律为准绳,不可强词夺理。

这部分写完,可按如下格式行文:

"……为此,特向你院上诉,请求依法撤销原判决(或裁定),予以改判(或重新审判)。此致 ××人民法院,转送××人民法院"。其右下方由上诉人签名或盖章,注明具状年、月、日。

(四)附项

这部分按规定写明下列事项:

(1) 上诉状副本×份;

(2) 证物×件;

(3) 书证×件。

【例文三】

刑事上诉状

上诉人（原审被告人）：朱××，男，39岁，汉族，××省××县人，现住××镇东门街道。捕前系××县建筑材料公司采购员。

二审辩护人：××市第二法律顾问处律师吴×。

上诉人因贪污、投机倒把、行贿一案不服××县人民法院1982年3月15日（82）刑一字第013号判决，现提出上诉。上诉的理由和请求如下：

1. 原审判决认定上诉人朱××于1980年10月"乘为本单位在××省××机电公司购买汽车之机，勾结××省××县和平工业公司供销经理部欧××等人，将本单位的购车余款3 600元，以购货名义转汇至欧所在单位，由欧提取出现金，被其贪污；后以收汽车管理费的名义开一假发票，寄至××县建材公司报销冲账"。

首先，案卷材料证明（见第213页《××机电公司关于××县建材公司购两辆丰田工具车有关问题的证明》和第221页《××省××县和平工业公司供销经理部证实材料》），1980年11月25日，由××机电公司汇往××县和平工业公司供销经理部的购货款是3 477.8元。原审判决认定为3 600元，显然与事实有出入。

其次，原审判决认定此款"由欧提取出现金，被其贪污"。这里的"其"所指是谁？不够明确。按照原审判认定的原意，此款系被朱××贪污。而此处明明白白写的是此款"由欧××提出现金，被其贪污"。而且上列××材料亦已证明，确系"由欧××提取现金3 303.51元，我部提5%管理费173.37元（合计

3 477.38元)"。特别是现在案卷材料尚无充分的、有力的证据，足以佐证此款已被上诉人贪污。如果说原审判决的"其"系指欧××而言，那么既认定为欧××所贪污，后又由欧"以收汽车管理费的名义开一假发票，寄往××县建材公司报销冲账"，这和上诉人之间，又有什么直接的因果关系呢？

上诉人事前不向领导请示（虽然签字后向去广州的公司业务股长李××汇报），擅自作主，同意将此款以购货款名义汇往××县和平工业公司供销经理部，肯定是错误的。但欧××违反财物所有人的意志，私自冒领，侵占公共财产，显然已构成犯罪。因此，由上诉人承担3 477.38元的法律责任，显然事实不清，证据不足。

2. 原审判决认定朱××自1979年9月至1980年8月期间"多次动用本单位存在××省××市仪表局的购货款7 035.09元，长期占为己有"，这是事实。但是，这笔款项，第一，系代"关系户"购买物资，由"关系户"占用，未及时收回；第二，为了有利于工作，用于请客送礼。当然，这些做法都是极其错误的，但不应以贪污论处。归案后，上诉人多次提出愿意退赔，至1981年3月19日已向原单位××县建材公司退还人民币200元。

3. 原审判决认定上诉人"采用假合同，擅自加价，编造假工资表等手段，共倒卖钢材345.68吨，大肆进行投机倒把活动，共牟利15 779.15元，被告实得赃款4 460元和一台苛娜克牌收录两用机（价值1 000元）"。其中除利用职务之便，擅自动用单位的50吨钢材，压低出售价，支持柴××搞投机倒把活动，非法获得苛娜克牌收录机一台是事实外，其余均与事实不符，也无充分的证据证明上诉人具有为牟取暴利而从事投机倒把活动的行为，更谈不上确曾获得赃款4 460元。

4. 原审判决认定上诉人"为了进行上述犯罪活动，用贪污、投机倒把非法取得的赃款，购买电视机、收音机、电风扇、沙发等高档商品,以低价出售或收货款的手段,向国家工作人员进行贿赂,共用去人民币277元"。首先,这些物品并非用贪污、投机倒把非法取得的赃款购买的,正是原审判决中所认定的,被上诉人以"长期占为己有"(实际是"长期挪用")的"本单位存在××省××市仪表局的购货款7 035.09元"的一部分。

其次,这些物品系对方索要的,不满足他们的要求,工作上即进行刁难。这样做并非出于上诉人主观上的意愿。

特别应该说明的一点是,原审判决认定上诉人向××市仪表局材料供应科原供销员朱××行贿1 000元一节,并无任何证据,实难令人信服,这是上诉人绝对不能接受的。

综上所述,原审判决对上述事实的认定,缺乏充分的证据。因此,对上诉人的处刑也是不当的。

上诉人请求二审法院,本着"以事实为根据,以法律为准绳"的原则,撤销原判,重新审理,并根据上诉人的认罪态度和退赔情况做出实事求是的公正判决。

此致
××省××地区中级人民法院

上诉人　朱××
1982年3月12日
××市第二法律顾问处律师吴×代书

四、民事上诉状的格式、内容和写法

民事诉讼当事人及其法定代理人不服地方一级人民法院第一审民事判决、裁定,从接到判决书起15日内依法向上一级法院上诉,请求撤销、变更原审裁判,或者重新审判而提出的书状,称民事上诉状。

上诉状应当通过原审人民法院向上一级人民法院提出,并且按照对方当事人的人数提出副本。

民事上诉状的格式、项目与刑事上诉状一样,两者可通用。民事上诉状的某些写法和要求也和刑事上诉状大体相同，可参考。

民事上诉状主要由四部分组成。

（一）首部

除标题改写"民事上诉状"字样外，其余与刑事上诉状基本相同。但企业事业单位、机关、团体作为民事诉讼当事人提出上诉的应写明它们的名称、所在地址及其法定代表人的姓名、职务。

（二）上诉的请求

这一部分主要是写明上诉人认为原审判决（或裁定）有什么错误或不当，要求上诉二审法院撤销、变更，或请求重新审判。

（三）上诉理由

民事上诉状的理由部分，主要是写明不服原审判决（或裁定），提出上诉请求的依据。

这部分写完，正文即结束。可按如下格式行文：

"为此，特向你院上诉，请求依法撤销原判（或裁定），予以改判（或重审）。此致　××人民法院，转送××人民法院"。其右下方由上诉人签名并盖章，注明具状年、月、日。

（四）附项

这部分按规定写明下列事项：

(1) 上诉状副本×份；

(2) 证物×件；

(3) 书证×件。

【例文四】

民事上诉状

上诉人：××家具厂（被告）。

法定代表人：王×，厂长。

委托代理人：杨××，男，42岁，××家具厂业务员，住

××市××区×街×里×号。

被上诉人：××铁路局直属集体企业办公室（原告）。

法定代理人：吕××，主任。

上诉人因合同纠纷一案，不服××市××区人民法院（87）民字134号民事判决书判决，请上级法院重新审理改判。上诉事实及理由如下：

一、原判决第一款："将57套沙发床及40张板式写字台退回被告。"上诉人不同意退货，并要求被上诉人赔偿损失。因为上述家具已经被上诉人验收达半年之久，只是由于被上诉人保管不善而造成了破损。经查，在57套沙发床中，已有20余套床帮变形。40张板式写字台中，已使用过10台，其中6台的抽屉已经损坏严重。对于上述用过而且破损的这部分沙发床和写字台不应退还，如果被上诉人一定要退还，应付给上诉人家具折旧费和破损费。

二、原判决第二款："付给被告20个床头柜和3套沙发床的价款2 050元。"上诉人不同意被上诉人付给上列款项。因为被上诉人如果提出产品质量不合格，理应全部退货，不应只留部分家具。

三、原判决第四款："赔偿经济损失15 000元。"上诉人认为，法院将被上诉人延期开业91天所造成的全部经济损失，都由上诉人承担是不公平的。因为，被上诉人延期开业有多种原因：当时该旅社基本建设施工尚未竣工，锅炉房没有修完，楼梯扶手没有安装完，室内灯具及油漆活等也没有完工，银行开业账号也没有批下来。上诉人的交货时间，按合同规定是1986年11月3日，往后推迟3日，距被上诉人开业时间还有一个半月，并没有因此而影响开业。因此，被上诉人延期开业有其内部原因，上诉人不应负直接责任，更不应承担全部经济损失。

四、原判决还说："以稻草代替树棕、桦木代替硬杂木……

延期3天交货。"按合同规定,上诉人延期3天交货是事实。但延期的原因是当时市内供电不足,而且对这一情况上诉人已向被上诉人单位做了说明,并得到了负责人王××的允许。至于"以稻草代替树棕",是因为树棕原料未到货不得已而为之,而且也把用稻草代替这一情况告诉了被上诉人,经双方商定,每一张沙发床少收4元钱。这种商定意见,也是经王××和陈主任同意的。上诉人还对用桦木代替硬杂木一事,曾经积极提出过换货或减价的几种措施,并由厂长出面进行联系,但因被上诉单位内部矛盾重重,既不予研究做出答复,对质量不合格的家具又不及时退货,而是有意采取拖延态度。所以,上述情况也是事出有因的。总之,被上诉人对已经验收的家具,事隔三个多月之后才提出质量问题,既不及时退货,又不妥善保管,以致造成陈旧、损坏,并且将延期开业的全部经济损失由上诉人承担,这是很不公平的。故上诉人对此不服,特提出上诉,请求上级人民法院予以重新审理,依法改判。

此致
××省××市中级人民法院

上诉人:××家具厂
法定代表:王×
委托代理人:杨××
1987年6月20日

五、申诉状的格式、内容和写法

刑事诉讼当事人、被害人及其家属或者其他公民,认为已经发生法律效力的刑事判决、裁定有错误,向人民法院或者人民检察院提出申请复查纠正的书状,以及民事诉讼当事人及其法定代理人,认为已经发生法律效力的民事判决、裁定有错误,向人民法院提出申请复查纠正的书状,称申诉状。它是运用特殊程序维护申诉人合法权益的诉讼文书。

申诉案件一般由原审人民法院审查处理,是人民法院再审案件的来源之一。人民检察院接受的刑事案件申诉,认为原审判决、裁定确有错误,应按审判监督程序向原审人民法院提出抗诉。

申诉状的性质、作用与上诉状基本相同,所不同的只是程序不同。前者是对已经发生法律效力的判决、裁定提出申诉的书状,不受时间限制;后者是对未发生法律效力的判决、裁定提出上诉的书状,有上诉期的限制(刑事上诉在10日内,民事上诉在15日内)。因此,申诉状与上诉状的格式、内容和写法基本相同,要求也大体一样。但应强调的是,由于申诉在程序上的特殊性,写申诉状应特别注意明确申诉请求的目的,应针对原裁判的错误或不当,根据事实和法律,有理有据地申辩。如有新的证据,则更有力。

【例文五】

民事申诉状

申诉人:韩××,男,54岁,汉族,个体理发员,现住××市××区××乡××镇。

被申诉人:许××,女,33岁,汉族,个体理发员,住××市××区××街××段×里×号。

申诉人因财物纠纷一案不服××市××区人民法院(85)民字第449号民事调解书调解,特提出申诉,请予以复查改判。其事实和理由如下:

1. 申诉人与被申诉人于1984年12月,在××区××乡××镇共同经营一个理发亭。因双方意见不合,于1985年5月分开,将理发亭分成两半,申诉人与被申诉人各占一半。之后,申诉人在所分一半地方照常营业,被申诉人的一半地方空闲着。可是，被申诉人伙同其父亲、舅父及对象于1985年9月20日7时许，乘申诉人未开始营业之机，砸坏了理发亭的门窗和转盘理发椅两个，拆走了亭上的石棉瓦6片，门挡板3块，房门一扇，拿走了全部理发工具和工作服等物品。为此申诉人向××人民检察院提起控告。在审理过程中又向贵法院就买卖理发亭问题起诉。原审在审理过程中，申诉人虽提出被申诉人的上述违法行为，但法庭只说以后由公安机关处理。因此，只对双方买卖理发亭问题进行调解。调解结果：由申诉人付给被告人理发亭价款500元，理发亭归申诉人所有。申诉人于翌日向被申诉人交付了人民币500元。

2. 申诉人交款之后，被申诉人打砸房屋、抢拿物品问题并未得到处理，理发亭也未得到修复。申诉人被迫停业已达18个月，营业损失约6 000元，再加上被损坏的财物以及付出的理发亭款，总计损失7 300元。

总之，申诉人对原调解不服，请求依法重新审理此案，要求被申诉人修复被破坏的理发亭，归还抢走的理发工具和其他物品，并赔偿6 000元的营业损失。

此致
××市××区人民法院

申诉人：韩××
1987年3月20日

【例文六】

刑事申诉状

申诉人：程××（上诉人程云×之父），男，49岁，北京市大兴县人，××市××饭店职工，住××饭店宿舍楼3单元×号。

申诉人因伤害致死一案，不服××市中级人民法院（87）中刑终字第251号刑事判决，提出申诉，申诉的理由和请求如下：

终审判决认为："上诉人程云×目无法纪，携带凶器到公共场所，遇到管××无故寻衅滋事，即动刀刺人，致人死亡，已构成伤害致死罪，应予惩处。李××怂恿程云×动刀刺人，后果严重，亦构成伤害致死罪。但原审法院对程云×的刑罚较重，应予改判。据此判决：撤销××区人民法院（87）×法刑字第×号刑事判决；上诉人程云×犯伤害致死罪，判处有期徒刑8年；原审被告人李××犯伤害致死罪，免于刑事处分。"

申诉人针对终审判决对事实的认定和对行为性质的确定，提出以下申诉理由。

一、终审判决认定："1986年4月13日晚7点半左右，程云×和李××在师范学院操场看电影时，程骑自行车去喝水，适遇××乡××村村民管××等人，管对程进行挑衅（程未还手），并抢其帽子，程即返回电影场。"事实是，当程骑车离开电影场100米左右，被素不相识的管××等7人拦路截住，其中一人上前揪住程的脖领骂道："孙子哪去，有叶子（指钱）没有？"并用另一只手搜程的衣兜。程想逃走，管××一脚把车踢倒，动手抢程的帽子，程按住帽子不给，管打程两耳光，又冲程小腹踢了一脚，程痛得用双手按住肚子，后面一人把程绊倒在地。此时，管一伙7人蜂拥而上，拳打脚踢，用弹簧锁抽打程。管从挂包中取出一把菜刀在程面前晃动，并说："要不是你老实，非让你尝尝老子这个的厉害，滚蛋！"程爬起来扶起车回到电影场。从以上事实说明管××等7人持刀、持弹簧锁等拦路抢劫，已构成抢劫罪。终审判决对管等7人手持凶器抢劫，威胁殴打程云×不予认定，把严重的犯罪行为只说是管对程进行"挑衅"，这显然是不顾事实真相的，掩盖了管××等7人的犯罪事实。

终审判决认定："程即返回电影场，正向李述说此事时，这时管又追来用酒瓶打程,因程躲闪未中,李见此情景,便对程喊:'照他屁股上放。'这时程转到管背后,用随身携带的三棱锉刀向管后背连扎两刀。"事实真相是:程回电影场约四五分钟后,管××一伙手持凶器追到电影场,其中一个叫聂××的,指程大喊:"这不是程云×吗?"管手持硫酸瓶子(将管送到304医院后,医生发现管身上背的黄包内有三棱刮刀和硫酸瓶)朝程的头部打去,程躲闪未中,管又打第二次仍未中。管紧追不放,程往人群里跑,管大喊:"孙子,再跑就砍死你!"管一伙人紧追,将程包围,程逼得无路可逃,这时李××见势危急,大喊:"程云×,快用锉刀扎他!"正当管持硫酸瓶冲过来要打程时,程从裤兜里拿了三棱锉刀,转到管的背后,朝管的后背扎了两刀。以上事实,在场的李××可证实。终审判决把管××等7人手持凶器多次追打拦截程,说成是管一人打程;把管用硫酸瓶子向程头部掷去,说成是用酒瓶打程;把程遭到危及生命安全的不法侵害说成是一般的侵害。这显然遗漏了重要事实,不是实事求是的。

二、程云×刺伤管××致死,属正当防卫行为。

1. 管××等7人手持凶器先是抢劫,后是围打程云×,其行为属于不法侵害,终审判决认为管是一般的"寻衅滋事",显然将管犯罪的性质搞错了。

2. 程云×为了夺路逃跑,用刀刺管的时候,正是管手持硫酸瓶,要打已被5名歹徒包围了的程云×的时候,他的行为针对的是正在进行的不法侵害行为和侵害人,属于正当防卫。

3. 程云×的正当防卫行为没有超过必要限度。管××等7人分别拿硫酸瓶子、弹簧锁(管身上还带有刀子)等追赶包围程,并朝程的要害部位(头部)打;而程只身一人(李××未动手),双方力量悬殊。从侵害人的人数、手段、凶器等方面来看侵害行为的强度可以致程于死地。程为了免受致命侵害,只能采取极强的手段来制止对方的不法侵害。加之,当时天黑,势态危急,又无别的防御工具,客观上不容许程选择防御工具和扎管的部位,以随身携带的刀子,朝对方的背后扎了两刀,以实施正当的防卫。

根据以上理由终审上诉人程云×刺伤管××致死的行为应属于正当防卫,不应负刑事责任。终审法院判处程云×有期徒刑8年,是没有法律根据的,也不利于鼓励群众同违法犯罪分子做斗争。

三、终审判决认为:"上诉人程云×目无法纪,携带凶器到公共场所。"我认为,程云×当时带刀到公共场所是错误的,但并无证据证明程带刀的目的是为了"行凶报复"或"流氓械斗",因此判决认定为杀人携带的凶器是无道理的。以上意见,请求法院认真考虑,本着实事求是和有错必纠的精神,对本案重新调查核实,予以再审,做出公正判决。

此致
××市中级人民法院

申诉人:程××
1988年5月20日

六、辩护(答辩)词的格式、内容和写法

辩护词是辩护人在法庭辩论过程中发表的演说词。它是实现辩护人辩护职能的最重要的手段。担任辩护人的责任,就是要根据事实和法律,通过发表辩护词,以维护国家法律和委托人的合法权益。作为刑事辩护人所发表的辩护词,要通过对案件事实的分析,依据法律提出证明被告人无罪、罪轻或者可以减轻、免除其刑事责任的材料或意见,以维护被告人的合法利益。作为民事诉讼代理人,在法庭辩护阶段,则应通过答辩,分析纠纷事实,弄清是非曲直,提出有利于委托人的理论根据和事实根据,以维护其合法的民事权益。

辩护词一般具有三部分内容。

（一）序言

首先要说明辩护人的合法地位。如系律师，则要说明自己是由法院指定，并经被告同意的，或是由被告人自己要求，经法院许可的。如系人民团体或被告人所在单位推荐的，或是经人民法院许可的公民，以及被告的近亲属、监护人等，均须做必要的交代。行文格式大致如下：

"根据《中华人民共和国刑事诉讼法》第26条的规定，我经××市××区人民法院的指定，并征得本案被告人××× （姓名）的同意，担任被告的辩护人。"

或者按如下格式行文：

"我是被告人的近亲属，根据我国法律有关规定，被告人除自己可以行使辩护权外，被告人近亲属可以出庭为被告辩护。今天，我以被告人××× （姓名）的辩护人的身分，出庭为被告辩护。"

其次，要简要说明辩护人所进行的活动，如查阅案卷、会见被告人、调查材料、走访证人、被害人等。最后，表明辩护人对此案的基本看法，然后引出辩护理由。

（二）理由

这是辩护词的中心部分。主要可以从以下几方面说明辩护理由。一是从被告的行为事实方面，分析其中与事实有出入的部分，找出在事实方面有利于被告的材料，从而提出为被告辩护的理由。但是，所找出的事实材料必须是绝对真实的，不能有半点虚假。二是从被告的犯罪性质方面，用有关的法律分析认定的事实，依法从中发现定罪不准、罪名不当的根据，从而在定罪方面为被告辩护。三是从法律上，分析量刑的问题，从中发现对被告可以从轻处罚的理由。此外，对认罪态度的分析，常常可以发现有利于被告的条件。当然，所有这些分析都必须采取实事求是的态度，不能随意夸大或缩小。

（三）结论

对法庭提出有关判处被告人的建议和要求。

辩护词在写作上，首先必须注意贯彻"以事实为根据，以法律为准绳"的基本原则。虽然辩护词是辩护人用以保护被告合法权益的重要手段，但它的内容也必须严格遵守上述原则，即根据事实和法律为被告辩护。辩护人、公诉人、审判人员之间有一定的相互制约的作用，但是这并不意味着辩护人要和公诉人、审判人员采取对立的立场，而应该采取互相支持、互相监督的态度。即便有不同意见，有所争论，目的也都是为了正确地处理案件。所以说，辩护词的作者绝不能不加分析地完全按照被告人的意图和要求行事；并且辩护人对被告人无理的要求，还应坚决抵制。只有这样，才能写出既能真正反映客观实际，又能维护法制的辩护词。

从文体上看，辩护词也是一种说理文，除要求立论外，还常常要有驳论的部分。无论怎样，辩护词立场必须公正允当，说理必须精辟透彻，要言不烦、精练确切。

【例文七】

民事答辩状

答辩人：胡一民，男，58岁，汉族，××省××县人民，住××县××村。

因李珍不服××县人民法院（82）民字第×××号判决，提起上诉一案，现答辩如下：

1. 上诉人李珍在上诉状中称：母与胡离婚，实系胡之过。胡对妻女非打即骂，有一次竟执手枪将妻子赶出家门，殃及子女。

事实是：我与其母于1945年结婚，1952年离婚。前几年感情尚好，生一女儿。一家三口，靠我教学所得工资生活。解放初，我一度失业，其母过不惯艰苦生活，主动提出离婚另嫁。我何罪之有？至于说我赶其母出门，更是捏造。我生性懦弱，从未玩枪弄刀，何况土改后，枪支弹药均由政府保管，哪来的手枪？

2. 李珍于1947年9月6日出生后，我视她如掌上明珠，费心抚养6年。1952年我同其母离婚时，法院判决，子女为双方共有，由女方负责抚养。李珍上诉称，未沾我一根纱线。试问，婴儿呱呱坠地，难道能赤身裸体生活6年？其母向无工作，母女生活费用全由我承担，这一事实周围邻里可以作证。李珍上诉又称，后来她寄人篱下，生活艰苦，而我却置之不理，更未给予支援。事实是，我曾数次写信探询她们母女情况，均没有回音，再说，法院判她随母生活，她饱受饥寒，乃其母和继父之过，与我何关？

我年近六旬，体弱多病，孤苦伶仃，丧失劳动能力。李珍长大，收入颇丰，有什么理由拒不养老，反诬过于我？

基于上述事实和理由，恳请人民法院驳回上诉人的全部请求，并判令上诉人每月给我赡养费15元。

此致
××地区中级人民法院

答辩人：胡一民
1982年11月7日

第二节 公证书

一、公证书的性质、作用、种类

根据《中华人民共和国公证暂行条例》第二条规定，公证是国家公证机关根据当事人的申请，依法证明法律行为，或证明有法律意义的文书和事实的真实性、合法性，以保护公共财产，保护公民身份、财产上的权利和合法利益的行为。公证书就是国家公证机关依照法定程序办理公证活动时使用的文书。

公证书的主要作用：

(1) 它能公证当事人依法办理公证，得到法律的承认；

(2) 它能依法保护公民的身份以及财产上的权利和合法利益；

(3) 它依法保护公共财产不受损失。

公证书总的来说可分为三大类：一是证明法律行为的公证，如遗嘱公证书、委托公证书、合同公证书、收养公证书；二是证明法律事实的公证书，如出生公证书、死亡公证书、学历公证书、亲属关系公证书、定居公证书、继承权公证书、商标注册公证书等；三是证明有法律意义的文书的公证书，如副本与原本相符公证书、印签公证书等。代书文书也有遗嘱、委托书、赠与书、声明书、协议书。

二、公证书的写作

(1) 严格遵守真实性、合法性、规范性的原则。所谓真实，是指公证书证明的内容都客观存在或是曾经确实发生过的事实，起初还有准确的意思。如果尽管事实是真的，但是提供的材料不准确，也会影响公证书的效力。所以，真实是公证书的生命。

所谓合法，是公指证证明的事实和内容，都必须符合我国有关法律和政策的规定。

所谓规范，是指公证员应当按照司法部规定或批准的格式制作公证书。对于使用任何外国文字写成的文书，必须逐页将其译为正本后，公证机关才在中文本的文书上给予公证，然后将外文本的文书与中文本的文书正本装订在一起，盖上骑缝章，一并发给当事人使用。对少数民族地区，公证机关应从实际出发，使用当地少数民族文字制作公证书，或者制作少数民族文字与汉语文字并用的公证书。

（2）制作公证书应当一事一证，使公证书明白准确，避免引起歧义。对发往域外使用的公证书，如有多项证明内容属于同一使用目的，可以把几份公证书装订在一起使用。

（3）出生地名应从国名一直写到县。出生日期要具体，一律用公历，必要时可用括号注明农历；不写年龄。当事人姓名要准确，不能用同音字，曾用名、别名等，必要时可用括号注明。翻译本姓名，有几种译法也应一一注明。机关、团体、企事业单位名称，在公证书上第一次出现时应写全称，以后可以写简称。

（4）公证员必须在公证书上签名或盖签名章，然后必须盖公证机关的印章。签名章一般为 4×2.5 厘米，用蓝色印油；公证机关印章用红色印油，上不压正文，下骑年盖月。

（5）经历公证书和学历公证书一律按规定贴照片，贴一寸半身免冠近照；照片贴在公证员签名的左上侧，须加盖印。其他证明书提出正当理由要求贴照片时，也可以贴。

（6）公证书包括它所证明的法律文书，一律打印或用墨笔填写。公证书数量多，最好铅印。公证书封面一律铅印，国内使用的公证书可不加封面。

（7）公证书要用质量较好的纸制作，涉外公证书须用铜版纸。

(8) 装公证书，次序如下：

封面；

公证书，如果是证明申请人签字属实的公证书，则把申请人提出的文件排在前面，公证书放于其后；

认证空页，不需认证的，不留此页；

封底，无封面的也不需封底。

装订好后，除封面封底外，所有各页合在一起在左下角一次加盖钢印，或者自封面至封底依次逐页错开，加盖公证处机关骑缝章。

(9) 公证文书办理完毕后，应留存一份附卷。根据当事人的需要，制作若干份副本连同正本发给当事人。

三、几种常用公证书格式

公证书的格式是固定的。《中华人民共和国公证暂行条例》第二十条规定，公证员应当按照司法部规定批准的格式制作公证文书。常见格式有五种：

【例文一】

无遗嘱继承公证书
××字［19××］××号

继承人：×××，女，××××年×月×日出生，现住×省×市×县×乡。

被继承人：×××，男，××××年×月×日出生，生前为香港×公司职员，住香港×道×号。

查×××于×× ××年×月×日在香港死亡，死亡后在香港留有遗产。死者生前无遗嘱。根据中华人民共和国法律规定，死者×××遗产，由其妻×××继承。

中华人民共和国×省×市公证处

公证员（签名）

19××年×月×日

注：分财产公证书可参照此格式拟制。

遗嘱继承公证书

继承人：××，男（或女），××××年×月×日出生，现住×省×市×街×号。

被继承人：×××，男（或女），生前住×省×市×街×号。

查×××于19××年×月×日在×××（地名）死亡，死亡后在×××（地名）留有遗产。死者生前立有遗嘱。根据死者遗嘱，死者×××的遗产应由××继承。

中华人民共和国×省×市公证处

公证员（签名）

19××年×月×日

【例文二】

遗　嘱

我立本遗嘱，对我所有财产，做如下处理：坐落在×省×市×街×号房×栋×间房留给我的妻子×××。

储蓄在×省×市×储蓄所的定期（或活期）存款×万元遗留给我的女儿×××。

其余财产：××（财产名称）全部遗留给我的儿子×××。

本遗嘱委托××（现住×省×市×街×号）执行。

本遗嘱制作一式三份：一份由我收执，一份交××收执，一份由××××公证处保存。

立遗嘱人（签名或盖章）
19××年×月×日

注：遗嘱可由当事人拟写，不必拘于此格式。

【例文三】

委托公证书
××字［19××］××号

兹证明×××、×××于××××年×月×日来到我处，在我的面前，在前面委托书上签名（或盖章）。

中华人民共和国×省×市公证处
公证员（签名）
19××年×月×日

委托书

委托人：×××，女，现住××省××县××乡××村。

受托人：××，男，银行经理，现住香港××道××号。

我是×××的妻子。×××于19××年×月×日在香港死亡，死亡后在香港留有房产、股票、银行存款等遗产。根据中华人民共和国××省××市公证处19××年×月×日发给我的××字［19××］××号继承权证明书，我委托××先生为我的合法代理人，全权代表我在香港向港府当局办理继承上述遗产的一切事宜，领取×××的遗产管理证书，并代表我领取、执管、变卖和处理上述遗产。代理所签署的一切有关文件，我均予承认。

代理人有转委托权。

委托人×× ×（签名或盖章）
19××年×月×日

注：必要时可写上委托期限。

【例文四】

合同公证书
××字［19××］×号

兹证明××××（法人的全称）的代表人×××与××××（法人的全称）的代表人×××于19××年×月×日签订前面的×××××合同。

中华人民共和国×省×市公证处
公证员（签名）
19××年×月×日

【例文五】

商标注册公证书
××字［19××］×号

兹证明我国××× 厂（或公司）生产的×××（货名）上的××商标注册证（编号或登记号），系我国工商行政管理总局出具。该商标的专有权属于我国×× ×厂（或公司）。

中华人民共和国×省×市公证处
公证员（签名）
19××年×月×日

附:

办理国内公证申请表

申请人姓名		别　名		性　别	
出生日期		籍　贯		民　族	
住　　址					
工作单位		职　务		电　话	
办何种公证				公证书份数	
申请公证内容:					
提供有关证明文件					

(下见背面)

	姓名	性别	出生日期	工作单位职　务	住　址	与申请人关系
其他申请人						
备注:						

填表人:　　　　　申请日期:　　　年　　月　　日

【思考与练习】

一、什么是公证？什么是公证书？
二、简述公证书的三个特点和写作上的注意事项。
三、自己从生活中找材料制作一份公证书。

第三节 经济合同仲裁法律文书

一、概述

经济合同仲裁法律文书，是仲裁机关依照法定程序处理经济合同纠纷案件所制作和使用的文书。

经济合同仲裁机关，是国家工商行政管理局和地方各级工商行政管理局设立的经济合同仲裁委员会。仲裁委员会由主任1人、副主任1~2人和委员若干人组成。

经济合同仲裁机关依据我国的《经济合同法》、《经济合同仲裁条例》及有关经济法律、法规和政策进行仲裁活动，坚持"以事实为依据，以法律为准绳"处理好各方面的关系，维护国家、企业、公民的利益。仲裁必须准确无误。仲裁法律文书必须按照《经济合同仲裁条例》所规定的内容要素和格式拟写。经济合同仲裁文书具有政策性、法律性、规范性和准确性的特点。

经济合同仲裁法律文书，有仲裁决定书、调解书、仲裁申请书、答辩书，以及委托调查书、撤销仲裁决定书、勘查笔录、技术鉴定书、仲裁庭评议笔录等。

二、仲裁申请书

（一）概念

仲裁申请书是经济合同一方或双方当事人，为了解决经济合同纠纷，维护自己的合法权益，向经济仲裁机关提出仲裁请求的文书。

（二）写作格式与内容

1. 首部

（1）标题：仲裁申请书。

（2）申诉人：名称、地址。

法定代表人：姓名、职务；如有代理人，再在"法定代理人"下一行写明其单位、职务。

（3）被诉人：名称、职务。

法定代表人：姓名、职务。

（4）案由。

2. 申请的理由和要求

这一部分具体阐述双方纠纷的事实，指出对方的违约行为，提出证据，写出证人的姓名、身份和地址，并以相应的法律为依据说明道理。在事实和理由的基础上，提出申诉的具体要求事项。

"要求"一栏，一般可写在申请理由的前面。

3. 尾部

呈送机关："此致　×××经济合同仲裁委员会"。

申请人姓名写在右下方，然后写年、月、日。

4. 附项

（1）申请书副本×份；

（2）证据：名称和件数。

（三）写作要求

（1）写作仲裁申请的目的要明确，有什么请求先要心中有数，制作时要能明确地把要求的具体事项提出来。

(2) 事实要清楚。合同内容是什么，对方违约情况是什么，一定要具体。

(3) 证据要落实，要具体；证人的姓名、身份、住址要写清楚。

【例文一】

仲裁申请书

申诉人：××省××市国营新光机械厂。

代表人：×××，男，40岁，国营新光机械厂经济开发部。

代理人：××省××市法律顾问处律师×××，女，38岁。

被申诉人：××省××市桥梁设备厂。

案由：分利纠纷。

目的要求：

1. 立即付清应分利120万元。
2. 赔偿经济损失30万元。

事实经过及理由：

19××年3月7日，被申诉人与申诉人签订的经济技术合同开始生效。在合同中，明文规定，申诉人应从联合体纯利润中分得40%，并就成本摊派、缴纳税收、利润留成、派遣管理人员、技术入股办法都做了详细规定（见附件一）。

事后，在19××年3月1日完成了上年度财务决算，表明纯利润额为300万元，申诉人应分利润为120万元（见附件二）。但当申诉人要求将这120万元转入我开户行时，被申诉人却以发展新项目、对成本管理办法有意见为理由，一再拒绝拨款，致使申诉人应得分利款落空，进而因对需要用这部分款项的新的合作项目无法拨款，给申诉人生产经营造成很大的困难。

鉴于上述情况，被申诉人的违法行为已给申诉人造成了不应有的损失（见附件三、四），为了维护申诉人的合法权益，以免遭受更大的损失,特提交仲裁申请书,请依法审理裁决。

此致

×××经济合同仲裁委员会

代表人:×××
代理人:×××
19××年×月×日

附件:(略)

三、调解书

(一)概念

经济合同仲裁机关在处理案件时,应当先进行调解,促使当事人互相谅解,达成协议。这种通过调解结案,将双方当事人达成的各协议制作成仲裁机关的书面决定,并发给双方当事人作为书面凭证的法律文书就是调解书。

调解达成协议,必须双方自愿,不得强迫。协议内容不得违背法律、行政法规、规章和政策,不得损害公共利益和他人利益。

调解书送达后,双方当事人必须自动履行。

(二)写作格式与内容

1. 首部

(1)标题:×××经济合同仲裁委员会调解书。

(2)申诉人:名称、地址。

代表人:姓名、职务;如有代理人,于下一行写明代理人姓名、职务。

(3)被诉人:名称、地址。

代表人:姓名、职务;如有代理人,于下一行写明代理人姓名、职务。

(4)案由,为一段过渡性词语:如,

×××于19××年×月×日以××××(违约情况)为

由，向本会提出书面申诉，根据××××（法律依据），本会于19××年×月×日正式立案受理。

2. 正文

（1）写明纠纷的主要事实、责任。

（2）写明协议的内容和费用的承担。这一部分，事实叙述要简洁明了而又具体清楚，使人一目了然而又了解事实的整个情况；协议内容要清楚、具体，不能模糊，一定要逐项明白具体地写出来，不能笼统。

3. 尾部

（1）结束语，一般为"本调解书送达当事人双方之日起即具有法律效力，双方必须严格执行"；

（2）双方当事人签名；

（3）仲裁员、书记员签名；

（4）日期及仲裁机关印章。

（三）写作要求

（1）事实要清楚具体，阐述要简洁明了，语言要简练；

（2）协议内容不能笼统，要逐项写具体，并一定要经双方当事人协商自愿达成；

（3）费用的承担不能忽略，要写得具体；

（4）签名和公章不能缺略，注意核对章。

【例文二】

××市经济合同仲裁委员会调解书

申诉人：××建筑材料营销公司。

法定代表人：傅××，××建筑材料营销公司总经理。

委托代理人：××市第二律师事务所律师夏××。

被诉人：××大理石板材厂。

法定代表人：董××，××大理石板材厂厂长。

委托代理人：××市经济顾问处法律咨询科长杨××。

××建筑材料营销公司以××大理石板材厂不履行购销合同为由，向本委会提出书面申请，根据《中华人民共和国经济合同法》和《中华人民共和国经济合同仲裁条例》之规定，本会于199×年×月×日正式立案受理。

经调查事实如下：

××大理石板材厂与××市建筑材料营销公司于19××年×月×日签订购销合同，定于19××年×月×日向××市建筑材料营销公司提供大理石地板砖×万块，（规格305×305×20毫米），××市建筑材料营销公司于19××年×月×日向××大理石板材厂预交定金×万元。经查××市建筑材料营销公司按期如数交纳了定金。

但××市大理石板材厂收了定金后，到交货时间只向××市建筑材料营销公司提供了大理石地板砖××千块。经营销公司多次催货，到19××年×月×日仍差货×万×千块，使营销公司因不能按期向客户供货，造成经济损失×万元。

据××市大理石板材厂称：不能按期交货是因为主要机器设备损坏，资金被盗造成。××市大理石板材厂所称原因属实。

以上事实，有双方购销合同、定金收据、提货单、客户退货单、本委会调查笔录、××派出所受理案件笔录证明，均属实。按照我国《经济合同仲裁条例》第三十条、第三十一条规定，本委会多次联合当事人双方进行协商调解。现双方当事人已互相谅解，达成调解协议，根据我国《经济合同法》第三十条和我国《经济合同仲裁条例》第二十六条之规定，现调解如下：

一、××市大理石板材厂赔偿××市建筑材料营销公司经济损失×万元及违约金×万元，但可延期分三次（即19××年×月×日、19××年×月×日、19××年×月×日）偿还。

二、××市建筑材料营销公司再增加预付一次定金×万元，以辅助解决××市大理石板材厂资金不足的问题。

三、××市建筑材料营销公司可派员到××市大理石板材厂帮助和监督恢复生产，出差人员食宿、差旅费由××市大理石板材厂解决。

四、××市大理石板材厂现在及恢复生产规模后，优先为××市建筑材料营销公司生产305×305×20毫米地板砖，尽快完成合同所定供货数目。

五、本案仲裁受理费××元由××市建筑材料营销公司承担，仲裁处理费××元由××市大理石板材厂承担。

申诉人代表人：傅×× （签名）
被诉人代表人：董×× （签名）
××市经济合同仲裁委员会
仲裁员：×××
书记员：×××
19××年×月×日（公章）

本件与原件核对无异（章）

四、仲裁决定书

（一）概念

经济合同仲裁机关，在调解未达成协议或者调解书送达前一方或者双方反悔时，由仲裁庭进行仲裁。仲裁做出裁决，制作的书面法律文书就是仲裁决定书。

仲裁庭应认真听取当事人的陈述和辩论，出示有关证据，然后依申诉人、被申诉人的顺序征询双方最后意见，可再行调解。调解无效，即由仲裁庭评议后裁决，并制作仲裁决定书。

因此，仲裁决定书应是公正、准确、合理、合法的。

(二)写作格式与内容

1. 首部

(1) 标题:×××经济合同仲裁委员会仲裁决定书。

(2) 申诉人:名称、地址。

法定代表人:姓名、职务;如有代理人,于下一行写明代理人姓名、职务。

(3) 被诉人:名称、地址。

法定代表人:姓名、职务;如有代理人,于下一行写明代理人姓名、职务。

(4) 案由:写明申诉人提出申请的简要情况、理由、争议的事实和要求。

2. 正文

(1) 写明裁决认定的事实、理由和适用法律。这一部分要写得清楚,简明扼要而又重点突出,主要根据纠纷内容,提出仲裁机关的调查结果;在事实认定的基础上依据法律分析理由。

(2) 写明仲裁的结果。有几项决定,都要逐项具体写出。同时,还要写明费用承担的决定。

3. 尾部

仲裁员署名、年月日和仲裁机关印章。

(三)写作要求

(1) 申诉人申请理由、争议事实和要求,要写得简明扼要;

(2) 认定事实要有依据、有重点、有目的,分析理由要依据事实和法律拟定;

(3) 决定要具体明确,逐项写明;

(4) 公章和核对章不能缺略。

【例文三】

××经济合同仲裁委员会
仲裁决定书
×经裁字［19××］×号

申诉人：××市××科技开发公司。
法定代表人：郑××，公司总经理。
委托代理人：周××，市经济律师事务所律师。
被诉人：××机器仪表制造厂。
法定代表人：方××，制造厂厂长。
委托代理人：白××，××市第三经济律师事务所律师。

申诉人××市××科技开发公司，于19××年×月×日以××机器仪表制造厂违约，拒不履行双方于19××年×月×日所订科技协作合同中利润分成的协议为由，向本委员会提出书面申请，要求依法仲裁。根据我国《经济合同法》第四十八条、第五十条和我国《经济合同仲裁条例》第九条之规定，本委员会于19××年×月×日正式立案受理。

双方争议事由如下：

双方于19××年×月×日签订科技协作合同，××科技开发公司提供科技研究成果，由××机器仪表制造厂进行具体生产，新产品利润由双方按四六（公司四，厂六）分成。19××年×月×日为合同中利润分成生效期，但××机器仪表制造厂以××科技开发公司提供的成果不是自己所创，而是照搬他人成果，故在开发中并未发挥作用为由，只提供劳务费（利润10%）。并提出是××科技开发公司未履行合同义务。

由此，××科技开发公司提出仲裁要求：

一、按合同协定利润分成办法，××机器仪表制造厂应向公司提供××万元报酬。

二、××机器仪表制造厂赔偿违约金×万元。

三、××机器仪表制造厂赔偿科技成果转让费××万元。

四、中止合同。

经本委会查明事实如下：

一、根据双方合同协定利润分为公司四、制造厂六。按此合同协定，××科技开发公司应得报酬××万元。有双方所订合同为证。

二、××机器仪表制造厂所提公司提供成果系照搬他人成果一事，经多方调查核实，××科技开发公司的成果确系自己研究开发，所谓"他人成果"，不过是公司在研究中所收集的有关材料和数据，并不构成剽窃行为。现已经有关科研机构鉴定属实，有收集的材料及××科研所鉴定书为证，因此，××机器仪表制造厂所提违约理由不能成立。

三、所订合同为共同开发科技新产品，因此××科技开发公司所提成果转让费无合理依据，有双方所订合同为证。

基于以上事实认定，经本委会多次调解无效，根据《中华人民共和国经济合同仲裁条例》第二十九条与《中华人民共和国经济合同法》第四十七条之规定，现裁决如下：

一、××机器仪表制造厂依双方合同所定，向××科技开发公司拨款××万元，于本决定产生法律效力后一个月内执行完毕。

二、××机器仪表制造厂依双方合同拟定，向××科技开发公司赔偿违约金××万元。

三、"成果转让费"不能成立。

四、双方联合进行科技开发是对国家对社会有益的事情，根据××机器仪表制造厂要求,双方应继续履行合同;擅自中止合同,按合同所定违约金赔偿。但××机器仪表制造厂必须保证不再违约,否则除按合同赔偿违约金外,还应中止合同,并按我国《经济合同法》第二十七条第五项第一款之规定负责赔偿因此而造成的损失。

五、仲裁费××元由××机器仪表制造厂承担。

本决定从送达之日起生效。

××市经济合同仲裁委员会
仲裁员:×××
19××年×月×日

本件与原件核对无异(章)

【思考与练习】

一、我国的经济合同仲裁机关是什么?进行经济合同仲裁活动的法律依据是什么?

二、什么是经济合同仲裁申请书、调解书及仲裁决定书?

三、怎样提出经济合同仲裁申请书?怎样进行调解和裁决?

四、进行一次社会实践活动,并代拟一份经济合同仲裁申请书。